**Creative Suite 2
Workflow**

Holger Hallmann

Creative Suite 2

Workflow

Bibliografische Information Der Deutschen Bibliothek
Die Deutsche Bibliothek verzeichnet diese Publikation
in der Deutschen Nationalbibliografie;
detaillierte bibliografische Daten sind im
Internet über *http://dnb.ddb.de* abrufbar.

ISBN 3-8266-1612-X
1. Auflage 2006

Alle Rechte, auch die der Übersetzung, vorbehalten. Kein Teil des Werkes darf in irgendeiner Form (Druck, Kopie, Mikrofilm oder einem anderen Verfahren) ohne schriftliche Genehmigung des Verlages reproduziert oder unter Verwendung elektronischer Systeme verarbeitet, vervielfältigt oder verbreitet werden. Der Verlag übernimmt keine Gewähr für die Funktion einzelner Programme oder von Teilen derselben. Insbesondere übernimmt er keinerlei Haftung für eventuelle, aus dem Gebrauch resultierende Folgeschäden.

Die Wiedergabe von Gebrauchsnamen, Handelsnamen, Warenbezeichnungen usw. in diesem Werk berechtigt auch ohne besondere Kennzeichnung nicht zu der Annahme, dass solche Namen im Sinne der Warenzeichen- und Markenschutz-Gesetzgebung als frei zu betrachten wären und daher von jedermann benutzt werden dürften.

Die Wortmarke »CompuStar« sowie die dazugehörigen Produktwortmarken »Millennium 3000«, »Mediastar« und »All-in-1-Order« sind eingetragene Markenzeichen der CompuStar Technologies GmbH.

Die Urheberrechte an den in diesem Buch vorgestellten grafischen Designs und Entwürfen liegen beim Autor.

Printed in Germany

© Copyright 2006 by mitp, REDLINE GMBH, Heidelberg
www.mitp.de

Lektorat: Katja Schrey
Korrektorat: Petra Heubach-Erdmann
Satz und Layout: DREI-SATZ, Husby, www.drei-satz.de
Druck: Media-Print, Paderborn

Inhalt

DANKSAGUNG 7

VORWORT 9

WARUM ADOBE CREATIVE SUITE 2?
WARUM DIESES BUCH? 13

Kapitel 1 DER AUFTRAG – DIE DATEN –
DIE ADOBE BRIDGE 25

1.1 Exkurs: Traum und Realität 26
1.2 Die Adobe Bridge 27

Kapitel 2 PHOTOSHOP, ILLUSTRATOR UND
INDESIGN – GEMEINSAMKEITEN FÜR
EINEN REIBUNGSLOSEN WORKFLOW 53

2.1 Unterschiede 54
2.2 Gemeinsamkeiten 58
2.3 Fazit 67

Kapitel 3 PHOTOSHOP CS2 69

3.1 Exkurs: Photoshop – das ambivalente Verhältnis
einer Branche zu einem Standardprogramm 71
3.2 Photoshop-Aktionen 74
3.3 Droplets 81
3.4 Gleiche Farbe 85
3.5 Filter und Effekte kombiniert
anwenden – Die Filtergalerie 87
3.6 Ebeneneffekte leicht gemacht 88
3.7 Freistellen ohne Lasso spart Zeit 90

Kapitel 4 ILLUSTRATOR CS2 93

4.1 Exkurs: Illustrator aus Sicht eines »Switchers« ... 95
4.2 Wie man sich das Arbeiten mit Illustrator erleichtert 99

INHALT

Kapitel 5 INDESIGN CS2 131
- 5.1 Exkurs: Die Erleichterung kam mit InDesign 133
- 5.2 Workflow-immanente Funktionen in InDesign 135

Kapitel 6 GOLIVE CS2 157
- 6.1 Exkurs: Der Printmediengestalter und das WWW .. 159
- 6.2 Workflow-immanente Funktionen von GoLive CS2 . 160

Kapitel 7 ACROBAT 7 PROFESSIONAL 173
- 7.1 Exkurs: PDFs sind nicht nur für den Datenaustausch nützlich! 177
- 7.2 Workflow-immanente Funktionen in Acrobat 7 Professional 178

Kapitel 8 DAS PROJEKT 207
- 8.1 Exkurs: Vorüberlegungen 209
- 8.2 Vorbereitungen 214
- 8.3 Logo-Entwicklung 216
- 8.4 Markenzeichen entwickeln 219
- 8.5 Gestaltung von Briefpapier und Visitenkarten 222
- 8.6 Gestaltung von ganzseitigen Anzeigen als Einleger für Präsentationsmappen und Zeitschriftenwerbung 230
- 8.7 Gestaltung eines Firmenprospekts 241
- 8.8 Gestaltung einer neuen Verpackung 248
- 8.9 Die Webpräsenz 251
- 8.10 Abschließende Bemerkung 265

Anhang A ANHANG 267
- A.1 Version Cue CS2 268
- A.2 Die wichtigsten Portierungs- und Automatisierungsfunktionen innerhalb der Creative Suite 2 Premium 270
- A.3 Wichtige Webadressen 273
- A.4 Die DVD 274

INDEX 277

Danksagung

DANKSAGUNG

Ich möchte mich ganz herzlich bei einigen netten Menschen bedanken, ohne die diese »fixe Idee« von einem Buch über die Creative Suite 2 gar nicht zu diesem Buch geworden wäre.

Holger für die tägliche Geduld und Motivation.

Meiner Familie für die immer zuverlässige Unterstützung.

Meinen Freunden Andreas, Kolja, MaRu, Markus und Martin für das »Du schaffst das.«

Meinen lieben Kollegen Sabine, Beate, Sue und Karsten für den inhaltlichen Input und die begründeten Erwartungen.

Meinen Kooperationspartnern Jürgen und Claus, die mir – wenn nötig – den Rücken für die Arbeit am Buch freigehalten haben.

Und nicht zuletzt meiner immer freundlichen und extrem geduldigen Lektorin Katja Schrey von mitp.

Vorwort

VORWORT

> *Zeit ist Geld.*
> Sprichwort

> *Zeit ist Geld. Aber nur, wenn man keine hat.*
> Herbert A. Frenzel

> *Zeit ist Geldverschwendung.*
> Oscar Wilde

Herbert A. Frenzel eigentlich: Herbert Alfred Frenzel, deutscher Schriftsteller, 1908–1995

Irgendwie ist es aktuell sehr passend, von Zeit und Geld zu sprechen. Außerdem müsste ja dabei die Frage kommen: Was hat das eigentlich mit der Adobe Creative Suite 2 zu tun?

Die Antwort hat viel mit der allgemeinen wirtschaftlichen Lage und ihren Auswirkungen auf kleine und mittelständische Betriebe in der Medienbranche zu tun. Seit einigen Jahren werden kleine Agenturen sowie Einzelunternehmer von denjenigen Enthusiasten stark unter Druck gesetzt, die sich mit sehr minimaler Ausstattung und Software aus urheberrechtlich fragwürdigen Quellen selbstständig machen. Mit diesem Wildwuchs an schlecht ausgebildeten Überkapazitäten leidet sowohl die Qualität der Arbeit als auch – natürlich – der Preis. Hier geht es jetzt nicht um unnötige Jammerei oder um einen unbegründeten Neid denjenigen Kollegen gegenüber, die sich mit unlauteren Mitteln (z.B. nicht lizenzierter Software) und Dumpingpreisen Aufträge an Land ziehen. Vielmehr geht es um die Folgen dieser Entwicklungen. Neben dem zuvor angedeuteten – katastrophalen – Preisverfall geht eine gewisse und vor allem wachsende Ungeduld der Kunden mit diesen Entwicklungen einher. Weit über drei Viertel der Aufträge müssen heutzutage nicht nur preisgünstig, sondern auch schnell abgewickelt werden. Die Zeitspannen zwischen dem ersten Kundengespräch und dem Abgabetermin werden von Jahr zu Jahr kürzer. Während man noch vor rund drei Jahren für ein durchschnittliches Crossmedia-Projekt (heute auch gern »Betriebsgrundausstattung« genannt, also Logo, Briefpapier, Visitenkarten, Prospekt und Webauftritt) rund zwei bis zweieinhalb Monate Zeit hatte (inkl. Kreativarbeit), sind aktuell maximal vier Wochen keine Seltenheit.

Die Folge davon: Ein flüssiger Arbeitsablauf muss mehr denn je gewährleistet sein. Denn: Zeit ist Geld.

Zusätzlich dazu arbeitet der durchschnittliche »Kreativhandwerker« – auch wenn er/sie nach eigenem Empfinden noch so effektiv unter Druck ist – ungern mit Zeitmangel. Dieser drückt die Arbeitsstimmung und die Motivation. Fehlende Motivation erzeugt dann auch Qualitätsverluste, die sich vor allem beim Printmedium im Ergebnis niederschlagen können[1].

Es gilt somit, die effektive und persönliche Produktivität zu erhalten und zu steigern, ohne dabei die Freude an der Arbeit an sich zu verlieren.

Neben persönlichem Training sind dabei auch die geeigneten Werkzeuge erheblich von Vorteil. Glatte, ineinander greifende und vor allem einigermaßen störungsfreie Arbeitsabläufe stellen dabei einen der wichtigsten Faktoren dar.

In diesen sich schnell und stark verändernden wirtschaftlichen Bedingungen habe ich sehr gute Erfahrungen mit den integrativen Funktionen der Adobe-Produkte gemacht. Von der Nutzung von InDesign anstelle von QuarkXPress bis hin zum Update auf die Creative Suite 2 haben mir diese Werkzeuge geholfen, trotz starken Drucks von außen und dabei fallenden Preisen, die Produktivität und die Freude an der Arbeit nicht zu verlieren.

Im Verlauf dieses Buches möchte ich anhand eines real existenten Projekts einen in sich abgeschlossenen Arbeitsvorgang (im Folgenden »Workflow« genannt) mit der Adobe Creative Suite 2 Premium vorstellen.

Ich gehe dabei davon aus, dass Sie als Leser auf unterschiedliche Erfahrungen im Umgang mit gängigen Publishing-Programmen und -Systemen zurückblicken können. Hier erfahren Sie nun, was den integrativen Einsatz der Adobe Programme InDesign, Photoshop, Illustrator, Acrobat und GoLive so produktiv und interessant macht.

Ich hoffe, dass ich Ihnen einen Teil meiner Begeisterung für die Adobe Creative Suite vermitteln kann.

---

1 Das Medium Internet ist da genügsamer, weil schnelllebiger. Das wird durch die vielen schlecht gemachten, jedoch leichter aktualisierbaren Internetseiten deutlich.

— VORWORT —

Windows

Ein Wort an die Windows-Benutzer unter Ihnen: Ich gebe zwar zu, ein Apple-Macintosh-Evangelist zu sein, allerdings geht es in diesem Buch um die Adobe Creative Suite 2 und nicht um den Mac. Alle hier aufgeführten Beispiele und Screenshots lassen sich mit der Windows-Version nachvollziehen, weil der Aufbau der Programme (Befehlsstrukturen, Menüabfolgen) gleich ist. Sollten Abweichungen offensichtlich sein, mache ich gesondert darauf aufmerksam. Nur so viel: Auch ich benutze eine Dreitastenmaus und weiß sie sehr zu schätzen.

Nun wünsche ich Ihnen viel Vergnügen bei der Lektüre meines Ausfluges mit der Adobe Creative Suite 2.

Holger Hallmann, Ende September 2005

Einleitung

Warum Adobe Creative Suite 2?
Warum dieses Buch?

Einleitung — WARUM ADOBE CREATIVE SUITE 2?

Im Handwerk (und nichts anderes ist Mediengestaltung eigentlich) ist es immer etwas problematisch, zu erklären, warum man bestimmte Werkzeuge und Arbeitsweisen den etablierten, in Ausbildungen vermittelten vorzieht. Es hat schnell fälschlicherweise etwas Missionarisches an sich.

Ich gebe zu, ein Mac-Fan zu sein, jedoch hat es bei der Adobe Creative Suite mit etwas anderem zu tun, nämlich praktischen Erwägungen, die sich sowohl aus der täglichen Praxis ergeben, wie auch durch die vielfältigen Kundenwünsche definiert werden.

Während man noch vor circa drei Jahren dem Kunden ein gewisses Verständnis für die Dauer eines Medien-Workflows vermitteln konnte, so hat dieser heute nicht mehr die Zeit und Geduld, gemäß seinen Ansprüchen lange auf eine Mediendienstleistung zu warten. Wenn dann auch noch hinzukommt, dass die Preise, die man vom Kunden verlangen kann, sich eher nach unten als nach oben orientieren, wird der Zeitfaktor bei Entwurf und Produktion wirtschaftlich erheblich.

Die etablierten Arbeitsweisen, die uns in Ausbildungen eingehämmert wurden und stark von Programmen wie QuarkXPress, Photoshop und Macromedias FreeHand geprägt waren, sind allerdings, wirtschaftlich gesehen, häufig mit sehr viel Aufwand belegt – dies alles sowohl gemessen an der Arbeitszeit als auch am zu investierenden finanziellen Aufwand.

Aber: Gehen wir der Reihe nach vor.

Als Dozent und Tutor für Apple Macintosh und Adobe-Software habe ich – sowohl In-House in kleinen Agenturen als auch in Ausbildungslehrgängen – oft folgende Programmstrukturen für Entwurf und Produktion vorgefunden:

- Medienübergreifend: Photoshop und FreeHand
- Print: QuarkXPress
- Nonprint: Dreamweaver und Fireworks

Bei dieser Kombination ist eine gründliche Datenvorbereitung unbedingt vonnöten. Das heißt, dass die Grunddaten erst einmal in übernahmefähige Daten konvertiert werden müssen. Ich möchte mich hier nicht in Arbeitsdetails ergehen, jedoch macht schon die Ordnerstruktur, die man bei ordentlicher Arbeitsweise anlegen sollte, deutlich, worum es geht:

Abbildung 1
So sieht der Kunden-Ordner gewöhnlich aus.

Schon allein diese Aufteilung macht den Aufwand deutlich, den man an den Tag legen muss, wenn man ein Crossmediaprojekt mit der oben erwähnten Programmkombination durchführen möchte. Weil nun einmal alle Rohdaten bearbeitet (und erhalten) werden müssen und die jeweiligen Programme ganz bestimmte Datenformate benötigen, um die Integration ins Dokument und eine reibungslose Ausgabe zu gewährleisten, sind viele Arbeitsschritte und vor allem eine genaue Projektplanung notwenig. Unter Umständen verlangt dies nach einem sehr stringenten Projektmanagement – vor allem wenn mehrere Mitarbeiter an den einzelnen Projektteilen arbeiten.

Bei großen Datenmengen kommt zu den bereits erwähnten Programmen auch noch ein Medienverwaltungsprogramm (auch Digital Asset Management, DAM), wie beispielsweise iView oder Extensis Portfolio hinzu, um zumindest den Überblick über die Daten zu behalten.

Hinweis

Digital Asset Management = DAM; Programme zur Verwaltung von Mediendaten

Einleitung — WARUM ADOBE CREATIVE SUITE 2?

Bei der hier erwähnten Programm-Kombination ist es wichtig, Folgendes zu beachten: Die einzelnen Programme besitzen kaum Schnittstellen untereinander. Das bedeutet, dass die jeweiligen Datenbestände nicht zueinander kompatibel sind und nur unter Überführung in Austauschdatenformate zum Einsatz kommen können. Das hat zum Beispiel zur Folge, dass eine in Photoshop erzeugte Montage erst in den CMYK-Farbraum überführt und dann als EPS oder TIFF gespeichert werden muss, um es in QuarkXPress in ein Dokument einfügen zu können. Der große Nachteil ist dabei, dass dieses Dokument keine Verbindung mehr zu dem ursprünglichen Photoshop-Dokument besitzt und bei einer anfallenden Änderung erst die gesamte Formatierungsprozedur wiederholt werden muss. Dass auf diese Weise auch bestehende Daten versehentlich überschrieben werden können, ist eine Gefahr, mit der ständig gerechnet werden muss. Dabei wurden die Inkompatibilitäten zwischen XPress und FreeHand noch gar nicht berücksichtigt. Grafiken müssen immer als EPS gespeichert und eingesetzt werden – eine nahtlose Einarbeitung der FreeHand-Datei in XPress ist nicht möglich. Auch hier muss wieder – wie oben beschrieben – umformatiert werden.

Beim Webdesign ist es kaum anders. Auch hier müssen aus den Rohdaten und bearbeiteten Bildern webfähige Daten erzeugt werden, wie zum Beispiel JPGs, GIFs oder PNGs. Das Dilemma ist, dass man zwar von Dreamweaver aus die jeweiligen Bildanteile öffnen, jedoch nur beschränkt bearbeiten kann. Muss zum Beispiel in einem Link- oder Rollover-Bild eine Beschriftung geändert werden, so ist das nur mittels eines adäquaten Auswahlwerkzeugs, selektiven Löschens und erneuter Bearbeitung möglich. Dabei ist nicht zu vernachlässigen, dass eine nahtlose Bearbeitungsverbindung nur mit Fireworks möglich sein kann. Ist dann das Bild eventuell in Photoshop erzeugt worden (das Text anders behandelt als Fireworks) oder der Hintergrund sehr komplex, wird es richtig knifflig. Meistens helfen auch hierbei nur eine Bearbeitung der Originaldatei und die abschließende erneute Umformatierung.

Nicht zuletzt bleibt noch die Frage zu klären, wie das Projekt in all seinen Entwicklungsstadien überwacht wird. In der Regel ist ein Mitarbeiter dafür zuständig, der im günstigsten Falle über den Datenserver den Stand des Projekts überwachen kann. Im ungünstigen Fall muss jeweils in langwierigen Mitarbeitergesprächen koordiniert und gegebenenfalls ausgeglichen werden.

Und nicht zuletzt: Die einzelnen Softwarekomponenten müssen angeschafft werden und sind alles andere als kostengünstig und nur selten gebündelt erhältlich.

Fazit: Die Anwendung einer Kombination aus diesen – fragloserweise hochwertigen – Softwarekomponenten ist arbeitsaufwändig, in hohem Maße fehleranfällig, hochgradig kontrollbedürftig und kostenintensiv.

Wie kann das die Benutzung der Adobe Creative Suite lösen?

Zunächst einmal genügt es grundsätzlich, die in Photoshop bearbeiteten Bilddaten, egal ob als Korrekturen oder Montagen als PSD-Dateien beizubehalten. Denn: Es ist sowohl in InDesign als auch in GoLive und Illustrator möglich, die Photoshop-Dateien zu verwenden. Erst bei der Veröffentlichung (InDesign: Bereitstellung einer druckfähigen PDF-Datei und GoLive: Einsetzen der Bilddaten in die Bearbeitungsdatei) werden die Dateien ins richtige Format überführt. Eine Umformatierung entfällt demnach oder wird – wie in GoLive – beim Einsetzen der Bilder in die Platzhalter erledigt.

Aber, es kommt sogar noch pfiffiger: Jede Komponente der Creative Suite ist in der Lage zu erkennen, ob es sich um eine in der Creative Suite erstellte Datei (ein so genanntes Smart Object) handelt und verknüpft den jeweiligen Inhalt nicht nur mit der dazugehörigen Datei, sondern auch mit dem Programm, in dem es erzeugt wurde. Darüber hinaus bleiben alle Ebenen, die in Photoshop oder Illustrator erzeugt wurden, erhalten. Diese bleiben sogar teilweise in InDesign oder Illustrator (und auch mit Einschränkungen in Acrobat 7 Professional) modifizierbar.

Lästiges Umformatieren, vor allem bei Korrekturen und anderen Änderungen entfällt demnach. Ein Klick auf das Smart Object genügt, um die Quelldatei im passenden Programm zu öffnen. Ist die Korrektur vorgenommen und gespeichert, wird der aktuelle Stand im DTP-Programm aktualisiert – fertig. Außerdem spart man sogar Speicherplatz ein, weil die Speicherung der verschiedenen Datenformate entfällt.

Ebenso wird kein DAM-Programm mehr benötigt, da mittels der Softwarekomponente Adobe Bridge alle Datenbestände im wahrsten Sinne des Wortes »gesichtet« und verwaltet werden können. Das heißt, Adobe liefert ein Programm, mit dem die Daten nicht nur verwaltet werden können, sondern aus dem heraus auch Daten geöffnet und in geöffnete Dateien per Drag&Drop eingefügt werden können (also auch ohne den Befehl PLATZIEREN).

Was die Überwachung des Projekts angeht, hat Adobe schon in der Creative Suite 1 das Programm Version Cue beigelegt. Mit Version Cue ist es möglich, den Bearbeitungsstand von Dateien einzusehen und somit den Fortgang eines Projekts zu überwachen. Alles, was der User tun muss, ist die Datei als für Version Cue immanente Datei zu definieren und abzuspeichern.[1]

Die oben stehende Abbildung würde sich bei Verwendung der Creative Suite so ändern, wie es in Abbildung 2 zu sehen ist.

Abbildung 2
So sieht die Einteilung der Kundendaten für die Arbeit mit der Creative Suite aus.

Durch die vereinfachten Bearbeitungsmöglichkeiten, besonders bedingt durch die nahtlose Verknüpfung der Einzelkomponenten, lässt sich die Arbeit schneller und kreativer gestalten.

---

[1] Ich gebe an dieser Stelle schon einmal zu, dass die Verwendung von Version Cue nicht ganz so einfach ist, wie hier in der Einleitung beschrieben. Wie Version Cue funktioniert und welche Ressourcen zur Verfügung gestellt werden müssen, wird im Anhang in einem eigenen Abschnitt über Version Cue beschrieben.

Geringere Kosten werden übrigens nicht nur durch die schnellere Bearbeitung und den besseren Workflow erreicht, sondern auch durch den vergleichsweise günstigeren Anschaffungspreis.

Fazit: Auf diese Art kann man sich durch die integrative Funktionsweise der Creative Suite kreatives, intuitives und vor allem motiviertes Arbeiten erhalten, ohne detaillierte Arbeitsplanungen vornehmen zu müssen. Auch und gerade kurzfristige Anfragen von Kunden können schneller erledigt werden, die Reaktionszeiten verkürzen sich und die Ergebnisse liegen deutlich schneller vor. Was das für die allgemeine Kundenzufriedenheit bedeutet, liegt auf der Hand.

Wie das Ziel eines glatteren, einfacheren Workflows mit der Creative Suite 2 erzielt werden soll, möchte ich Ihnen in diesem Buch nahe bringen.

Zielgruppe und Zielsetzung

Wie jedes Medium, so hat auch dieses Buch eine bestimmte Zielgruppe. Ich wende mich an Einzelbenutzer und Arbeitsgruppen mit bis zu fünf Mitarbeitern. Ziel dieses Buches ist es, Interessierten die integrativen Funktionen der Adobe Creative Suite 2 nahe zu bringen. Dazu verwende ich ein Beispiel, das ich real für einen Kunden durchgeführt habe. Es handelt sich dabei um ein Projekt mit mittlerem Schwierigkeitsgrad, wie es zu 90% in kleinen Agenturen und Medienwerkstätten täglich abgewickelt wird. Mit Aufgaben höheren Schwierigkeitsgrads müssten ausführliche Beschreibungen der einzelnen Programme einhergehen und das würde eindeutig den Umfang dieses Buches sprengen und ist darüber hinaus auch nicht Ziel dieses Werks. Vielmehr sollen Sie anhand des hier vorgestellten Beispiels in die Lage versetzt werden, Ihre Projekte in ähnlicher Weise umsetzen zu können. Für detaillierte Beschreibungen der Funktionalitäten der einzelnen Bestandteile der Suite möchte ich auf die Programmdokumentationen sowie auf Kompendien verweisen, die es zuhauf – auch aus diesem Verlag – auf dem Markt gibt.

Ebenso gern möchte ich die bloße Beschreibung der Projektabwicklung mit ein paar Einblicken in die Gedankenwelt eines »Gebrauchsgrafikers« auflockern. Ich denke, dass dies vor allem auch für Anfänger und Einsteiger interessant sein kann.

In diesem Zusammenhang werde ich auch – zusätzlich zu den wichtigen Workflow-immanenten Funktionen – ein paar Tipps und Tricks zum Besten geben, die den Grafikeralltag erleichtern können.

Zielgruppe und Zielsetzung

Einleitung — WARUM ADOBE CREATIVE SUITE 2?

Mac und Windows

Apple Macintosh vs. andere Plattformen

Auch wenn die Beispiele ausschließlich auf einem Macintosh angefertigt wurden, so haben sie trotzdem plattformübergreifend Geltung. Zur Verdeutlichung sind korrespondierende Abbildungen der Programmoberflächen beigefügt.

Dieses Buch hat nicht zum Ziel, die ziemlich sinnlose Philosophiediskussion »Apple Macintosh vs. Windows« zu unterstützen. Ich verwende nun einmal seit 1989 Apple Macintosh und denke, dass ein Windows-Benutzer an meiner Stelle auch keine oder wenig Macintosh-Beispiele aufführen würde (wie andere Literatur eindrucksvoll beweist). Ich halte das auch für die Nachvollziehbarkeit des eigentlichen Themas nicht für wichtig. Sollten dennoch bestimmte Befehlsstrukturen oder Abbildungen noch nachträglich von Bedeutung sein, so reiche ich diese gern auf einer speziell für dieses Buch angelegten Website nach.

Version Cue

Version Cue und das Beispielprojekt

Ich möchte an dieser Stelle ebenso darauf hinweisen, dass ich als Einzelunternehmer kein Serversystem für meine Arbeit benötige. Insofern hat die Verwendung von Version Cue für meine Arbeit keinen praktischen Nutzen. Nichtsdestotrotz stelle ich Version Cue in einem gesonderten Abschnitt im Anhang vor. Bitte beachten Sie dabei, dass ich Details zur Verwendung von Version Cue (zum Beispiel die Anwendung auf das Beispiel) nicht vorstellen kann. Ich verweise in diesem Zusammenhang auf die hervorragende Dokumentation, die dem Programmpaket beiliegt.

Farbteil und CD

Farbteil und CD-ROM

Diejenigen Abbildungen, die farbig dargestellt sein sollten, vor allem um Farbeinstellungsroutinen zu verstehen, befinden sich im Farbteil des Buches. Zusätzlich dazu wird eine CD-ROM beigelegt, auf der Sie Beispieldateien und Testversionen der Creative Suite finden können.

Hinweis

Ausgangsvoraussetzungen

Ich gebe zu, dass ich – wie viele meiner Kollegen auch – gewisse Grundvoraussetzungen für die tägliche Arbeit benötige. Dazu gehört nicht nur ein geregelter Nachschub an guten Getränken und Nervennahrung, sondern auch Software, die auf einem Grafikarbeitsplatz nicht fehlen darf. Dazu gehören:

- *GrafikKonverter* von Lemke Software. Es ist zuweilen wirklich erstaunlich, aus welchen Datenformat-Untiefen unsere Kunden ihre Daten herholen. Damit die Arbeit nicht darunter leidet, empfehle ich wärmstens die Shareware von Thorsten Lemke aus Peine. Es gibt diese Software nun schon seit mehr als zehn Jahren und sie hat sich bei der Konvertierung und Mindestbearbeitung von Bildmaterial hervorragend bewährt. Es gibt kaum ein Format, in das der GrafikKonverter nicht konvertieren kann. Darüber hinaus lässt sich auch stapelweise konvertieren und Grundkorrekturen können vorgenommen werden. Praktisch. Natürlich finden sich auch adäquate analoge Anwendungen für Windows, allerdings haben sie nicht denselben Funktionsumfang wie der GrafikKonverter. Zu nennen seien da *123 Graphic Converter*, *Graphics Converter Pro* oder *Xnview*.

- Ein Schriftverwaltungsprogramm. Nichts ist praktischer, als die Schriften für den Kunden in Ordner zu hinterlegen und nur bei Bedarf zu aktivieren. Ich empfehle die Verwendung von *Suitcase* (kommerziell) oder Linotype *FonXPlorer* (frei).

- Spaß an der Arbeit bzw. den Drang, diesen Spaß wiederzufinden.

Und deswegen geht's jetzt auch los.

Herangehensweise

Ach, ja. Es ist sicherlich noch an dieser Stelle wichtig zu erwähnen, wie es denn nun im Folgenden weitergeht.

Hinweis

In vielen anderen Computerbüchern über Benutzersoftware werden nun meistens die Grundfunktionen des Programms vorgestellt und dabei praktische Beispiele gegeben. In Kompendien fallen die Beispiele dann kürzer aus, damit auch jedes noch so kleine Programmdetail besprochen werden kann.

Beide Methoden sind in diesem Zusammenhang sicherlich nicht so sinnvoll, weil es ja nicht um die Beschreibung einzelner Programme geht, sondern um die Zusammenarbeit einzelner Programme *miteinander*.

In meiner Praxis als Dozent für In-House-Schulungen hat sich folgende Herangehensweise bewährt:

Einleitung — WARUM ADOBE CREATIVE SUITE 2?

Bei In-House-Schulungen erkundige ich mich meistens erst einmal nach dem allgemeinen Kenntnisstand. Dieser war bisher in 95% aller Fälle derjenige, dass QuarkXPress 5 bis 6, Photoshop 6 bis CS und FreeHand 9 bis MX im Workflow verwendet wurden. Manchmal kommt es vor, dass Illustrator oder InDesign in früheren Versionen verwendet werden. Auf Grundlage dieser Erfahrungen gehe ich davon aus, dass Sie alle zumindest Photoshop aus Ihrer täglichen Praxis kennen und darüber hinaus ein DTP-Programm und einen Webeditor beherrschen.

Jedenfalls macht es Sinn, zunächst einmal die Programme in ihren Grundlagen zu präsentieren. Der neue Aufbau, den Adobe aktuell in den Arbeitsoberflächen der Programme verfolgt, hat einen gewaltigen Vorteil: Da die Menüs und Paletten sich sehr ähneln und Photoshop allen bekannt sein sollte, kann man in der Regel genau an diesem Punkt ansetzen. Hinzu kommt – und das wird Branchenfremde verwundern –, dass wir eigentlich alle annähernd gleiche Arbeitsweisen haben. Lediglich die Arbeitsaufteilung unterscheidet sich dabei. Somit kann man in der Regel bei diesen Arbeitsmethoden ansetzen, also Standardprozeduren des Publishings wie Datenaufbereitung, Bildbearbeitung, Layouterstellung und Prepress vorstellen.

Meistens verbinde ich diese Lektionen mit einem bereits abgeschlossenen Projekt vor Ort. Ich zeige somit, wie ein Projekt, das zuvor mit anderen Mitteln abgewickelt wurde, mit der Creative Suite abgewickelt werden kann.

Da mir nun Ihre Projekte hier fehlen und ich sie nicht berücksichtigen kann (was würde ich für Live-Online-Seminare geben!), werde ich wie folgt vorgehen:

Zunächst stelle ich das jeweilige Programm so vor, damit Sie sich selbst ein Bild von den jeweiligen Funktionen machen können. Dabei berücksichtige ich die unterschiedlichen Ausgangspunkte, je nachdem mit welchem Programm »man/frau« bisher arbeitet/gearbeitet hat.

Im zweiten Teil ersetze ich das Projekt des Klienten vor Ort durch das oben bereits erwähnte Crossmediaprojekt »CompuStar«. Das Projekt ist so repräsentativ, dass es für viele tagtäglich in Deutschland produzierte Projekte stehen kann. Anhand dieses Projektes verdeutliche ich die Workflow-Qualitäten der Adobe Creative Suite 2.

In kleinen Randnotizen möchte ich mir die Freiheit nehmen, einige Tipps zur Produktion zu geben. Denn manchmal sind viele Expertenratschläge viel zu kompliziert und implizieren einen hohen Technologiestandard, vor allem in Druckereien. Nach meiner Erfahrung ist jedoch der einfachere Weg oftmals der bessere und sichere zu einer gut funktionierenden Website und einem exzellenten Akzidenzdruck.

Simplifizierung bedeutet nicht immer das Zusammenfassen von Befehlen und Arbeitsmethoden zu Aktionen oder anderen Befehlsketten. Dafür stellen die einzelnen Programme der Adobe Creative Suite 2 genügend kraftvolle Befehle und Funktionen zur Verfügung, um nicht in die Notwendigkeit des Makroprogrammierens zu geraten. Trotzdem werden von mir so viele Möglichkeiten zur Arbeitsvereinfachung vorgestellt wie möglich. Sollte jedoch die erforderliche Lernkurve zu hoch sein, um die Funktionen anzuwenden, möchte ich es Ihrer eigenen Recherche überlassen, diese weitergehenden Techniken zu erforschen und anzuwenden. Ich möchte auch in diesem Zusammenhang auf die jeweiligen Programmdokumentationen sowie auf einschlägige Literatur verweisen.

In diesem Sinne der Vereinfachung gehe ich zum Beispiel auch auf die Menüleisten nur dann ein, wenn es thematisch notwendig ist. Ansonsten beschränke ich mich auf eine kurze allgemeine Beschreibung, damit Sie sich zurechtfinden.

Und wie das geht, das lassen Sie uns jetzt mal erforschen.

Kapitel 1

1

Der Auftrag – die Daten – die Adobe Bridge

1.1 Exkurs: Traum und Realität................... 26
1.2 Die Adobe Bridge............................ 27

1.1 Exkurs: Traum und Realität

Der Medienbranche und vor allem den Berufen des Mediengestalters und des Grafikdesigners hängt ein Zeichen des Kreativen an. Ein positiv gemeintes Label, aber dennoch ein stigmatisierendes zugleich. Viele vorwiegend junge Leute verklären die vielfältigen Medienberufe als *coole*, dynamische und kreative Jobs mit hohem Einkommen.

Die Realität sieht jedoch oftmals ganz anders aus.

Gerade in den kleineren Branchensegmenten sieht es eher so aus, dass sehr viele betriebliche Medien der Kunden oftmals neu aufgelegt, aufpoliert und dem Zeitgeist angepasst werden. Die Erfahrung zeigt, dass in kleinen Medienwerkstätten oder Agenturen nur zehn Prozent aller Aufträge Projekte beinhalten, in denen etwas völlig Neues geschaffen wird.

Für den Produktionsprozess bedeutet das vor allem ein hohes Maß an Bildbearbeitung und Digitalisierung (Vektorisierung) von Grafiken und Schemata.

Und somit wurde ich – auch zur Inspiration, muss ich betonen – von der Firma CompuStar mit vielen Bildern beschert. In erster Linie handelte es sich um Bilder, die schon ein paar Monate alt waren und darüber hinaus amateurhaft fotografiert wurden. Dazu kamen diverse Logos von Kooperations- und Geschäftspartnern, die zum größten Teil lediglich internettauglich waren. Außerdem versorgte man mich vorab schon mal mit Texten im Word-Format und Produktbeschreibungen in Excel-Tabellen und PDF-Dateien.

Weil das neue Logo und die Markenzeichen für CompuStar schon im Vorfeld von mir gestaltet wurden (siehe Kapitel 8), musste ich mich nun damit beschäftigen, aus dem vorhandenen Material ein stimmiges und einheitliches Bild für Firmenprintmedien und Website zu kreieren.

In dieser ersten Produktionsphase fließt eine ganze Menge an Daten als E-Mails ein und erst einmal muss man diese sichten und in die richtigen Ordner verpacken.

So viel zum *kreativen, coolen und dynamischen* Job.

1.2 Die Adobe Bridge

Features – Vorteile – Nachteile

Adobe hat für seine Creative Suite 2 einen interessanten und vor allem für einen glatten Workflow wichtigen Schritt getan: Sie haben den Dateibrowser aus Photoshop (seit Version 6 implementiert) als eigenständiges Programm aufgestellt. Dieses Programm nennt sich Adobe Bridge.

Die Hauptaufgabe der Adobe Bridge ist es, Dateien verwalten und sichten zu können. Dabei erzeugt sie Vorschauen von Dateien aus Photoshop, ImageReady, Illustrator, InDesign und Acrobat. Dazu wird die Adobe Bridge versuchen, jedes ihr bekannte Bild- und Grafikdatenformat anzuzeigen. Die Vorschau von in GoLive erzeugten HTML-Dateien ist nicht möglich.

Ein ganz besonders interessantes Feature der Adobe Bridge ist, dass man Dateien zum größten Teil als Bestandteile anderer Dateien direkt per Drag&Drop in die Dokumente einfügen kann. Dies gilt vor allem für die folgenden – sehr praktischen – Wege:

- Photoshop-Dateien in InDesign, Illustrator und GoLive
- Illustrator-Dateien in Photoshop, InDesign, GoLive und Illustrator
- ImageReady-Dateien (auch mit Interaktionen, wie Rollover, Remotes und so weiter) in GoLive
- PDF-Dateien in InDesign, Illustrator und Photoshop
- InDesign-Snipplets können direkt von der Adobe Bridge in InDesign-Dokumente eingesetzt werden (dazu mehr im Kapitel 5 über InDesign).

So viel erst einmal zum Offensichtlichen. Jedoch kann man, wie mir die Praxis gezeigt hat, derart auch mit anderen Dateien verfahren:

- Word- und Excel-Dateien in InDesign und GoLive; eingeschränkt auch in Illustrator und Photoshop, allerdings werden die Textinhalte, -formate und Tabellenformate gerendert, also in Pixel aufgelöst.
- Jedes beliebige, von der Adobe Bridge korrekt identifizierte Bild- und Grafikformat in InDesign, Illustrator und GoLive

Zusätzlich zu den hier erwähnten Datenverwaltungsfunktionen hat Adobe eine direkte Verbindung zu seinem Stock-Photo-Shop geschaffen. Nun kann man direkt über die Adobe Bridge auf das umfangreiche Stock-Photo-Kontingent bei Adobe zugreifen. Ein ganz besonders schönes Feature ist dabei, dass man niedrig aufgelöste Vorschaubilder (so genannte *Kompositionen*) kostenlos herunterladen kann, um sie in Entwürfen zu verwenden. Dazu jedoch an späterer Stelle mehr.

Des Weiteren kann man die Header-Daten einer Datei einsehen, nach ihnen suchen lassen und sie auch modifizieren (soweit das Datenformat dies zulässt).

So viel erst einmal zu den offensichtlichen Vorteilen. Allerdings kommen Vorteile auch immer mit Nachteilen einher:

- Die Adobe Bridge ist auf Grund des Darstellungsrenderings der Dateivorschauen sehr speicherhungrig. Sie müssen einen gewissen Cachespeicherplatz für die Benutzung der Adobe Bridge auf Ihrer Festplatte bereithalten. Darüber hinaus ist es ratsam, mit 1 GB RAM zu arbeiten. Ansonsten kriecht die Bridge vor sich hin und die Thumbnails lassen auf sich warten. Außerdem braucht die Bridge immer einen Moment, um aus dem Hintergrund geladen zu werden, weil die Positionen der Cachedateien erst verifiziert werden müssen. Ob Sie die Bridge unter diesen Voraussetzungen im Hintergrund geöffnet lassen wollen, bleibt Ihnen überlassen. Allerdings empfehle ich, in diesem Falle – neben 1 GB RAM – nicht mehr als zwei Adobe-Applikationen zusätzlich geöffnet zu haben und auf die Größe der geöffneten Dateien zu achten.

- Wie schon zuvor angedeutet, ist die Drag&Drop-Funktion nicht in allen Fällen möglich. Es ist beispielsweise nicht möglich, Photoshop-Bilder in Photoshop-Dateien einzusetzen. Dazu müssen die Dateien geöffnet werden und das Auswahlwerkzeug bemüht werden, um von Datei zu Datei Drag&Drop zu nutzen. Außerdem können Sie für das Einsetzen von anderen Photoshop-Dateien den Platzieren-Befehl (DATEI|PLATZIEREN) verwenden. Was erst einmal lästig erscheint, macht bei einigen Fällen Sinn: Es ist nämlich in Photoshop nicht möglich, die Auflösung von Ebenen zu verändern bzw. die Farbeinstellungen im Vorübergehen anzupassen. Könnte man eine Datei als neue Ebene einfügen und wäre die Auflösung oder der Farbraum nicht konform, so ist simpel gesagt das Resultat nicht das, was man gern hätte. Insofern macht diese Einschränkung Sinn.

- Dateien anderer Hersteller, wie Microsoft oder Macromedia können in der Vorschau nicht betrachtet werden. Da hilft dann zur Identifizierung nur noch ein eindeutiger Dateiname oder Einträge in den Datei-Header (kann man auch in der Bridge erledigen – dazu später mehr).[1]

Arbeiten mit der Adobe Bridge

Die Bridge ist sehr übersichtlich aufgebaut. Eine ausführliche Beschreibung der Menüzeile sei hier an dieser Stelle ausgespart, weil sie nicht zum Verständnis notwendig ist. Sollten bestimmte Befehle wichtig sein, werde ich sie im thematischen Zusammenhang vorstellen.

Die Oberfläche

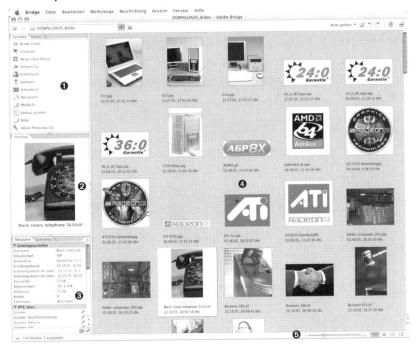

Abbildung 1.1
Die Programmoberfläche der Adobe Bridge.
1 – Dokumentenbrowser (Favoriten und Ordner)
2 – Vorschaubereich
3 – Metadaten- und Stichwortbereich
4 – Dokumentenbereich
5 – Darstellungsmodifikatoren

Neben dem Fensteraufbau ist es wichtig, die Details am oberen Rand des Fensters zu beachten, wie in Abbildung 1.2 ersichtlich.

---

1 In diesem Zusammenhang bleibt abzuwarten, wie sich die Fusion von Adobe mit Macromedia auswirken wird. Es ist zu hoffen, dass zumindest die einzelnen Dokumentalgorithmen in den Programmen übergangslos ladbar werden.

Kapitel 1 — DER AUFTRAG – DIE DATEN – DIE ADOBE BRIDGE

Abbildung 1.2
Die Dateibrowserbedienung der Adobe Bridge
1 – Im Verzeichnisbaum vor und zurück gehen
2 – Verzeichnismenü
3 – Zurück ins übergeordnete Verzeichnis
4 – Darstellung nach Bewertung oder Etikett sortiert
5 – Neuen Ordner anlegen
6 – Bild/Grafik gegen/mit den Uhrzeigersinn drehen
7 – Datei in den Papierkorb werfen
8 – Kompakte (reduzierte) Ansicht aktivieren/deaktivieren

Die Bridge ist übersichtlich gestaltet – nichts verdeckt den Blick aufs Wesentliche, nämlich die Daten.

Rechts wird das Fenster von dem Datenbrowser dominiert – dem so genannten *Leuchttisch*, den man genauso bedienen kann wie jeden Dateibrowser auch. Nur gibt es einen Unterschied: Alle Adobe-Daten, Bilddaten und diejenigen Grafikdaten, welche die Bridge darstellen kann, werden in einer beliebig skalierbaren Größe als Vorschau dargestellt. Skaliert werden kann die Darstellung mit dem Schieberegler unten rechts.

Auf der linken Seite findet eine Dreiteilung statt. Ganz oben links befindet sich ein Medienbrowserfenster, in dem man entweder durch die verfügbaren Medien (Reiter ORDNER) oder durch angelegte Favoriten (Reiter FAVORITEN) klicken kann.

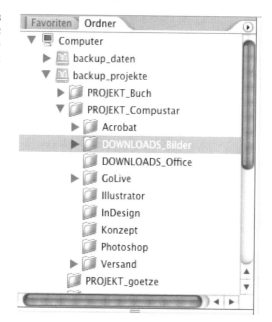

Abbildung 1.3
Hinter dem Reiter ORDNER verbirgt sich ein kleiner Verzeichnisbrowser.

Die Favoriten

Während man durch den Reiter ORDNER sich einfach durch die verfügbaren Medien klickt, sind in der Vorkonfigurierung beim Reiter FAVORITEN noch andere Optionen vorinstalliert:

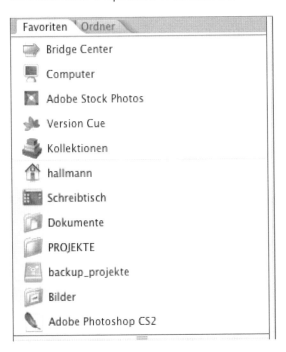

Abbildung 1.4
Hinter dem Reiter FAVORITEN verbergen sich die Zusatzservices, der Direktzugriff auf alle Medien im Dokumentenfenster (COMPUTER) sowie der Alias-/Verknüpfungsbereich.

Das Bridge Center

Durch die Auswahl BRIDGE CENTER kommt man in eine Art zentrales Kommandozentrum. Links kann man aktuell offene Dateien – sollten sie in einem projektbezogenen Zusammenhang stehen – zusammen speichern, um sie später auch gemeinsam öffnen zu können. Mittig daneben bekommt man einen Überblick über die zuletzt geöffneten Ordner. Rechts sind dann die zuletzt bearbeiteten Dateien aufgelistet.

Abbildung 1.5
Das Bridge Center

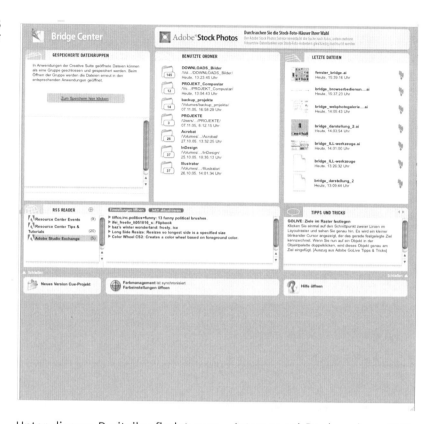

Unter diesem Dreiteiler findet man – Internet sei Dank – einen RSS-Reader, in dem sich Nachrichten von Adobe finden. Es lassen sich durch Klicken auf das »+«-Symbol auch weitere Kanäle hinzufügen. Ebenso online kommen die ADOBE TIPPS & TRICKS in das Bridge Center. Diese Tipps stammen aus dem Adobe Onlineforum, der so genannten Adobe Community. Es ist zwar nicht unbedingt nötig, alle Tipps & Tricks, die sich im Laufe der Zeit da so ansammeln, zu lesen, aber ein Blick ab und an lohnt sich in jedem Fall!

Darunter befindet sich die Möglichkeit, zentral neue Version-Cue-Projekte anzulegen, Farbmanagements zu optimieren und das Hilfe-Center (eigene Applikation!) zu öffnen.

Computer

Neben dem Reiter ORDNER kann man auch durch diese Funktion durch die Medien klicken. Die größeren Icons machen das Durchsuchen der Medien sicherlich etwas komfortabler als unter dem Reiter ORDNER, letztlich muss das aber der Benutzer selbst entscheiden.

Adobe Stock Photos

Hier kommen wir zu einem sehr netten Feature der Adobe Bridge. Zunächst dachte ich so bei mir, »Wozu kann ich so etwas gebrauchen?« Dann wurde mir schnell klar, dass dies eine wunderbare Möglichkeit ist, Entwürfe für Kunden anzufertigen. Der Ablauf ist immer derselbe: Man sucht mittels eines Stichwortes in den umfangreichen Stock-Photo-Archiven von Adobe nach passenden Bildern und pickt sich eines aus. Klickt man es an, wird es nicht nur geladen, sondern dann auch in Photoshop geöffnet. Das geladene Bild ist eine verarbeitbare Version des Bildes in Bildschirmauflösung (72 dpi). Diese Bilder werden Kompositionen genannt und in einem zentralen Ordner gesammelt. Bis hierhin ist der Service kostenlos! Erst wenn man höher aufgelöste Bilder benötigt, kommen Kosten für den Download auf.

Natürlich ist es urheberrechtlich nicht gestattet, die Kompositionen für Projekte zu verwenden. Allerdings helfen sie ungemein, bei Entwürfen dem Kunden einen Eindruck zu vermitteln, wie das Endprodukt aussehen kann. Letztlich bleibt der Kauf einer Stock-Photografie dem Kunden überlassen, aber nach meiner Erfahrung überzeugt einen Kunden nichts mehr als ein gut gemachtes Foto.

Version Cue

In dieser Auswahl hat man einen direkten Zugriff auf die von Version Cue überwachten Projekte. Der jeweilige Arbeitsplatzrechner nimmt bei Auswahl Kontakt mit dem Server auf und synchronisiert die Version-Cue-Daten mit denen auf dem Arbeitsplatzrechner. Lesen Sie dazu bitte auch den gesonderten Abschnitt im Anhang.

Kollektionen

Kollektionen sind eine der vielen Funktionen in der Adobe Bridge, welche die Arbeit mit vielen Dateien, vor allem mit Bildern und Grafiken erleichtern sollen. Ich möchte es einmal so ausdrücken: Wenn Sie immer wieder auf der Suche nach Datenmaterial sind, das entweder auf Ihrem eigenen Rechner oder auf einem zentralen Server ins *Datennirwana* geraten ist, so werden Sie diese Funktion sehr nützlich finden.

Sie erlaubt es nämlich, Suchergebnisse der Bridge (BEARBEITEN|SUCHEN bzw. ⌘+F oder Strg+F Windows) als Kollektionen zu speichern (ALS KOLLEKTION SPEICHERN im Programmfenster oben rechts). Diese Suchergebnisse können dann immer wieder abgerufen werden, ohne die Speicherplätze der Dateien ändern zu müssen. Diese Funktion arbeitet mit allen verfügbaren Datenformaten. Die Kollektionen lassen sich auch kopieren und an anderen Stellen speichern.

Diese Funktion lässt sich übrigens auch auf Bilddaten aus den Adobe Stock Photos anwenden.

Alias-Bereich (Favorisierte Objekte)
Ein kleiner Trennstrich trennt diesen funktionsreichen Bereich von einem Alias-Bereich, in dem Medien und Verzeichnisse sowie auch Aliasse von Applikationen abgelegt werden können. Ab Werk zeigt dieser Bereich die Standardverzeichnisse User-Verzeichnis, Schreibtisch (Desktop), die vom Betriebssystem angelegten Standardordner für Dokumente und Photoshop CS2 an. Neue Aliasse können Sie einfach aus dem Leuchttisch heraus per Drag&Drop ablegen.

Vorschau
Im mittleren linken Bereich befindet sich dann auch das Vorschaufenster, das durch Verschiebung der Trennlinien skaliert werden kann. Vorsicht! – Eine große Vorschau benötigt viel Speicherplatz und Rechenzeit.

Abbildung 1.6
Der Vorschaubereich

Die Metadaten

Der untere Bereich enthüllt die gespeicherten Metadaten des Dokuments.

Metadaten befinden sich zum größten Teil im Header der Datei und werden von der Adobe Bridge entschlüsselt und in diesem Fensterbereich angezeigt. Diese Angaben teilen sich in zwei Teile auf: Einem Teil, der durch die Bearbeitung in einem Programm definiert wird. Dazu gehören die Angaben Dateiname, Dateiformat (Dokumentart), Erstellungs- und Änderungsdatum, Dateigröße, Auflösung, Bittiefe und Farbmodus.

Schon allein diese Angaben sind im Workflow sehr hilfreich. Nie wieder müssen die Dateien erst durch Öffnen in irgendwelchen Programmen oder Utilities gesichtet werden. Durch die angegebenen Metadaten hat man sofort im Blick, ob sich eine Datei zur Weiterverarbeitung eignet oder nicht.

Abbildung 1.7
Hinter dem Reiter METADATEN befinden sich die relevanten Header-Daten. Steht hinter der Kategorie ein Stift (z.B. ERSTELLER), dann kann man eigene Angaben einfügen.

Im zweiten Teil kann man darüber hinaus in den Header-Anhang eigene Informationen schreiben. Die Beschreibbarkeit von Daten wird durch einen kleinen Stift rechts von der Angabe angezeigt. Klickt man auf diesen Stift, kann man dem Header-Anhang Angaben hinzufügen. Wozu macht man das nun? –Ganz einfach: Diese Angaben können ebenso bei einer Datensuche gefunden werden wie Datei- oder Mediennamen.

Ist das alles? – Nein, natürlich nicht. Denn dieser Fensteranteil hat eigene Voreinstellungen, in denen Sie die Kriterien angeben können, die dargestellt werden sollen. Des Weiteren können Sie auch noch Vorlagen für Metadaten erzeugen und sie per Befehl aus dem Fenstermenü anhängen oder ersetzen.

Stichwörter
Auf dem Reiter neben METADATEN können schnell und komfortabel an Dateien bestimmte Stichworte vergeben werden, die bei Suchprozessen in der Adobe Bridge Berücksichtigung finden. Es können auch Stichworte hinzugefügt und diese in Sets organisiert werden.

Abbildung 1.8
Durch Anklicken kann man einer Header-Datei zusätzliche Stichworte zuordnen.

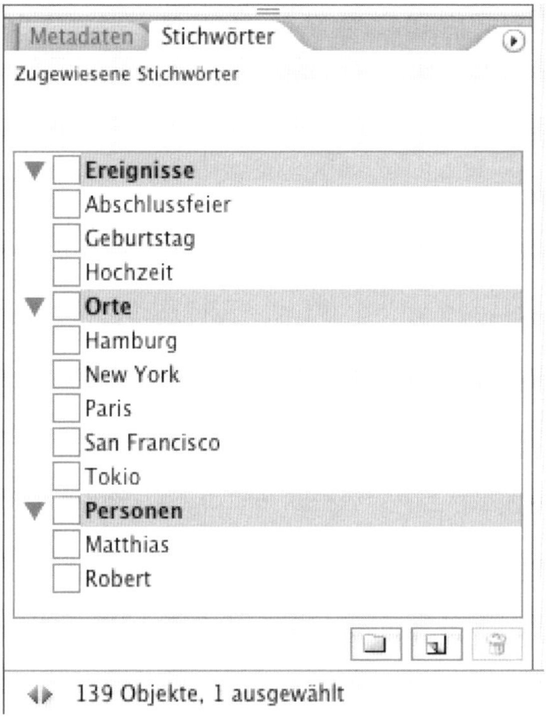

Fenster-Voreinstellungen
Haben Sie den Bereich METADATEN aktiviert (etwas versteckt zugegebenermaßen), finden sich dort auch die Voreinstellungen für das gesamte Adobe-Bridge-Fenster. Neben den allgemeinen Darstellungseinstellungen finden sich dort auch Modifizierungsmöglichkeiten für farbige Etikettierungen von Dateien, die Einstellungen zur Zuordnung von Dateien zu den einzelnen Programmen durch einfachen Doppelklick (das entsprechende Programm wird automatisch geöffnet)

1.2 Die Adobe Bridge

und die Einstellungen zur Suche und Einkauf in den Adobe Stock Photos. Der Einfachheit halber habe ich Ihnen die Einstellungsmöglichkeiten hier abgebildet. Sie können diese Voreinstellungen auch regulär über die Menüleise erreichen.

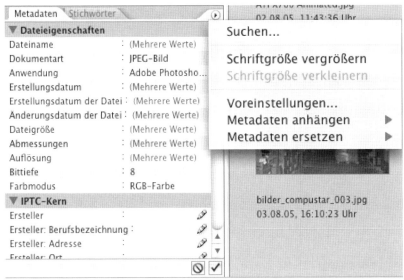

Abbildung 1.9
Hier finden sich nicht nur Einstellungen für die Metadaten. In dem Menü können Sie auch die Voreinstellungen öffnen.

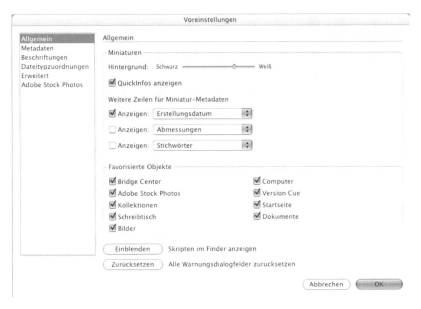

Abbildung 1.10
Allgemeine Voreinstellungen

Abbildung 1.11
Voreinstellungen für die Metadaten

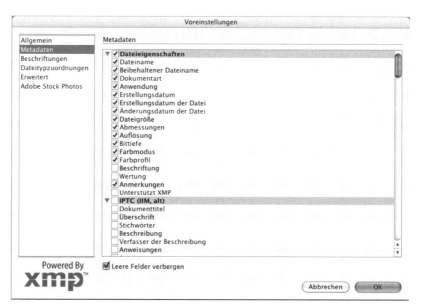

Abbildung 1.12
Voreinstellungen für Etikettierungen

1.2 Die Adobe Bridge

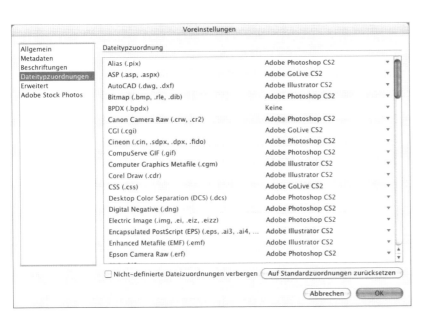

Abbildung 1.13
Voreinstellungen für die automatischen Verbindungen zwischen Dokument und Programm

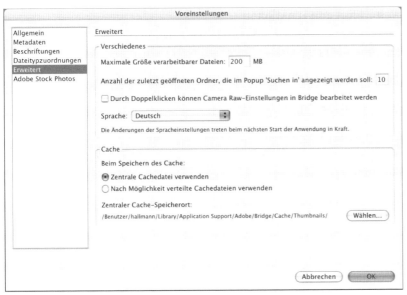

Abbildung 1.14
In den erweiterten Einstellungen kann man bestimmen, wie die Speicherauslastung für die Bridge gestaltet werden soll.

Kapitel 1 — DER AUFTRAG – DIE DATEN – DIE ADOBE BRIDGE

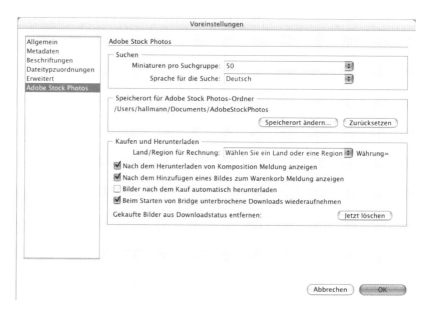

Abbildung 1.15
Ähnlich wie in Musikshops legt man hier die Einstellungen für den Zugriff auf die Adobe-Stock-Photo-Sammlung fest.

Weiterführende Funktionen

Ist man nun der Ansicht, dass allein die vielen Data-Asset-Funktionen, also die diversen Möglichkeiten einer komfortablen Dateiverwaltung, schon entscheidend für die enormen Workflow-Qualitäten der Creative Suite 2 sind, dann sollte man einige kleinere Funktionen keinesfalls außer Acht lassen:

Automatisierungen

Man kann durch Anwählen von Bild- und Grafikdateien (auch mehreren) einige automatisierte Funktionen abrufen, die vor allem dann interessant sein dürften, wenn man Präsentationen für Kunden bereithalten muss.

Unter dem Menüleistenpunkt WERKZEUGE finden sich einige sehr nützliche Automatisierungen:

- **STAPEL-UMBENENNUNG.** Hiermit lassen sich mehrere Dateien auf einmal nach bestimmten Vorgaben (siehe Abbildung 1.16) umbenennen. Das ist vor allem dann sehr praktisch, wenn man aus Bildsammlungen (und auch aus diversen Stock-Photo-Sammlungen) annähernd gleich benannte Dateien hat oder bestimmte Dateien einen projektbezogenen Namenszusatz erhalten müssen.

1.2 Die Adobe Bridge

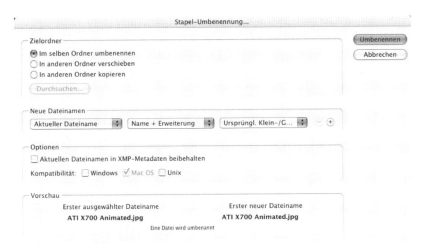

Abbildung 1.16
Die Umbenennung mehrerer Dateien mit der Funktion STAPEL-UMBENENNUNG

- **VERSION CUE.** Hier lassen sich einfach und unkompliziert neue Version-Cue-Projekte anlegen.

- **PHOTOSHOP-SERVICES.** Brauchen Sie Abzüge von Fotomontagen aus Photoshop oder wollen Sie dem Kunden einen Bildkatalog vorlegen? – Kein Problem. Von hier aus können Sie den Adobe/Kodak-Service für Abzüge und Bildalben direkt auswählen. Voraussetzung ist allerdings, dass Sie als Kunde angemeldet/registriert sind.

Abbildung 1.17
Neben den Stock Photos kann man auch weitere Services online in Anspruch nehmen.

- **Automatisierungen via Photoshop**

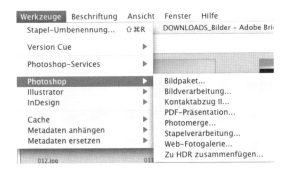

Abbildung 1.18
Die Photoshop-Werkzeuge

- Mit **BILDPAKET** verteilen Sie beliebige Bilder und Grafiken in gewünschter Anzahl auf ein vorher bestimmtes Format. Stellen Sie sich das wie Mehrfachabzüge eines Fotos auf einem Fotopapier vor. Ganz komfortabel können Sie so Kopien von Bildern vorformatieren und ausgeben.

Abbildung 1.19
BILDPAKET

- Mit **BILDPROZESSOR** überführen Sie zuvor ausgewählte Bilder in einheitliche Formate; also quasi eine Stapelverarbeitung zur Umformatierung. Leider bietet die Adobe Bridge hier nur die Formate Photoshop (PSD), JPG und TIF an. Dafür können die jeweiligen Einstellungen gespeichert und geladen werden, was sicherlich einem einheitlichen Agentur-Workflow sehr zuträglich sein dürfte.

Abbildung 1.20
Bildprozessor

- In **KONTAKTABZUG II** kann man Kontaktabzugsbögen erstellen. Seitenaufteilung, Staffelung und Beschriftung sind vorher bestimmbar. Auch diese Einstellungen lassen sich abspeichern und laden.

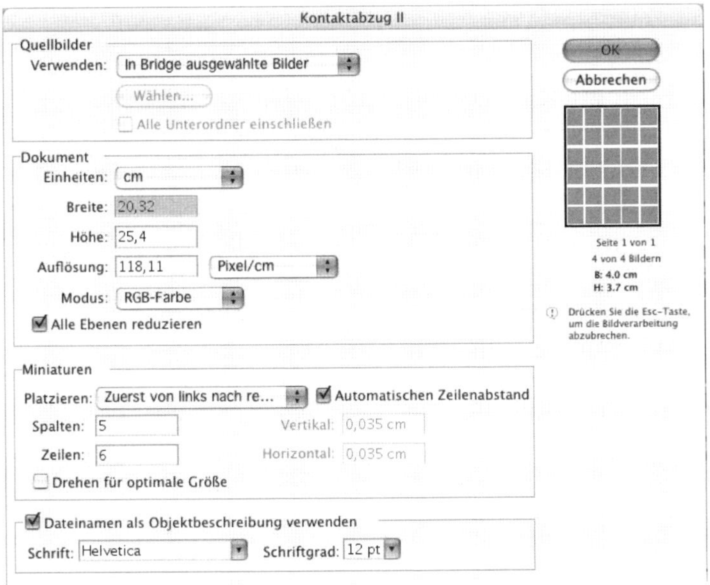

Abbildung 1.21
KONTAKTABZUG II erzeugt Kontaktabzüge in Photoshop.

- Mittels **PDF-Präsentation** erzeugt man aus Bild- und Grafikdaten Kataloge und Präsentationen als PDF. Man hat dabei die Wahl, ein mehrseitiges Dokument zu erzeugen oder eine von selbst ablaufende Präsentation. Auch hier sind die Einstellungen lad- und speicherbar.

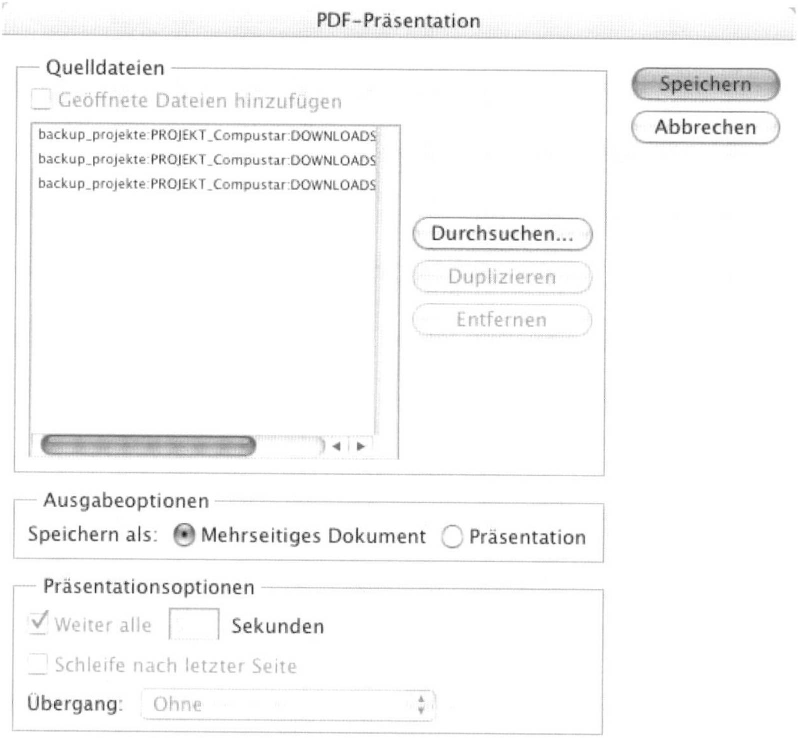

Abbildung 1.22
PDF-Präsentationen aus der Bridge heraus hergestellt; als mehrseitiges Dokument oder selbst ablaufend

- Mit **Photomerge** verbindet man verschiedene Bilddateien miteinander in einer Montage. Der eigentliche Sinn der Sache liegt darin, dass man Bilder gleicher Ausmaße zu einem Panoramabild verbinden kann (die funktionelle Führung der Photoshop-Aktion führt zu diesem Punkt). Werden Bilddateien mit unterschiedlichen Maßen geladen, kann man diese manuell auf einer Montagefläche montieren. Das alles, ohne alle Dateien in Photoshop laden und manuell montieren zu müssen.

1.2 Die Adobe Bridge

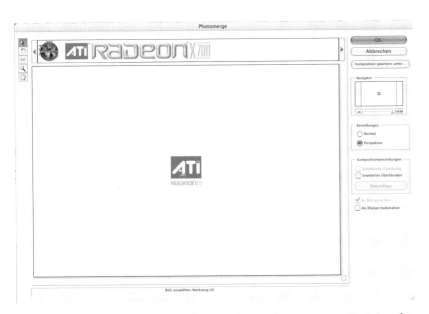

Abbildung 1.23
PHOTOMERGE für Fotomontagen

- Mit **STAPELVERARBEITUNG** können Veränderungen an Dateien für ganze Verzeichnisse vorgenommen werden. Dies ist vor allem bei einer reihenweisen Namensänderung sinnvoll und spart als Werkzeugaktion wertvolle Zeit.

ABBILDUNG 1.24
STAPELVERARBEITUNG

- **WEB-FOTOGALERIE.** An dieser Stelle ist meine Begeisterung kaum zu zügeln – das muss ich zugeben. Wenn Sie eigentlich aus den Printmedien stammen und seit der Ausbildung nicht genügend Zeit mit dem Studium der Sprachen JavaScript oder ActionScript (Flash) haben verbringen können, dann ist dieses Tool wirklich sehr hilfreich. Nicht, dass Sie mich missverstehen: Ich designe funktionierende Websites, allerdings muss ich aus Ermangelung an Kenntnissen und Studienzeit aufwändigere Codingarbeiten den Experten überlassen. Was Bildgalerien im Web angeht, kann man sich die Arbeit aus der Adobe Bridge heraus nun deutlich vereinfachen. Man wählt einfach das gewünschte Bildmaterial in der Bridge aus und erzeugt fertige Webbildgalerien. Man hat dabei verschiedene Auswahlmöglichkeiten, wie die Galerie gestaltet werden soll (Es gibt sogar eine Vorschau!). Wichtig ist dabei, dass man einen Zielordner angibt. Dann geht alles wie von allein: Die Adobe Bridge öffnet Photoshop (falls es noch nicht geöffnet ist) und man kann beobachten, wie ein umfangreiches Skript abläuft und – vorausgesetzt, Ihr Rechner ist doch nicht so schnell – die einzelnen Bilder und Thumbnails erzeugt werden. Abschließend wird der Standardbrowser geöffnet und Sie können das Resultat sofort in Augenschein nehmen. Die Ergebnisse sind hervorragend und in GoLive (und auch in Flash, falls Sie Flash-Seiten erzeugt haben) modifizierbar. Ein sehr schnelles und starkes Tool, mit dem Sie ruhig experimentieren sollten.

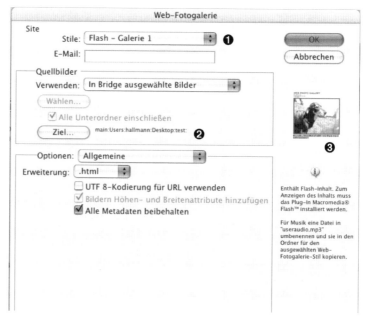

Abbildung 1.25
WEB-FOTOGALERIE
1 – Galerieart-Auswahl
2 – Zielordner-Angabe
3 – Stilisierte Vorschau

- **ZU HDR ZUSAMMENFÜGEN.** HDR-Bilddaten sind 32-Bit-codierte, hoch auflösende Bilddaten. Normale digitale Bilddaten, wie JPG-Bilder, haben ein Kontrastverhältnis von 250:1. Das ist in vielen Fällen auch ein Grund dafür, warum sich extrem helle oder extrem dunkle Bereiche in einem Bild befinden und einen uneinheitlichen Eindruck vermitteln. Diese Unterschiede auszugleichen ist manchmal wirklich harte Bildbearbeitung und vor allem dann nicht besonders angenehm, will man Panoramabilder erzeugen. Und vor allem bei diesen kommt das HDR-Format zum Einsatz. *High Dynamic Range*-Bilder besitzen ein Kontrastverhältnis von 60.000:1 und können eigentlich nur auf dafür vorgesehenen Monitoren dargestellt werden. Man kann sich aber die Technik des Dynamic Range Increase mit Photoshop zunutze machen, um Belichtungsungleichheiten auszugleichen. Dabei werden extrem helle Bildpunkte mit den nächstdunkleren überlagert. Erreichen kann man das durch zwei und mehr Bilder ein und desselben Motivs, die allerdings mit verschiedenen Belichtungseinstellungen aufgenommen wurden. Und genau dafür wird die hier in der Bridge aufgeführte Funktion benutzt: zum Zusammenführen dieser Bilder. Photoshop erzeugt dann das »stimmige« Bild aus den Einzelbildern. Wichtig ist dabei zu beachten, dass die Bilder exakt die gleichen Formateigenschaften (Größe, Auflösung usw.) haben müssen und natürlich auch dasselbe Motiv aufzeigen. Besonders interessant wird diese Funktion bei der Gestaltung von Panoramen. Hat man erst einmal die Panoramen mit der zuvor beschriebenen Funktion PHOTOMERGE (s.o.) zusammengefügt, so kann man die einzelnen, unterschiedlich belichteten Panoramen zu einem stimmigen Bild kombinieren. Es handelt sich also hierbei auch um eine Funktion, die Photoshop bietet, allerdings kann man sie bequem von der Bridge aus bedienen.

- **Automatisierungen via Illustrator**

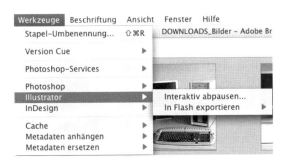

Abbildung 1.26
Die Illustrator-Werkzeuge

- **INTERAKTIV ABPAUSEN.** Die Möglichkeit, Bilder zu vektorisieren, sie also in eine stufenlos skalierbare Grafik zu verwandeln, war bisher nur mit Zusatzprogrammen in guter Qualität möglich. Eines dieser Zusatzprogramme hieß Adobe Streamline und erzeugte qualitativ gute Ergebnisse. In Illustrator CS2 wurden nun die Funktionen von Streamline in der Funktion INTERAKTIV ABPAUSEN integriert. Wie das interaktive Abpausen funktioniert, werde ich Ihnen in Kapitel 3 über Illustrator genauer erläutern. Dieser Link in der Adobe Bridge tut nichts anderes, als die Funktion in Illustrator zu aktivieren (und, falls nötig, auch Illustrator zu starten).

Abbildung 1.27
Adobe Streamline lässt grüßen: Interaktiv abpausen (besser: vektorisieren) von Bitmap-Daten direkt aus der Bridge.

- **IN FLASH EXPORTIEREN.** Bilder und Grafiken lassen sich in Flash besser integrieren, wenn sie zuvor in das Flash-Format .SWF überführt wurden. Dies lässt sich hier sogar über die Bridge durchführen. Man hat dabei zwei Alternativen: entweder ein Schnellexport, ohne jegliche Komprimierung oder Sondereinstellungen. Sondereinstellungen kann man unter der Option EIGENER EXPORT vornehmen. Dabei ist es ganz besonders sinnvoll, zu überlegen, ob Text als Konturen übernommen werden soll oder Bilder transparent erscheinen. Ich habe Ihnen die Funktionen kurz in Abbildung 1.28 zusammengestellt. Insgesamt eine sehr praktische Funktion, welche die Arbeit mit Flash extrem erleichtert.

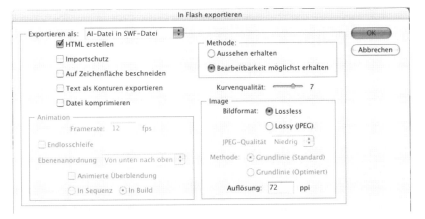

Abbildung 1.28
Kein Hin und Her mehr zwischen verschiedenen Programmen: Einfach SWF-Dateien aus der Bridge heraus erstellen.

- **Automatisierungen via InDesign**

Abbildung 1.29
Die InDesign-Werkzeuge

- **INDESIGN-KONTAKTABZUG ERSTELLEN.** Manchmal ist die Kontaktabzugserstellung in Photoshop sehr aufwändig (und speicherplatzintensiv), vor allem dann, wenn sehr viele Bilddateien und -formate berücksichtigt werden müssen. Eine schnellere und komfortablere Möglichkeit bietet der Kontaktabzug mit InDesign, den man später auch über InDesign als PDF- oder XML-Datei exportieren kann. Abbildung 1.30 erläutert die Möglichkeiten. Eine feine Funktion, vor allem dann, wenn die Bilder sich in festen Unterverzeichnissen befinden (schließlich stellt InDesign nur Verbindungen zu den Bildern und Grafiken her und implementiert sie nicht – in Gegensatz zum Photoshop-Kontaktabzug) und wenn die Präsentation schnell und unkompliziert als PDF- oder XML-Datei vorliegen soll.

Abbildung 1.30
Kontaktabzüge aus der Bridge heraus in InDesign erstellen

Fazit

Die Adobe Bridge als erstes Programm zu beschreiben sagt es eigentlich schon: Die Bridge ist ein unverzichtbares Werkzeug für einen reibungslosen Workflow.

Durch die Bridge kommt man in die komfortable Lage, alle arbeitsrelevanten Daten auf dem Leuchttisch sichten und verwalten zu können. Vor allem die umfangreichen Sortierungsfunktionen und die Implementierung von einfachen Drag&Drop-Prozeduren machen die Bridge zur Arbeitszentrale der Creative Suite. Man erhält dadurch einen erheblichen Geschwindigkeitsvorteil neben üblichen Platzierungsfunktionen der einzelnen Programme.

Die Adobe Bridge verwaltet nicht nur Daten und stellt starke Funktionen zur Verfügung. Vielmehr erlaubt sie auch, die einzelnen Programme miteinander zu verbinden, bedingt durch die Drag&Drop-

Möglichkeiten und die Zuordnung bestimmter Datenformate zu den dazu vorgesehenen Programmen.

Aus eigener Sicht: Es wäre mir unmöglich gewesen, die im Projekt-Kapitel vorgestellte Website (insgesamt 34 Einzelseiten) innerhalb von knappen drei Arbeitstagen zusammenzustellen, wenn ich nicht den direkten Zugriff auf den bildlichen Content durch die Bridge gehabt hätte.

Tipps

Speicher. Unterschätzen Sie keinesfalls die Speichersucht der Bridge. Dass Bilder als Vorschau dargestellt werden können, kostet RAM-Speicher. Ich rate Ihnen dringend dazu, mit der Bridge nicht unter einer Speicherausstattung von einem GByte zu arbeiten. Ansonsten artet das in einer Geduldsprobe aus.

> **Tipp**
>
> Ein GByte Speicher als optimale Ausstattung

Im Hintergrund. Wird die Creative Suite zu Ihrem täglichen Brot gehören, dann ist es sinnvoll (vorausgesetzt, Sie haben Tipp 1 beachtet!), die Adobe Bridge schon beim Starten hochzuladen und im Hintergrund laufen zu lassen. Der große Vorteil der Programmierung der Bridge ist (zumindest beim Macintosh), dass sie sich nicht in den Vordergrund lädt, sondern nach dem Systemstart im Hintergrund bleibt, bevor man sie aktiviert. Selbst wenn Sie nicht sofort mit einer anderen Adobe-Applikation arbeiten, so können Sie (fast) alle Datenverwaltungsfunktionen auch in der Bridge verwenden (Sie können sogar Daten in die Mail-Applikation ziehen, um sie als E-Mail-Anhang zu verschicken!). Also ist die Bridge als Dateibrowser wirklich ein starkes Tool.

> **Tipp**
>
> Die Bridge im Hintergrund laufen lassen

Vorschau klein halten. Halten Sie die Icongröße möglichst klein. Je mehr sich die Icongröße der Größe der Vorschau (Programmfenster links Mitte) annähert, desto mehr Speicher benötigt die Bridge, um diese Daten darzustellen. Zwar stellt die Bridge Cachedateien in den jeweiligen Unterverzeichnissen her, aber trotzdem muss der Rechner die Darstellung erst rendern, bevor Sie sie sehen.

> **Tipp**
>
> Die Vorschau klein halten

Cachedateien. In den Werkseinstellungen ist es vorgesehen, dass die Adobe Bridge Cachedateien von den in von ihr verwalteten Unterverzeichnissen herstellt. Diese Dateien ermöglichen der Bridge, die Darstellungsrenderings schneller herzustellen. Löschen Sie bitte diese Dateien nicht und ändern Sie auch nicht die Einstellungen bezüglich der Cachedateien in Unterverzeichnissen, wenn Sie Wert auf ein schnelles Rendering/eine schnelle Darstellung der Daten legen.

> **Tipp**
>
> Cachedateien dezentral verwenden

Abbildung 1.31
Abbildung zum Tipp: dezentralen Cache verwenden!

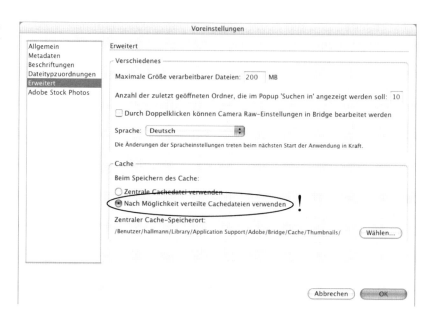

Kapitel 2

Photoshop, Illustrator und InDesign – Gemeinsamkeiten für einen reibungslosen Workflow

2.1	Unterschiede	54
2.2	Gemeinsamkeiten	58
2.3	Fazit	67

Bevor ich zu den Workflow-immanenten Eigenschaften der einzelnen Programme komme, möchte ich keinesfalls versäumen, Ihnen ein paar Gemeinsamkeiten von Photoshop CS2, Illustrator CS2 und InDesign CS2 vorzustellen.

Es sind diese Gemeinsamkeiten, die einerseits die (Zusammen-)Arbeit mit den einzelnen Programmen beschleunigen und andererseits den Umstieg von anderen Programmen der Mitbewerber erleichtern.

Kurz vorweg genommen: Kennen Sie eines der genannten Programme, wird es Ihnen sehr leicht fallen, sich in den anderen zurechtzufinden.

Doch zunächst möchte ich kurz auf die Unterschiede eingehen. Grund: Kennt man die Unterschiede der Programme, wird man umso mehr die Gemeinsamkeiten im Arbeitsablauf zu schätzen wissen.

2.1 Unterschiede

Arbeitsbereiche

Photoshop, Illustrator und InDesign behandeln drei völlig unterschiedliche Arbeitsbereiche, die dementsprechend auch unterschiedliche Datenformen hervorbringen. Somit ist auch die Herangehensweise an die Daten, die jedes Programm für sich bearbeitet, unterschiedlich. Das gilt auch für das Datenhandling: Während Photoshop und Illustrator in erster Linie originäre Dateien erzeugen (also Daten, die in sich schlüssig und vollständig sind), erzeugt man in InDesign Daten mit Verknüpfungen (das heißt, ohne die verknüpften Dateien erzeugt InDesign lediglich eine niedrig aufgelöste Vorschau, die nicht produktionsfähig ist).

Photoshop CS2

Photoshop ist fraglos *das* Bildbearbeitungswerkzeug überhaupt. Mitbewerberprodukte, wie PhotoPaint, Fireworks oder das Opensourceprogramm GIMP haben zwar ihre eigenen Stärken und Schwächen, aber sind nie an die Funktionsvielfalt von Photoshop herangekommen. Insgesamt handelt es sich bei Photoshop – neben Acrobat – um das Programm, dessen Entwicklung Adobe am konsequentesten verfolgt hat. Während Illustrator, InDesign und GoLive in ihren einzelnen Versionsphasen unterschiedliche Schwerpunkte sowie Vor- und Nachteile zeigten, wurde die Leistungsfähigkeit von Photoshop von Version zu

2.1 Unterschiede

Version stets gesteigert. Heute kann man durchaus behaupten, dass Photoshop in all seinen Möglichkeiten einen derartigen Umfang erreicht hat, dass nicht einmal seine Entwickler vollends überblicken können, was man alles mit diesem Programm machen kann.

Photoshop importiert Pixelbilder verschiedener Auflösungen und Farbräume und bietet dem Benutzer augenscheinlich grenzenlose Bearbeitungsmöglichkeiten. Was allerdings am Ende dabei herauskommt, ist ein Pixelbild. An dieser Tatsache können auch Features wie das Bearbeiten in Ebenen und Ebenengruppen, das Einfügen von Vektorobjekten und die Erstellung von Interaktivität (durch das Partnerprogramm ImageReady) nichts ändern. Das hat zwar den Vorteil, dass man das Aussehen eines Bildes, ob nun als Korrektur, Manipulation oder Montage, Pixel-genau verändern kann (und die vielen Filter, die für Photoshop zur Verfügung stehen, sind wirklich süchtig machend), allerdings bleibt die zuverlässige Skalierbarkeit der Abbildung auf der Strecke. Egal wie sehr man sich anstrengt und wie gut die Algorithmen der Skalierungsfunktionen werden (ob nun durch Photoshop an sich oder durch Drittanbieterprogramme wie *pxl-SmartScale* oder *Genuine Fractals*), die Pixel werden mit skaliert und das Bild verliert an Brillanz.

Hinweis

Mit Skalierungsprozessen sind hier nicht nur pure Vergrößerungen gemeint, sondern auch die Überführung von Pixelinhalten definierter Ausgangsauflösungen in andere Auflösungen.

Elipse in Photoshop CS2

100%

Skaliert um 1500%

Abbildung 2.1
Eine Ellipse in Photoshop gezeichnet

So negativ dies klingt – und es gibt vielfältige Möglichkeiten, der Pixelvergrößerung und dem Treppeneffekt entgegenzuwirken –, es bleibt ein Faktor, dass Photoshop begrenzt skalierbare Pixeldaten bearbeitet und erstellt.

Ganz im Gegensatz zu:

Illustrator CS2

Der Weg vom reinen Grafikprogramm Illustrator zum Illustrationswerkzeug Illustrator CS2 war lang und steinig. Seit seiner Einführung 1987 durchlief Illustrator viele Aktualisierungen und Erweiterungen, allerdings konnte es erst mit der Version 8 (1998) so richtig zu seinen Mitbewerbern Corel Draw und vor allem FreeHand aufschließen. In diesen knappen elf Jahren hatte sich im Printbereich FreeHand bereits als ein gewisser Standard durchgesetzt. Allerdings hatte es Adobe seit der Version 8 geschafft, vielseitig einsetzbare Freihand-Werkzeuge bereitzustellen, was Illustrator zu einem beliebten Programm für all diejenigen machte, die viel freihändig und illustrativ arbeiten (vor allem in Zusammenhang mit einem Grafiktablett). In der nun vorliegenden Version CS2 (auch: Version 12) hat Adobe gewaltige Fortschritte erzielt und Illustrator zu einem ernst zu nehmenden Konkurrenzprodukt von FreeHand gemacht (dazu mehr im Kapitel 4).

In Illustrator wird im Gegensatz zu Photoshop nicht mit Pixeln gearbeitet, sondern mit Pfaden. Pfade sind mathematisch-algorithmisch definierte Objekte mit einem Anfangs- und einem Endpunkt. Besser ausgedrückt: Man stelle sich die Koordinatensysteme aus dem Matheunterricht in der Schule vor. Wenn ein Pfad aus einem Anfangs- und einem Endpunkt mit bestimmter Ausrichtung besteht, so haben diese Punkte bestimmte Positionen auf der X- und der Y-Achse des Koordinatensystems. Aufgespannt wird dieses Koordinatensystem auf der Dokumentenoberfläche. Wir haben es also hier mit der mathematischen Definition eines Vektors zu tun; ein Grund, warum man die entstehenden Daten auch Vektordaten nennt. Nun kann der Algorithmus die Linie zwischen den beiden Punkten definieren: Strichstärke und -farbe, Winkelneigungen und Scherungen definieren die Form des Pfades (Vektors). Werden Pfade geschlossen, entstehen Formen, deren Innenbereiche ebenfalls mit Farben und/oder Mustern gefüllt werden können. Da diese Formen mathematisch definiert sind und nicht als bestimmte Pixel mit definierter Position, Größe, Auflösung und Farbe dargestellt werden, können Skalierungen stufenlos mittels Neuberechnung durchgeführt werden. Effekte werden übrigens ebenfalls auf mathematische Weise erzeugt: Verläufe sind beispielsweise farblich abgestufte, hintereinander gruppierte Flächen. So erklärt sich auch ein Lehrsatz einer meiner Meister in der Ausbildung: »Die Skalierbarkeit eines Photoshop-Bildes definiert sich in der Entfernung und Kurzsichtigkeit des Betrachters, während man eine vektorbasierte Grafik ohne Verluste von Briefmarkengröße auf Gasometer-Oberhausen-Maße skalieren kann.«

2.1 Unterschiede

Elipse in Illustrator CS2

100%   Skaliert um 1500%

Abbildung 2.2
Eine Ellipse in Illustrator gezeichnet

Man kann durchaus auch Pixelbilder in Illustrator-Dateien integrieren. Dabei hat man die Auswahl, ob die Pixeldaten in die Datei integriert (eingebettet) werden sollen (Vorsicht! Daraus entstehen große Dateien!) oder – ähnlich wie bei einem DTP-Programm – lediglich eine Verknüpfung erstellt werden soll. Letzteres hat zur Folge, dass die physische Abwesenheit der originalen Pixeldatei zu einer niedrig auflösenden Vorschau führt (siehe auch unten InDesign).

Um reine Verknüpfungen eines Dokuments mit originären Dateien geht es bei ...

InDesign CS2

Dem DTP-Programm von Adobe war ebenso ein holpriger Start beschert wie Illustrator, wenn auch nicht so langwierig. Die Versionen 1 und 2 von InDesign waren zwar extrem innovativ (Adobe schaffte es als Erster, ein DTP-Programm auf den Markt zu bringen, das Mac-OS-X-nativ war – ein erheblicher Marktvorteil für eine lange Zeit gegenüber Marktführer Quark.), allerdings waren die Versionen noch nicht ausgereift und leider auch nicht gut genug an die anderen Adobe-Programme angepasst. Erst mit den Versionen, die sich in der Creative Suite befanden, bekam die Integration von InDesign ihr volles Gewicht.

Heute kann man InDesign seine Herkunft von FrameMaker und PageMaker nicht mehr so recht ansehen. Es hat sich zu einem wirklichen Konkurrenten für QuarkXPress entwickelt. Doch dazu mehr in Kapitel 5.

Im Unterschied zu Photoshop und Illustrator, die originäre Dateien erstellen, entstehen Dokumente in InDesign durch Verknüpfung mit originären Dateien (Bildern, Grafiken und Texten).

In InDesign werden Daten (Bilder, Grafiken und Texte) in Rahmen abgelegt. Die Rahmen haben dieselben Eigenschaften wie Vektorformen in Illustrator. Detailliertere Informationen zu Workflow-immanenten Funktionen erfolgen – wie schon erwähnt – in Kapitel 5.

Die Verknüpfung der originären Dateien in den Rahmen haben große Vorteile gegenüber der Einbettung. Erstens halten sich die Dokumentgrößen in Grenzen und zweitens lassen sich Veränderungen an den originären Dateien durch die Verknüpfungen aktualisieren. Das heißt: Verändert sich die verknüpfte Datei, ändert sich der Inhalt in InDesign ebenso.

Nachteil ist, dass eine InDesign-Datei ohne die verknüpften Quelldateien nicht produzierbar ist. InDesign erstellt dann niedrig aufgelöste Vorschauen und gibt einen Verknüpfungsalarm aus, der die »zu reparierenden Verknüpfungen« aufführt. Neben fehlenden Bildern, Grafiken oder Tabellen-/Datenbankverknüpfungen führen auch fehlende Schriften zu einem Verknüpfungsalarm. Insgesamt sieht das Layout dann nicht so aus wie mit funktionierenden Verknüpfungen.

Neben diesen Unterschieden führen einige Gemeinsamkeiten in der Bedienung der Programme zu erheblichen Erleichterungen im Workflow.

2.2 Gemeinsamkeiten

Auf den ersten Blick: Werkzeuge

Vergleicht man die Werkzeugleisten der drei Programme miteinander, trifft man auf viele Gemeinsamkeiten:

- Bei allen Werkzeugleisten oben befindet sich eine kleine Abbildung des Programmlogos. Über dieses Logo wird der Internetbrowser gestartet, um die jeweilige Support-Website des Programms zu öffnen.

- Auf der Photoshop-Werkzeugpalette ist es darüber hinaus möglich, durch einen Klick auf das unterste Symbol das Dokument in ImageReady zu öffnen. (Dort gibt es ein entsprechendes Symbol für den Weg zurück.)

2.2 Gemeinsamkeiten

Photoshop CS2   Illustrator CS2   InDesign CS2

Abbildung 2.3
Die Werkzeugleisten von Photoshop, Illustrator und InDesign

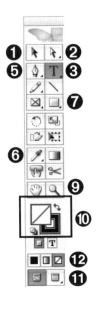

- Die folgenden Gemeinsamkeiten vergleichen Sie bitte mit Abbildung 2.3.

1. **Objekt-/Bewegungs-Zeiger.** Mit diesem Werkzeug lassen sich Objekte (Illustrator und InDesign) bzw. Bildobjekte und Ebenen (Photoshop) bewegen.

2. **Pfadauswahl-Werkzeug.** Hiermit lassen sich erstellte Pfade auswählen. Die Bearbeitungswerkzeuge für Pfade befinden sich hinter dieser Auswahl. Einfach anklicken und Maustaste gedrückt halten.

3. **Text-Werkzeug.** Zum Einsetzen von Textinformationen und für die typografische Bearbeitung. Jedes Programm hat noch weitere

eigene Textbearbeitungswerkzeuge dahinter verborgen; diese erreicht man wieder übers Gedrückthalten der Maustaste. In allen Programmen kann durch Ziehen eines rechteckigen Bereiches (Cursor absetzen, Maustaste gedrückt halten und Rechteck aufziehen) ein Bereich definiert werden, in dem Text untergebracht werden soll. In InDesign wird ein Textrahmen damit aufgezogen.

4. **Zauberstab.** Mit diesem Werkzeug können in Photoshop und Illustrator homogene Farbbereiche ausgewählt werden. Der Grad der Farbhomogenität (Empfindlichkeit der Auswahl) ist einstellbar.

5. **Zeichenfeder.** Mit der Zeichenfeder zeichnet man vektorbasierte (siehe oben) Pfade. Hinter dem Werkzeug befinden sich die Werkzeuge zur Manipulation der Pfade (z.B. Punkte hinzufügen und abziehen). In Illustrator und InDesign erhalten die gezeichneten Pfade sofort die Strickstärken, -farben und Füllungen, die definiert sind. Bei Photoshop handelt es sich (in den Standardeinstellungen) zunächst um einen »leeren« Arbeitspfad (siehe Kapitel 3, *Photoshop*, zum Thema *Freistellen leicht gemacht*).

6. **Pipette.** Mit dem Pipettenwerkzeug können bestimmte Farbwerte aufgenommen und dadurch weiterverwendet werden. Dies funktioniert übrigens in Illustrator und InDesign auch aus eingefügten Pixelbildern heraus!

7. **Formenwerkzeug.** Mit diesem Werkzeug (und denen, die sich dahinter befinden) werden vektorbasierte Formen aufgezogen (in der Regel die Basisformen Rechteck, Oval/Kreis, abgerundetes Rechteck, Vieleck und Stern). In Illustrator und InDesign übernehmen die Formen die in den Einstellungen vorgesehenen Farb- und Strichstärkeneinstellungen. In Photoshop kann man zuvor definieren, ob es sich um Formebenen (Pfade/Formen auf eigener Bearbeitungsebene mit eigener Farbfeldeinstellung), Pfade (also Bearbei-

tungspfade) oder bereits mit Pixel gefüllte Pfade (diese befinden sich auf der aktuell angewählten Ebene und haben – im Gegensatz zu den Formebenen – keine Einstellungsmöglichkeiten) handeln soll.

8. **Slice erstellen.** Mit diesem Werkzeug werden Bilder und Grafiken in einzelne, rechteckige Teile geschnitten. Dies passiert allerdings erst bei der Überführung in webfähige Bilder. Die Slices bilden dann zusammen eine HTML-Tabelle. Nützlich ist diese Funktion auch, wenn man ganz bestimmte Abbildungsanteile mit der FÜRS WEB SPEICHERN-Funktion als einzelne Bilder exportieren möchte. Für die grafische Bearbeitung haben Slices keine Funktion.

9. **Hand und Lupe.** Mit der Hand kann man die Dokumentenansicht verschieben (das ist vor allem bei gezoomten Darstellungen sowie bei kleinen Monitoren sehr nützlich). Die Lupe zoomt ins Dokument ([⌥]+Mausklick [Mac], [Alt]+Mausklick [Windows] zoomt heraus).

10. **Aktuelle Farbeinstellung.** Bei Photoshop sehen Sie dort die Vorder- und die Hintergrundfarbe, die aktuell ausgewählt wurden. Bei Illustrator und InDesign handelt es sich dann um die Füllfarbe und die Farbe für die Kontur. Durch einen Klick auf den Doppelpfeil rechts oben können die eingestellten Farben vertauscht werden.

> **Tipp**
>
> Wichtig: Viele User wissen nicht, dass man durch Gedrückthalten der Maustaste einen Vergrößerungsbereich auswählen kann. Unbedingt bei komplexen Bildern oder Grafiken mal ausprobieren!

11. **Arbeitsbereichs-/Vorschaudarstellungen.** Hier können mit einem Klick die Werkzeugpaletten und Menüs ein- und ausgeschaltet werden.

12. **Quick-Palette für Farben.** In Illustrator und InDesign können so mit einem Klick die aktuellen Farbeinstellungen (siehe Punkt 10)

gewechselt werden. Wählbar sind (von links nach rechts) aktuelle Füllfarbe, aktueller Verlauf, keine Farbe.

Wie Sie bestimmt gesehen haben, erleichtert die Ähnlichkeit der Paletten den Einstieg in die einzelnen Programme enorm. Der Arbeitsfluss wird darüber hinaus beschleunigt, weil sich gleiche Funktionen unter denselben Symbolen finden lassen.

Auf den zweiten Blick: Die Menüleisten

In den drei Programmen findet man unter denselben Menüleisten-Befehlen die gleichen oder zumindest ähnliche Befehlsstrukturen.

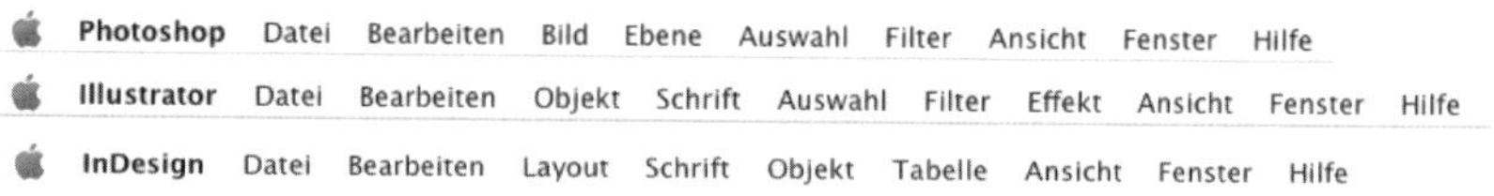

Abbildung 2.4
Die Menüleisten von Photoshop, Illustrator und InDesign.

	Photoshop	Datei	Bearbeiten	Bild	Ebene	Auswahl	Filter	Ansicht	Fenster	Hilfe
	Illustrator	Datei	Bearbeiten	Objekt	Schrift	Auswahl	Filter	Effekt	Ansicht	Fenster	Hilfe
	InDesign	Datei	Bearbeiten	Layout	Schrift	Objekt	Tabelle	Ansicht	Fenster	Hilfe

Während man unter den Menüpunkten DATEI und BEARBEITEN annähernd gleiche Befehle in allen Programmen findet, so kann man auch Standardbefehle wie TRANSFORMIEREN bei InDesign und Illustrator unter OBJEKT finden. Ebenso standardisiert ist der Menübefehl FENSTER. Dort finden sich nicht nur alle Werkzeugleisten und Paletten, sondern auch die Möglichkeit, den Arbeitsplatz (also die individuelle Positionierung der Paletten) zu speichern.

Somit trägt auch die halbwegs einheitliche Positionierung von Befehlsstrukturen in der Menüleiste zum schnelleren Arbeiten bei.

Tipp

Sie erleichtern sich die Arbeit ungemein, wenn Sie sich die Paletten auf dem Monitor so anordnen, wie Sie diese zum Arbeiten am angenehmsten empfinden. Speichern Sie diese Einstellungen unter FENSTER|ARBEITSBEREICH|ARBEITSBEREICHSPEICHERN.

Wenn Sie an umfangreichen Projekten arbeiten, empfehle ich die Verwendung eines 20" (oder größeren) Monitors, damit der Blick aufs Dokument nicht versperrt wird. Aktuell sinken die Preise für gute TFT-Monitore. Deswegen empfehle ich aus eigener Erfahrung die Verwendung von zwei Monitoren – einen für das Dokument und einen für die (individuell eingestellten) Paletten. So haben Sie alle wichtigen Funktionen immer im Blick und müssen sich nicht durch viele – eventuell minimierte – Paletten klicken.

Auf den dritten Blick: Kontextmenüs

Direkt unter der Menüzeile befindet sich in allen drei Programmen ein Bereich, in dem nach Wahl eines Objektes oder Bildelements zusammen mit einem bestimmten Werkzeug modifizierbare Angaben (Koordinaten, Maße usw.) sowie weitere Eingabemöglichkeiten (Farbgebung, Konturenstärke, Schriftart, Schriftgröße usw.) finden.

Diese Angaben beziehen sich immer auf das ausgewählte Objekt bzw. den ausgewählten Bildbereich, stehen also in einem zwingenden Kontext zueinander. Deswegen nennt man diese Menüs auch *Kontextsensitive Menüs* oder auch *Kontextmenüs*.

Kontextmenüführungen haben im Publishing eine gewisse Tradition, allerdings bisher kurioserweise nicht bei Adobe. Ich kenne diese Art der objektorientierten Befehlsführung von Programmen wie FreeHand und QuarkXPress. Wahrscheinlich haben die Entwickler bei Adobe dies auch erkannt und in die wichtigsten Programme eingebaut – auch damit sich Umsteiger schneller zurechtfinden.

Kontextmenüs haben den Vorteil, dass man sich nicht mehr durch eine Kombination aus Navigations- und Objekteigenschaften-Paletten zusammen mit Befehlen aus Pulldown-Menüs klicken muss.

Wie Sie Ihre Arbeit mit Kontextmenüs vereinfachen und beschleunigen können, möchte ich Ihnen an drei Beispielen kurz erläutern.

Beispiel 1: Transformieren in Photoshop
Pixel- oder Vektorobjekte, die in Photoshop auf einer eigenen Ebene abgelegt wurden, können frei transformiert werden.

Beispiel

Während die völlig freie Transformation per Maus den meisten Bildbearbeitungsaufgaben nicht gerecht werden konnte, musste man bisher wie folgt vorgehen:

1. Anwählen der zu transformierenden Ebene
2. Auswählen BEARBEITEN|TRANSFORMIEREN|(TRANSFORMIERUNGSAUSWAHL)
3. Transformieren mit der Maus

Oder:

1. Anwählen der zu transformierenden Ebene
2. Auswählen BEARBEITEN|TRANSFORMIEREN|MANUELL TRANSFORMIEREN
3. Eingabe der Tranformationsvariablen; eventuell Einschalten der Vorschau (inklusive Verschieben des Eingabefensters zur Begutachtung des Ergebnisses)

Oder:

1. Anwählen der zu transformierenden Ebene
2. Auswahl des entsprechenden Transformationswerkzeugs
3. Transformation per Auge mit der Maus

Alle Möglichkeiten sind deswegen zeitaufwändig, weil sie entweder umständliches Menüklicken beinhalten oder mit Augenmaß und ruhiger Mausführung durchgeführt werden mussten.

Mittels des Kontextmenüs kann man sich zumindest, was POSITIONIEREN, SKALIEREN, DREHEN und NEIGEN angeht, viel Mühe sparen.

1. Anwählen der zu transformierenden Ebene
2. Auswählen BEARBEITEN → FREI TRANSFORMIEREN oder ⌘+T
3. Eingabe der numerischen Variablen in der Kontextmenüleiste

Photoshop CS2

Abbildung 2.5
Das Kontextmenü in Photoshop:
1 – Position
2 – Maße
3 – Drehen
4 – Neigen (V = vertikal; H = horizontal)
5 – Wechseln zwischen FREI TRANSFORMIEREN und VERKRÜMMEN
6 – Transformierung verwerfen
7 – Transformierung bestätigen

Das Ergebnis ist sofort im Dokument sichtbar, ohne dass man irgendwelche Paletten oder Eingabefenster verschieben müsste. Darüber hinaus kann man die Transformation sogar rückgängig machen, in den VERKRÜMMEN-Modus wechseln oder einfach die Transformation bestätigen (falls mehrere unabhängige Variablen eingegeben wurden).

Beispiel

Beispiel 2: Typografie in Photoshop, Illustrator und InDesign
Dass sich Schrifteinstellungen in Kontextmenüs einstellen lassen, ist seit Microsoft Word, QuarkXPress und FreeHand bekannt. Somit war diese Funktionalität für die Adobe-Produkte längst überfällig.

Nun springt selbst in Photoshop bei Anwahl des Textwerkzeugs das Kontextmenü für die Texteinstellungen an.

Wie vielfältig die Text-Kontextmenüs in den einzelnen Programmen sind, lässt sich an Abbildung 2.6 gut erkennen.

Der bisherige Weg über die Menüleisten oder Paletten entfällt in den meisten Fällen. Gerade bei InDesign sind die wichtigen typografischen Befehle im Kontextmenü aufgeführt. Benutzer, die von PageMaker, FrameMaker oder QuarkXPress zu InDesign wechseln, werden sich so recht schnell *heimisch* fühlen.

Photoshop CS2

Illustrator CS2

InDesign CS2

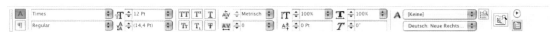

Abbildung 2.6
Die typografischen Kontextmenüs in Photoshop, Illustrator und InDesign.

Auch hier haben die Kontextmenüs den großen Vorteil, dass die Ergebnisse sofort sichtbar sind.

Beispiel 3: Ausrichten von Objekten

Ich muss zugeben, dass ich sehr angenehm überrascht war, festzustellen, dass ich in den drei Programmen nicht mehr umständlich die AUSRICHTEN-Palette bemühen musste, um mehrere Objekte (in Photoshop: Ebenen) aneinander auszurichten.

Beispiel

In allen Programmen brauchen Sie nur noch Folgendes zu tun:

1. Auswählen der auszurichtenden Objekte

2. Ausrichten der Objekte mittels des Kontextmenüs (erscheint sofort, wenn mehrere Objekte ausgewählt werden)

Ausnahme: Die gleichmäßige Ausrichtung durch Ermittlung des Mittelwerts muss immer noch in der AUSRICHTEN-Palette durchgeführt werden.

Photoshop CS2

Illustrator CS2

InDesign CS2

Abbildung 2.7
Die Kontextmenüs zum Ausrichten von Objekten

Das kleine wirkungsvolle Detail am Rande: Verknüpfung direkt in die Adobe Bridge

In allen drei Programmen finden Sie im Kontextmenü ein kleines Icon:

Photoshop CS2

Illustrator CS2

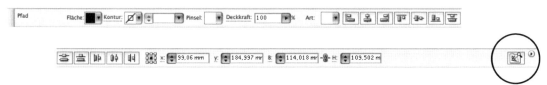

InDesign CS2

Abbildung 2.8
Die direkte Verbindung zur Adobe Bridge

Wenn Sie auf dieses Icon klicken, wird sofort die Adobe Bridge hochgefahren bzw. (sollte sie im Hintergrund geladen sein; siehe Tipp in Kapitel 1) in den Vordergrund gestellt. Somit haben Sie immer einen direkten Zugriff zu Ihren projektrelevanten Daten und können diese in den meisten Fällen (siehe Kapitel 1) sogar per Drag&Drop einsetzen.

Also: Kein umständliches Klicken durch Öffnen-Dialogfenster und Ordnerfenster oder Wechseln der Programmumgebungen mehr.

Schon allein deswegen macht es Sinn, die Adobe Bridge – bei ausreichender Speicherausstattung – im Hintergrund geladen zu haben.

2.3 Fazit

Die vielfältigen Gemeinsamkeiten der einzelnen Programme erleichtern das Arbeiten ungemein. Das bisherige aufwändige Herumgeklicke zwischen Menüleistenbefehlen und Paletten hat ein Ende, weil Befehle zusammengefasst und übersichtlicher gestaltet wurden.

Der Wechsel von Programmen wie QuarkXPress, FreeHand, PageMaker oder FrameMaker wird durch die Einführung von vereinheitlichten Werkzeugpaletten und Kontextmenüs vereinfacht.

Also: Nutzen Sie die Gemeinsamkeiten und vieles Altgewohnte zur Beschleunigung Ihres Arbeitsablaufs.

Kapitel 3

Photoshop CS2

3.1 Exkurs: Photoshop – das ambivalente Verhältnis einer Branche zu einem Standardprogramm..... 71
3.2 Photoshop-Aktionen 74
3.3 Droplets 81
3.4 Gleiche Farbe 85
3.5 Filter und Effekte kombiniert anwenden – Die Filtergalerie 87
3.6 Ebeneneffekte leicht gemacht 88
3.7 Freistellen ohne Lasso spart Zeit 90

Photoshop nimmt in der Riege der Programme, deren den Workflow beschleunigende Funktionen hier vorgestellt werden sollen, eine Sonderstellung ein. Neben InDesign, Illustrator und GoLive ist Photoshop unbestritten ein Standardprogramm in seiner Sparte. Wie schon im vorangegangenen Kapitel angemerkt, schafft es keines der Mitbewerberprodukte (egal ob kommerziell oder Open Source), Photoshop als Bildbearbeitungsprogramm das Wasser zu reichen.

Photoshop wurde 1987/88 unter dem Namen *Display* (später *Image-Pro*) von den Brüdern Thomas und John Knoll zu dem Zweck entwickelt, Bilder auf damals sehr teuren Flachbettscannern zu erfassen und zu bearbeiten. Zunächst wurde das Programm Flachbettscannern damalig namhafter Hersteller beigelegt, konnte so allerdings nicht gerade einen Siegeszug antreten. Im Jahre 1989 interessierte sich Adobe für das kleine, aber ziemlich einzigartige Programm und puschte nach der Übernahme die Programmentwicklung, so dass 1990 die Version 1 von Photoshop auf den Markt kam. Seitdem führte Adobe regelmäßig neue Versionen mit neuen und verbesserten Funktionen ein. Die erste Version für Windows kam 1993 auf den Markt. Seitdem werden die Versionen für Macintosh und Windows parallel entwickelt und vertrieben. Nun liegt Photoshop mit der in die Creative Suite 2 integrierten Version 9 vor und wartet mit einer Fülle an Funktionen auf, deren Mächtigkeit und Vielseitigkeit sicherlich nicht einmal die beteiligten Entwickler überblicken.

Zu dieser Vielseitigkeit gehören auch diverse automatisierende und integrierende Funktionen, die den individuellen Workflow beschleunigen helfen sollen.

Warum es sinnvoll ist, diese Funktionen in den Arbeitsalltag mit Photoshop einzubinden, soll folgender kurzer Exkurs verdeutlichen.

3.1 Exkurs: Photoshop – das ambivalente Verhältnis einer Branche zu einem Standardprogramm

Ich habe im Laufe meines Berufslebens schon tolle Sachen mit Photoshop und vor allem mit Photoshop-Benutzern erlebt. Nicht, dass ich mich nun in den Olymp der Poweruser einreihen möchte, allerdings wage ich die kühne These, dass eine beträchtliche Mehrheit der Photoshop-Nutzer das Programm nicht in dem Maße für seine Zwecke nutzt, wie es möglich wäre.

Häufig kommen Aspekte, die für einen beschleunigten Workflow sprechen, zu kurz, wenn mit speziellen Schwerpunkten gearbeitet wird.

Folgende Dinge sind mir bei In-House-Schulungen aufgefallen:

- Bei einem Schwerpunkt rein künstlerischen Arbeitens (zum Beispiel hochwertige Montagen, Malereien usw.) liegen die häufigsten Defizite im Wissen der produktionsrelevanten Funktionen (Produzierbarkeit erstellen/erhalten, Auflösung und Arbeitsfarbräume beachten).

- In Betrieben der Druckvorstufe werden häufig Automatisierungen vernachlässigt. Dies hat zur Folge, dass oft Arbeitsvorgänge umständlich Schritt für Schritt wiederholt werden, obwohl sie in Aktionen (siehe unten) vereinfacht und verkürzt werden können.

- Althergebrachte Arbeitsmethoden werden – trotz neuerer, erleichternder Funktionen – auch in neuen Programmversionen eingehalten. Es wird sich selten mit den neuen Funktionen auseinander gesetzt.

- Die Arbeit mit Photoshop wird – gerade von Operatoren – als umständlich und lästig empfunden, weil die Funktionsvielfalt Unübersichtlichkeit und störende Komplexität assoziiert.

In allen Fällen wird die Tatsache, dass man sich in vielerlei Hinsicht die Arbeit mit Bildmaterial erleichtern kann, beinahe sträflich vernachlässigt. Fotokünstler bauen oft ihre wirklich beeindruckenden Werke in zu kleinen Auflösungen auf und wundern sich dann, dass die Bilder an

Brillanz verlieren, wenn sie auf höhere Auflösungen interpoliert werden. Oder es werden wunderschöne Farbmischungen entwickelt, die sich in CMYK (also im Druck) nicht reproduzieren lassen.

Beispiel

Wenn man eine größere Menge an Bildern bekommt, die alle unter denselben Bedingungen erzeugt wurden (Beleuchtung, Kameraeinstellungen und Bildzustand), so macht es schon wirtschaftlich keinen Sinn, jedes einzelne Bild Schritt für Schritt auf ein und dieselbe Art und Weise zu korrigieren und zu bearbeiten. Ich gebe an dieser Stelle zu, dass mir das anfangs auch passiert ist:

In meiner Ausbildung hatte mein damaliger Chef einen Auftrag von einem Edelstahl verarbeitendem Betrieb angenommen und sollte nun vor Ort Bilder vom Betrieb, der Produktion und vor allem von Produkten (Fleisch verarbeitende Maschinen und Großmaschinen zur Lebensmittelherstellung) machen. Es wurde sich in unserem Betrieb mit einer neuartigen digitalen Spiegelreflexkamera gebrüstet, allerdings war das fototechnische Verständnis nicht so groß. Als Verarbeiter der Bilder warnte ich im Vorfeld vor dem Gebrauch von Blitzlicht, weil dieses garantiert zu unerwünschten Reflexionen (Helligkeitsbrennpunkten) und in jedem Fall zu einem Cyanstich (durch den Edelstahl) führen würde. Was von mir vorausgesagt wurde, geschah dann auch. Ich bekam ein Kontingent von ca. 45 Einzelbildern, die alle ein und denselben Cyanstich hatten. Hätte ich nun jedes Bild für sich Schritt für Schritt bearbeitet, d.h. bei jedem Bild die einzelnen Arbeitsschritte wiederholt, wäre ich allein mit der Bildbearbeitung zweieinhalb Tage beschäftigt gewesen. Nun ließ Photoshop 5.5 Gott sei Dank zu, dass man Arbeitsschritte in Aktionen zusammenfassen konnte. Somit machte ich mich mit diesen Funktionen vertraut, suchte mir ein repräsentatives Bild aus und testete erst einmal die optimalen Einstellungen. Dann machte ich diese rückgängig (die Aktion sollte ja die Fehlversuche nicht enthalten, damit sie schneller ablaufen konnte), wiederholte die wichtigen Schritte und zeichnete sie dabei als Aktion auf. Somit war ich nach einigen wenigen Stunden mit der rudimentären Bildbearbeitung durch und konnte den dringend erwarteten Prospekt deutlich schneller produzieren. Natürlich sehr zur Freude des Kunden.

Trotz der vielen automatisierenden Funktionen wird – wie schon erwähnt – Photoshop als kompliziert und unkomfortabel empfunden. Das liegt gemäß meiner Schulungserfahrung allerdings daran, dass es im Produktionsalltag nicht möglich ist, sich ausreichend mit den Funktionen des Programms zu beschäftigen. Dabei könnte man wertvolle

Arbeitszeit sparen und diese Ersparnis entweder für andere Arbeiten (zum Beispiel Qualitätskontrolle) verwenden oder als Rabatt an den Kunden weitergeben. So ist der Satz »Ach, das kann ich mit Photoshop auch machen?!« eine mir recht bekannte Reaktion. Dabei kommt es gar nicht darauf, an, dass es Betriebe gibt, in denen Freistellungen noch mit dem Lasso-Werkzeug gemacht werden (das geht auch einfacher mit einem Freisteller-Pfad, mehr dazu unten) oder Photoshop nur zum Umformatieren von Bildformaten genutzt wird.

Es ist ein augenscheinlich ambivalentes Verhältnis zu Photoshop vorhanden: Einerseits sagt man gern, dass man damit arbeitet, andererseits nutzt man es nicht so aus, dass es dem Arbeitsprozess und damit dem Kunden hilft (oder lehnt es eigentlich als zu kompliziert sogar ab).

Ich hoffe, dem ein bisschen entgegenwirken zu können, indem ich im Folgenden Funktionen erläutern möchte, die den Workflow mit Photoshop beschleunigen.

Im Überblick:

Kapitel-Überblick

1. **Aktionen** – Das Anlegen von automatisierten Prozessen kann in standardisierten Situationen Arbeitszeit sparen, Nerven schonen und vor dem berühmten »Mausarm« (Sehnenscheidenentzündung) schützen.

2. **Droplets** – Möchte man Photoshop für in der Produktion häufig auftretende oder sogar standardisierte Prozeduren nicht immer durch Öffnen der einzelnen Dokumente bemühen, so kann man zuvor erstellte Aktionen als eigenständige Programme (Droplets) definieren.

3. **Gleiche Farbe** – Diese seit Photoshop CS neue Funktion erlaubt es, die Farbeigenschaften zweier Bilder aneinander anzupassen. Außerdem kann man auch die Farbeigenschaften zweier Ebenen so aufeinander abstimmen.

4. **Filter kombiniert anwenden** – Die Filterpalette erlaubt das kombinierte Anwenden von Filtern und Effekten mit einer komfortablen Vorschau.

5. **Ebeneneffekte einfach übertragen** – Wussten Sie schon, dass man jetzt Ebeneneigenschaften einfach auf andere Ebenen übertragen kann? In diesem Unterkapitel zeige ich Ihnen, wie man in Photoshop CS2 mit Ebenen Zeit sparend verfahren kann.

6. **Freistellen ohne Lasso** – Ich weiß, dass einige von Ihnen wissen, wie das geht. Ich habe es allerdings zu oft erlebt, dass noch mit den verschiedenen Lassowerkzeugen (vor allem von Webdesignern) freigestellt wird. Wie das komfortabler – und schneller – mit Pfaden funktioniert, erkläre ich in diesem Unterkapitel.

3.2 Photoshop-Aktionen

Bei Aktionen in Photoshop zuckten bisher die meisten meiner Schulungsklienten zusammen. Es handelte sich dabei immer um ein Angstthema, weil die meisten von ihnen befürchteten, dass die Zusammenstellungsprozedur die Arbeit mit Photoshop eher komplizere als vereinfache. Dabei ist dies mit Photoshop CS2 beinahe so einfach wie die Aufnahme von TV-Sendungen mit einem Videorecorder.

Prinzipiell handelt es sich bei einer Aktion um eine Abfolge von beliebigen Befehlen, die auf ein Bild angewendet werden können. Allerdings können nicht alle Werkzeuganwendungen aufgezeichnet werden. Dazu gehören natürlich alle Werkzeuge, die *freihändig* (interaktiv) bedient werden, wie Mal- und Stempelwerkzeug. Um diese im Rahmen einer Aktion anwenden zu können, ist es möglich, eine Unterbrechung in eine Aktion einzufügen. Dadurch wird die Aktion unterbrochen, man kann das Werkzeug verwenden, um danach mit der Aktion fortzufahren.

Aktionen werden – ähnlich wie Ebenen in Photoshop und Illustrator – in Sets verwaltet.

Aktionen bilden die Grundlage für *Droplets*. Droplets sind eigenständige kleine Programme, die auf Bildmaterial angewendet werden können, ohne zuvor die Dokumente in Photoshop öffnen zu müssen (dazu mehr im Unterkapitel 3.3, *Droplets*).

Um zu verstehen, wie Aktionen erzeugt werden, sehen wir uns erst einmal die Palette AKTIONEN an. Diese Palette erreicht man über FENSTER|AKTIONEN oder [Alt]+[F9] (Windows) bzw. [⌥]+[F9] (Mac).

3.2 Photoshop-Aktionen

Die Aktionen-Palette

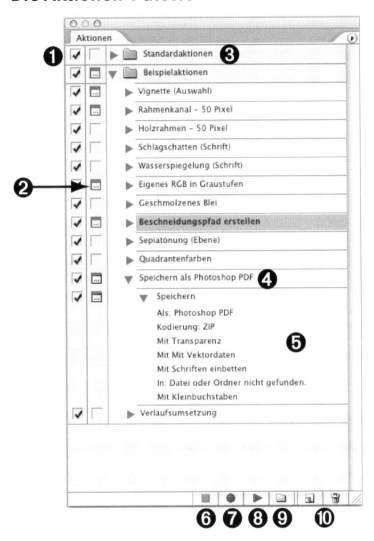

Abbildung 3.1
Die Aktionen-Palette
1 – Aktivieren/Deaktivieren von Sets, Aktionen oder Einzelbefehlen
2 – Modales Steuerelement (siehe unten) ein/aus
3 – Aktionsset
4 – Aktion
5 – in der Aktion aufgezeichneter Einzelbefehl
6 – Aktion aufzeichnen/ausführen STOPP
7 – Aktion aufzeichnen START
8 – Aktion ausführen START
9 – Neues Aktionsset anlegen
10 – Neue Aktion und Löschen (Sets, Aktionen, Einzelbefehle)

Die Aktionen-Palette besitzt auch ein Palettenmenü, in dem Befehle für die Aktionenerstellung sowie eine Auflistung vorgefertigter Aktionen aufgeführt werden.

Abbildung 3.2
Das Palettenmenü der Aktionen-Palette

»KLICK«

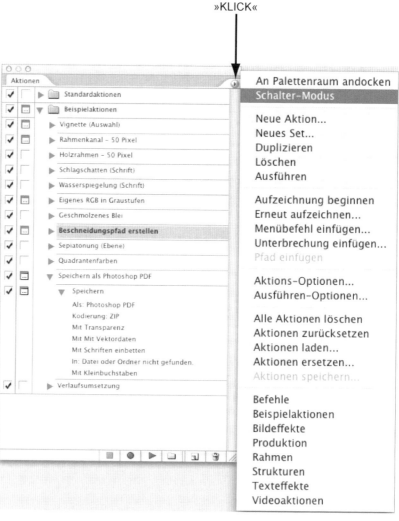

Der Eindruck einer kleinen Aufzeichnungsstation ist vollkommen korrekt, denn im Prinzip werden hier Arbeitsabläufe aufgezeichnet, abgerufen und verwaltet. Möchte man noch direkter auf Aktionen zugreifen, so kann man dies über das Palettenmenü tun und den so genannten SCHALTER-MODUS aufrufen. Der SCHALTER-MODUS ist zwar zum Abrufen von Aktionen sehr praktisch, allerdings lassen sich über ihn keine komplexen – vor allem mit modalen Steuerelementen bestückten – Aktionen aufzeichnen.

Abbildung 3.3
Die Aktionen-Palette im
SCHALTER-MODUS

Bevor ich jedoch zum prinzipiellen Ablauf einer Aktionsaufzeichnung komme, sollte ich den Begriff des *modalen Steuerelements* klären, der ja zuvor schon aufgetaucht ist.

Ein *modales Steuerelement* unterbricht eine Aktion, damit Dialogfelder (zum Beispiel Speichern-Dialogfelder und Werteeingaben) gemacht werden können oder ein *modales Werkzeug* (zum Beispiel Fläche/Kontur füllen oder Ebeneneffekte) benutzt werden kann. Kurz gesagt: Müssen innerhalb eines Aktionsablaufes manuelle Eingaben gemacht werden, muss ein modales Steuerelement eingefügt werden.

Modales Steuerelement

Ein modales Steuerelement erkannt man durch das Dialogfeldsymbol links neben dem jeweiligen Befehl, Set oder der Aktion (siehe Abbildung 3.1; Punkt 2). Ist dieses Symbol rot, so ist das ein Hinweis in der Palette darauf, dass einige, aber nicht alle Befehle in der Aktion (oder dem Set) modaler Natur sind.

Achtung

Wichtig: Bitte beachten Sie, wenn Sie kein modales Steuerelement einrichten, können beim Ausführen der Aktion auch keine Dialogfelder geöffnet werden und Sie können somit auch keine individuellen Werte eingeben. Das hat unter Umständen zur Folge, dass das Endergebnis optisch nicht Ihren Ansprüchen gerecht wird oder Daten mit standardisierten Namen versehen werden und eventuell nicht am richtigen Platz gespeichert werden können.

Auch wenn dieser kleine Einwurf etwas kompliziert klingt, so ist die Aufzeichnung einer Aktion ganz einfach.

Aufzeichnung einer Aktion

Bevor ich nun beschreibe, wie Sie eine Aktion aufzeichnen, möchte ich Ihnen vorab ein paar praktische Tipps mit auf dem Weg geben, die Ihnen die Vorarbeit erleichtern sollten.

Tipps am Rande

Tipp 1

Sollten Sie eine Aktion im Kopf haben, die eine Stapelbearbeitung nach sich zieht (zum Beispiel als *Droplet*), dann bietet es sich an, ein beispielhaftes Bild erst einmal Schritt für Schritt zu bearbeiten und die einzelnen Arbeitsstufen und Befehle aufzuschreiben. Diese zunächst aufwändig anmutende Vorarbeit hat den Vorteil, dass Sie die »Quasi-Standardisierung« Ihrer zukünftigen Aktion besser vorab beurteilen und strukturieren können. Denn eines dürfen Sie nicht vergessen: Die Aktion ist wie eine Art kleines Programm, das Sie schreiben. Dementsprechend muss es strukturiert sein.

Führen Sie also alle Arbeitsschritte einzeln an einem beispielhaften Bild durch und notieren Sie sich diese Einzelschritte. Notieren Sie sich auch, wann Sie modale Steuerelemente benötigen, damit Sie diese nicht im Nachhinein vergessen und später keine individuellen Eingaben bei Ablauf der Aktion vornehmen müssen. Speichern Sie dann das Endergebnis unter einem anderen Namen. Wenn Sie die Aktion aufgezeichnet haben, können Sie das Endergebnis mit dem des Schritt-für-Schritt-Arbeitsvorganges vergleichen.

Es ist auch sinnvoll, diesen Tipp anzuwenden, wenn keine Stapelverarbeitung geplant ist.

Tipp 2
Verwalten Sie möglichst Ihre Aktionen in Sets, damit Sie später auch zuordnen können, wofür und wobei Sie die Aktionen aufgezeichnet haben. Darüber hinaus können Sie die Sets auch später noch für weitere Bilder oder Projekte hinzuladen.

Tipp 3
Sollten Sie längere Aktionen entwickeln, dann nehmen Sie sich die Zeit und testen immer mal wieder Zwischenschritte. Das hilft Ihnen dabei, den Überblick über die gesamte Aktion zu behalten und dabei die Arbeitsergebnisse zu überprüfen.

Tipp 4
Wenn Sie vorhaben, viel im SCHALTER-MODUS zu arbeiten, dann sollten Sie für Ihre Aktionen möglichst kurze und prägnante Dateinamen wählen, da Sie diese ansonsten nicht vollständig in der Schalter-Darstellung erkennen können (Sie müssten ansonsten die Palette deutlich größer ziehen). Nutzen Sie möglichst auch die verschiedenen Farben, um Aktionen unterscheiden zu können (zum Beispiel Bildbearbeitungsaktionen in Rot, Skalieren in Grün und Umformatieren in Blau).

Aufzeichnung einer Aktion

Wenn Ihnen das jetzt Folgende zu einfach vorkommt, dann sind Sie nicht allein – mir ging das bei der Entdeckung der Aktionen ebenso. Gerade weil es so einfach ist, Prozesse in Photoshop zu automatisieren, sind Aktionen ein sehr mächtiges Werkzeug im Workflow.

- Legen Sie ein neues Aktionsset an und geben Sie diesem Set einen eindeutigen Namen. Diesen Schritt sollten Sie der Ordnung halber immer machen. (Abbildung 3.1; Punkt 9)

- Legen Sie eine neue Aktion an. (Abbildung 3.1; Punkt 10 links) es öffnet sich folgendes Dialogfenster:

Abbildung 3.4
Neue Aktion angelegt

Hier können Sie nun der Aktion einen Namen geben, sie einem bestimmten Set zuordnen, ihr eine Funktionstaste zuweisen (sehr sinnvoll für häufig benutzte Aktionen) und eine Farbe geben, die im SCHALTER-MODUS verwendet wird.

Bestätigen Sie dieses Dialogfenster und die Aufzeichnung beginnt (der rote Punkt – die Aufnahmetaste; Abbildung 3.1, Punkt 7 – ist »gedrückt«).

- Zeichnen Sie Ihre Aktion (am besten gemäß Ihren Aufzeichnungen) auf.

Tipp 5

Dazu ein Tipp: Wenn Sie diese Aktion auf ein bereits geöffnetes Bild anwenden wollen, dann öffnen Sie das Bild, bevor Sie die Aktion aufzeichnen. Es ist auch möglich, das Öffnen-Dialogfenster mit aufzuzeichnen. Vergessen Sie allerdings nicht, dann ein modales Steuerelement einzufügen (einfach in der Palette nach dem Aufzeichnen in der zweiten Spalte durch Anklicken aktivieren).

Jede Einstellung, die Sie jetzt vornehmen, wird von Photoshop in der Aktion aufgezeichnet.

Achtung

Beachten Sie bitte: Wenn Ihre Aktion die Verwendung von interaktiven Malwerkzeugen beinhaltet, so werden diese nicht in Ihrer Ausführung aufgezeichnet. Ist es allerdings notwendig, dies im Verlauf einer Aktion zu tun, so sollten Sie eine UNTERBRECHUNG einfügen. Dies können Sie im PALETTENMENÜ unter UNTERBRECHUNG EINFÜGEN vornehmen. Es erscheint dabei ein Dialogfenster wie in Abbildung 3.5.

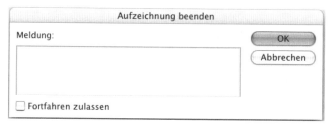

Abbildung 3.5
Eine Unterbrechung in eine Aktion einfügen

Wenn bei der Unterbrechung ein Hinweis erscheinen soll (wie *Jetzt Malwerkzeug benutzen*), dann können Sie diesen hier eingeben. Die Auswahl FORTFAHREN ZULASSEN ist dazu gedacht, dass dieser interaktive Vorgang nicht zwingend durchgeführt werden muss, sondern auch mit dem Rest der Aktion fortgefahren werden kann.

Achtung

Beachten Sie auch: Soll während einer Aktion die Möglichkeit bestehen, bestimmte Einstellungen nochmals manuell vorzunehmen, so ist das Einfügen eines Menübefehls (siehe Abbildung 3.2, MENÜBEFEHL EIN-

FÜGEN) sinnvoll. Dazu müssen Sie während der Aufzeichnung nur Folgendes tun: die Option MENÜBEFEHL EINFÜGEN aus dem Aktionen-Palettenmenü anwählen. Dann folgt ein Dialogfenster wie in Abbildung 3.6.

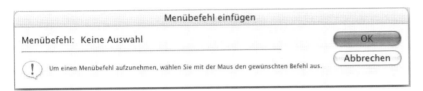

Abbildung 3.6
Einen Menübefehl in eine Aktion integrieren

Dann benutzen Sie einfach den Menübefehl, der an dieser Stelle ausgeführt werden soll, und nehmen ihn auf. Die Anzeige wechselt dann von MENÜBEFEHL: KEINE AUSWAHL auf den jeweiligen Menübefehl. Dies macht vor allem bei Ebeneneffekten oder Formatierungsbefehlen einen Sinn. Wollen Sie die individuelle Einstellbarkeit erhalten, sollten Sie nach der Aufzeichnung hier ein modales Steuerelement einfügen (einfach in der Palette nach dem Aufzeichnen in der zweiten Spalte durch Anklicken aktivieren).

- Beenden der Aufzeichnung: Klicken Sie auf die Schaltfläche AUFZEICHNUNG/AUSFÜHRUNG BEENDEN (Abbildung 3.1, Punkt 6).
- Nun können Sie Ihre Aktion verwenden.

Um sie vorab erst einmal zu testen, setzen Sie das verwendete Bild zurück (DATEI|ZURÜCK ZUR LETZTEN VERSION) und lassen die Aktion nochmals ablaufen.

Sie werden schnell die Nützlichkeit von Aktionen zu schätzen wissen. Für das im Projektkapitel (Kapitel 8) beschriebene Webprojekt habe ich eine Aktion verwendet, um Duplex-Bilder zu formatieren.

3.3 Droplets

Wie oben bereits erwähnt, handelt es sich bei *Droplets* um kleine, eigenständige Programme, die man in einem Ordner oder sogar auf dem Desktop positionieren kann, um dort Bilder per Drag&Drop zu bearbeiten. Die Dokumente werden nur dann in Photoshop geöffnet, wenn modale Steuerelemente zur Ausführung kommen.

Ein Droplet ist schnell erstellt:

- Wählen Sie eine Aktion oder ein Aktionsset aus der Aktionen-Palette aus.

- Wählen Sie DATEI|AUTOMATISIEREN|DROPLET ERSTELLEN. Sie erhalten dann das Dialogfenster wie in Abbildung 3.7.:

Abbildung 3.7
DROPLET ERSTELLEN-Dialogfenster

- Geben Sie zunächst unter DROPLET SPEICHERN UNTER|WÄHLEN an, wo und unter welchem Namen Sie das Droplet gespeichert haben möchten.

- Kontrollieren Sie die Einstellungen unter AUSFÜHREN:

    - Stimmt der gewünschte Satz (das Set) und die gewünschte Aktion? Beinhaltet das Set mehrere Aktionen, können Sie dieses hier auswählen.

    - Soll noch geöffnet werden? Hier haben Sie zwei Optionen: **1)** ÖFFNEN IN AKTIONEN ÜBERSCHREIBEN. = Alle Variablen, die Sie in der Aktion für das Öffnen von Dateien integriert haben, werden überschrieben. **2)** KEINE DIALOGFELDER FÜR „DATEI ÖFFNEN" ANZEIGEN. = Hierbei werden modale Steuerelemente für das Öffnen von Dateien übergangen. Es reicht dann Drag&Drop.

- Sollen alle Unterordner eingeschlossen werden? Sehr sinnvoll, wenn Sie per Drag&Drop einen Ordner bearbeiten lassen möchten.

- Muss die Einhaltung von Farbprofilen gewährleistet sein? Durch das Aktivieren von FARBPROFIL-WARNUNGEN UNTERDRÜCKEN wird das Droplet ausgeführt und zwar ohne Berücksichtigung der eingebetteten Farbprofile.

- Zieleinstellungen: OHNE = die Datei bleibt nach der Bearbeitung geöffnet und ungespeichert. SPEICHERN UND SCHLIESSEN = Die Datei wird am selben Ort unter demselben Namen gespeichert (überschrieben) und die Datei wird geschlossen. ORDNER = Speichert die Dateien an einem bestimmten Speicherort, den Sie unter WÄHLEN definieren können. Müssen die Dateien im Stapel umbenannt werden, so können Sie dies darunter komfortabel (sogar mit Zugabe einer Seriennummer) definieren.

- Speichern Sie Ihr Droplet. Bei Photoshop sieht es so aus wie in Abbildung 3.8.

Abbildung 3.8
Ein Droplet aus Photoshop

Und bei ImageReady wie in Abbildung 3.9.

Abbildung 3.9
Ein Droplet aus ImageReady

Abschließend dazu noch zwei wichtige Hinweise:

In ImageReady sieht die Aktionen-Palette zwar gleich aus, hat aber einen anderen Aufbau im Palettenmenü, was sich auch in der Definition von Droplets niederschlägt (siehe Abbildung 3.10).

Achtung

Abbildung 3.10
Das Palettenmenü der Aktionen-Palette in ImageReady

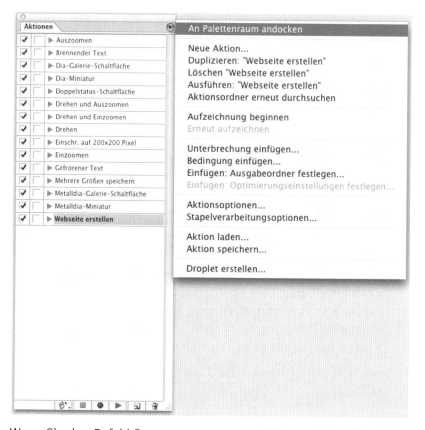

Wenn Sie den Befehl DROPLET ERSTELLEN anwählen, erhalten Sie nicht, wie in Photoshop, das oben in Abbildung 3.8 gezeigte Dialogfenster, sondern das Droplet wird einfach erzeugt. Somit müssen Sie unter STAPELVERARBEITUNGSOPTIONEN zunächst die Definitionen aus Abbildung 3.11 vornehmen, damit Sie dieselben Bedingungen vorfinden wie in Photoshop.

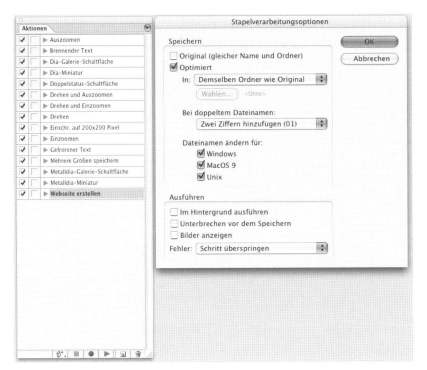

Abbildung 3.11
Stapelverarbeitungsoptionen in ImageReady

Wie Sie unschwer erkennen können, gibt es ein paar kleine Unterschiede, allerdings gelten dann die Stapeleinstellungen für das zu erzeugende Droplet.

Bitte beachten sie, dass unter Windows alle Droplets die Endung .exe besitzen.

Achtung

3.4 Gleiche Farbe

Es kommt sehr häufig vor, dass man für ein und dasselbe Projekt Bilder bekommt, die in einem gemeinsamen Kontext verwendet werden sollen, jedoch völlig unterschiedliche Farbverhältnisse vorweisen.

Bis vor kurzem war es noch eine Heidenarbeit, diese Bilder aufeinander abzustimmen. Alle Register der Farbbearbeitung mussten bedient, manchmal musste sogar der Hinter- vom Vordergrund getrennt bearbeitet werden.

Um die Licht- und Farbverhältnisse von Bildern anzupassen, gibt es nun die Funktion GLEICHE FARBE (BILD|ANPASSEN|GLEICHE FARBE).

Wenn Sie diesen Menüpunkt aufrufen, erhalten Sie ein Dialogfenster wie in Abbildung 3.12.

Abbildung 3.12
Farbangleichung mit der Funktion GLEICHE FARBE

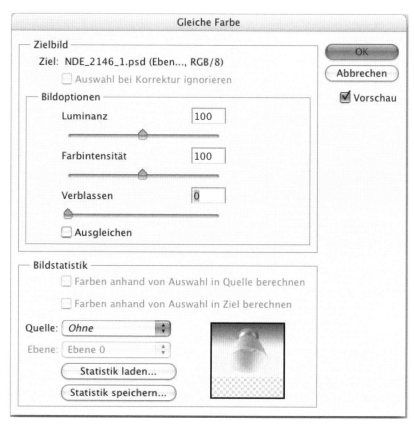

Mit diesem Dialogfenster können Sie nun zwei Dinge tun:

1. Wenn Sie ein Bild geöffnet haben, können Sie in diesem Dialogfenster sehr komfortabel die Helligkeits- (Luminanz) und Farbintensitätseinstellungen vornehmen. Die Bildstatistik, die Sie später auch auf andere Bilder übertragen können – ohne diese geöffnet haben zu müssen –, können Sie unter STATISTIK SPEICHERN ablegen.

2. Haben Sie zwei oder mehr Bilder gleichzeitig geöffnet, können Sie nun diese abgleichen, indem Sie ein Quellbild (unter QUELLE) definieren und das Zielbild diesem anpassen. Meistens genügt es für eine oberflächliche Abgleichung bereits, lediglich die Bilder zu definieren. Wenn Sie die Vorschau aktiviert haben, können Sie das Resultat gleich betrachten. Außerdem können Sie auch einzelne Ebenen aus dem Quellbild verwenden. Dies ist zum Beispiel sinnvoll, wenn das Quellbild Einstellungsebenen enthält, die den Farbeindruck entscheidend definieren.

Bitte beachten Sie, dass Sie den Angleichungseffekt mit dem Regler VERBLASSEN intensivieren und abmildern können.

Bitte beachten Sie folgende Details, bevor Sie mit GLEICHE FARBE experimentieren:

Die Bilder müssen sich im Modus RGB befinden, sonst funktioniert GLEICHE FARBE nicht.

Achtung

Auch wenn GLEICHE FARBE einen Abgleich zwischen zwei Motiven ermöglicht, so kann das auch auf Kosten der Farbtreue gehen. Bitte beachten Sie, dass das Hauptmotiv (zum Beispiel bei Produktfotos) an Farbtreue verlieren kann, wenn der Gesamteindruck erstellt wird. Gerade hierbei wird der Regler VERBLASSEN entscheidend! Nicht, dass beispielsweise eine Lampe mit Farbton RAL 5003 (Saphirblau) nach der Anpassung ganz anders aussieht!

Achtung

Angemerkt sei noch, dass Sie GLEICHE FARBE natürlich auch in Aktionen einbetten können.

3.5 Filter und Effekte kombiniert anwenden – Die Filtergalerie

Wenn Sie bei der Anwendung und vor allem bei der Kombination von Filtern und Effekten Zeit sparen möchten, sollten Sie die Möglichkeiten unter dem Menüpunkt FILTER|FILTERGALERIE nutzen.

Sie erhalten ein Bearbeitungsfenster, wie es in Abbildung 3.13 gezeigt wird.

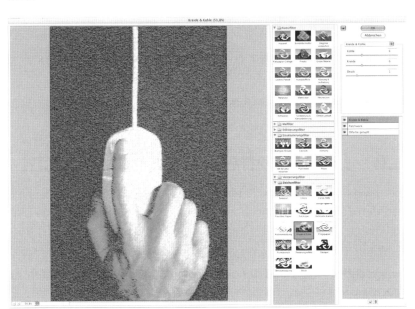

Abbildung 3.13
Die Filtergalerie

Links sehen Sie die Vorschau des zu bearbeitenden Bildes. Sie können den Zoomfaktor im Fenster unten ganz links manuell einstellen.

In der Mitte werden die von Photoshop geladenen Filter und Effekte aufgelistet. Standardmäßig zeigt Photoshop zunächst nur die Sets, die Sie jedoch durch Klicken auf die Pfeile links daneben öffnen können. Dann erhalten Sie auch ein kleines Thumbnail, das beispielhaft den Effekt symbolisieren soll.

Achtung Bei Effekten und Filtern von Drittanbietern (zum Beispiel Alien Skin oder Auto FX Software), vor allem bei älteren Versionen, kann es sein, dass diese nicht in der Galerie aufgeführt werden. Auch nach mehrmaligen Nachfragen konnte mir Adobe keine andere Abhilfe anraten, als die Filter von Drittanbietern auf einem möglichst aktuellen Stand zu halten.

Rechts oben können Sie die jeweiligen Filter- und Effekteinstellungen vornehmen.

Darunter befindet sich die Kombinationsauflistung. Mit einem Klick auf das kleine Seitensymbol (rechts, ganz unten mittig) eröffnet man sich eine neue Filterebene. Diese ist zunächst immer der zuletzt gewählte Filter/Effekt. Dann können Sie diesen durch einen anderen Filter/Effekt erneut definieren. Die Abfolge der einzelnen Filter/Effekte können Sie manuell durch Verschieben mit der Maus verändern. Durch Anklicken des Augensymbols (neben dem jeweiligen Filter/Effekt) können einzelne Effekte ein- und ausgeblendet werden. Mittels Auswählen des Filters/Effektes und einem Klick auf das Mülleimersymbol können diese dann auch aus der Liste gelöscht werden.

Die so erzielten Kombinationen werden in der jeweiligen Ebene gespeichert und sind so wieder abrufbar.

Diese Methode der Filter-/Effektkombination ist natürlich auch in Aktionen automatisierbar.

3.6 Ebeneneffekte leicht gemacht

Das ewige Aufrufen des Ebenenstil-Dialogfensters EBENE|EBENENSTIL erfordert Zeit und ist manchmal ziemlich unkomfortabel, weil das Dialogfenster bei kleinen Bildschirmen den Blick aufs Bild (also die Vorschau) behindert.

Zwei wichtige Dinge sind bei der Verwendung von Ebeneneffekten zu beachten:

3.6 Ebeneneffekte leicht gemacht

1. Neben dem jeweiligen Ebeneneffekt (oder einer Kombination aus mehreren Effekten) lässt sich durch Rechtsklick auf das EBENENSTIL-SYMBOL (das kleine kursive »f«) ein Menü öffnen, mit dem Sie die Ebeneneffekte manipulieren können, ohne dass Sie in das Menü EBENE|EBENENSTIL zurückkehren müssen. Das sieht dann so aus wie in Abbildung 3.14.

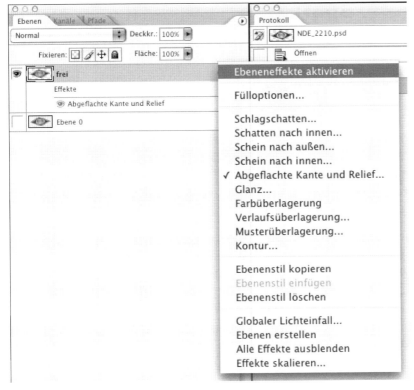

Abbildung 3.14
Menüpalette für Ebeneneffekte

Wie Sie nun sehen können, haben Sie die wichtigsten Einstellungen bezüglich Ebeneneffekte schneller im Griff als durch die Bemühung des Ebenenstil-Dialogfensters aus dem Menü.

2. Ebenenstile lassen sich ganz einfach auf andere Ebenen übertragen. Entweder Sie klicken in der Ebene, in der sich der gewünschte Stil bereits befindet, auf das Symbol (das kleine kursive »f«) und ziehen es mit gedrückter Alt - (Windows) bzw. ⌥-Taste (Mac) auf eine andere Ebene (gewöhnliches Duplizieren durch Klicken und Ziehen) oder Sie verwenden das oben erwähnte Menü und verwenden die Befehle EBENENSTIL KOPIEREN und EBENENSTIL EINSETZEN.

Mit diesen kleinen Kniffen können Sie den Umgang mit Ebeneneffekten extrem komfortabel und Zeit sparend gestalten.

Auch diese Vorgänge können Sie in Aktionen integrieren.

3.7 Freistellen ohne Lasso spart Zeit

Nun gut, ich gebe zu, dass es sich für einige Leser um ein leidiges und altbekanntes Thema handelt, aber, wie ich schon zuvor erwähnt habe, kommt es oft genug vor, dass mittels Lassowerkzeugen und Zauberstab mühsam und zeitaufwändig freigestellt wird.

Zum Freistellen in Photoshop sei zuvor Folgendes gesagt: Adobe hat bis heute noch keine zufrieden stellenden Werkzeuge zum komfortablen Freistellen von Objekten aus Bildern bereitgestellt. Wie letztlich Bildanteile freigestellt werden, obliegt immer noch dem Gusto des Benutzers. Während Drittanbieter wie Corel Tools wie *KnockOut* anbieten, so hat doch jeder seine eigenen Techniken, Bildanteile freizustellen.

Alle Möglichkeiten haben so ihre Vor- und Nachteile: Das Freistellen durch Zauberstab erfordert viel Geduld und viele Einstellungsanpassungen in der Empfindlichkeit des Werkzeugs. Ist der Hintergrund jedoch farblich sehr komplex, entfällt die Nutzbarkeit des Zauberstabs völlig. Die Lassowerkzeuge haben den großen Nachteil, dass sie enorm Fingerspitzengefühl und Mausbewegungssicherheit benötigen, um effektiv zu sein. Man kann eine bereits getroffene Auswahl zwar inzwischen auch speichern, jedoch bleibt es dabei, dass das Auswahlwerkzeug viel Sensibilität, Geduld und Zeit in Anspruch nimmt. Die Benutzung eines Drittanbieter-Tools wie Corels KnockOut ist zwar sehr wirkungsvoll, allerdings auch mit Kosten und einer sehr langsam ansteigenden und hohen Lernkurve (sprich: Einarbeitungszeit) verbunden. Diese Zeit ist meistens im Arbeitsalltag nicht vorhanden, die Kosten für das Tool sind also erfahrungsgemäß nicht gerechtfertigt.

Ich empfehle immer die Verwendung des Zeichenfeder-Werkzeugs, also die Freistellung mittels Bearbeitungspfad. Diese Methode hat sich als Zeit sparend erwiesen. Auch wenn sich dabei keine Details freistellen lassen, beispielsweise Haare, Fell oder Wassertropfen, so bereitet man eine weiterführende Freistellung mittels Maskierung durch Verwendung eines Bearbeitungspfades sehr gut vor. Hat man erst einmal das »Grobe« mittels Pfad freigestellt, lassen sich Details schneller per Maske freistellen als durch Bearbeitung mit Lasso oder Zauberstab.

3.7 Freistellen ohne Lasso spart Zeit

Hier noch mal das Kochrezept für Pfadfreistellungen:

1. Zoomen Sie im Bild in einen Bereich, von dem aus Sie einen guten Eckpunkt ansetzen können. Dabei bieten sich rechtwinklige Ansätze sowie Ecken und Kanten an.

2. Setzen Sie mit dem Zeichenfederwerkzeug den ersten Ankerpunkt und ziehen Sie den ersten Pfad.

3. Setzen Sie bei Richtungsveränderungen neue Ankerpunkte mit dem Zeichenfederwerkzeug und folgen Sie der Kontur des freizustellenden Bildobjektes.

   Achtung: Beachten Sie, dass Phptoshop immer davon ausgeht, dass Kurvenpfade gezogen werden sollen. Bei Richtungsänderungen sollte man immer mit gedrückter `Alt`- (Windows) oder `⌥`-Taste (Mac) die Kurveneinzüge zurücksetzen, um sie dann im nächsten Ankerpunkt zu platzieren. Außerdem können Sie Kurvenanfasser auch manuell jederzeit in der Bearbeitung verändern. Den Pfad nehmen Sie dann einfach wieder mit der Zeichenfeder auf.

   Achtung

4. Schließen Sie am Ende den Pfad.

5. Sollten sich im Objekt »Löcher« befinden, also Öffnungen in der Kontur, dann stellen Sie diese wie oben beschrieben frei. Die neu entstehenden Pfade werden dem entstehenden Arbeitspfad hinzugefügt.

6. Gehen Sie in die Pfadpalette und wählen Sie den entstandenen Arbeitspfad aus.

7. Durch Doppelklick auf den Arbeitspfad können Sie den Pfad umbenennen.

8. Durch Klicken auf das PFAD IN AUSWAHL UMWANDELN-Symbol (in der Pfadpalette das dritte Symbol von links) erstellen Sie aus dem aktuell angewählten Pfad eine Auswahl. Sie können auch den Pfad mit der Maus auf diese Taste ziehen – das hat denselben Effekt.

9. Wählen Sie AUSWAHL|AUSWAHL UMKEHREN. Unter Umständen definieren Sie unter AUSWAHL|WEICHE AUSWAHLKANTE noch einen Weichzeichnungsgrad, wenn Sie keinen zu harten Übergang zwischen Hintergrund und Freistellung erzielen möchten.

10. Durch Drücken der `Leertaste`-Taste löschen sie den Hintergrund und das Bildobjekt ist freigestellt.

Achtung

Wenn Sie einen transparenten Hintergrund erzielen möchten, müssen Sie darauf achten, dass die Ebene, auf der sich der freizustellende Inhalt befindet, nicht mehr als Hintergrundbild (Hintergrund) definiert ist. Ansonsten ist der Hintergrund die aktuelle Hintergrundfarbe.

Tipp

Wenn Sie Rundungen im freizustellenden Objekt vorfinden, dann ziehen Sie unterhalb des Scheitelpunkts der Rundung vor dem Absetzen eines neuen Ankerpunktes eine gerade Linie. Halten Sie dann nach dem Absetzen des neuen Ankerpunktes die Maustaste gedrückt und passen Sie die nun entstehende Bézier-Kurve der Rundung im Objekt an. Dieser Schritt ist einfacher als das Setzen von an sich überflüssigen Ankerpunkten.

Hinweis

Sie können bei erfolgreichen Zauberstabanwendungen aus der Auswahl auch einen Pfad machen, indem Sie in der Pfadpalette die Taste für ARBEITSPFAD AUS AUSWAHL ERSTELLEN (drittes Symbol von rechts) betätigen. Dadurch wird aus der Auswahl ein Arbeitspfad erstellt. Wichtig ist dabei zu beachten, dass es sich dann auch um eine in sich abgeschlossene und nicht um eine mit Störungen belegte, flächige Auswahl handelt.

Ich weiß, dass diese Technik ein bisschen Übung erfordert. Allerdings bin ich mir sicher, dass Sie den Zeitgewinn und die erzielte Qualität der Freistellung sehr zu schätzen wissen werden.

Kapitel 4

Illustrator CS2

4.1 Exkurs: Illustrator aus Sicht eines »Switchers« .. 95
4.2 Wie man sich das Arbeiten mit Illustrator
 erleichtert. 99

Illustrator hat im Gegensatz zu seinen »Suite-Kollegen« einen etwas holprigen Weg hinter sich. Ursprünglich wurde Adobe Illustrator für den Apple Macintosh entwickelt, um eine Lücke zwischen CAD- und Malprogrammen zu schließen, indem es rudimentäre PostScript-Funktionen (zum Beispiel Strichstärken und Muster) in einem Illustrationsprogramm integrierte.

Hinweis

Illustrator wurde auch für Workstations von NeXT, Sun SPARC und Sillicon Graphics entwickelt.

Obwohl Illustrator für eine lange Zeit das erste und einzige Programm auf dem Markt war, das Bézierkurven zur Beschreibung grafischer und geometrischer Objekte verwendete und für diverse Plattformen entwickelt wurde, entwickelte es sich erst ab Mitte der 90er Jahre zu einem der Standards seiner Klasse.

Illustrator betrat als reines Macintosh-Programm 1987 die Bühne. In seiner ersten Fassung verfügte Illustrator nur über rudimentäre Werkzeuge. Zudem war es das erste Programm, in dem es möglich war, die Zeichnungen in einem Vorschau-Modus betrachten zu können.

Der ersten Windows-Version war 1989 kein sehr großer Erfolg beschieden, weil sich Corel Draw mit deutlich mehr Funktionen und einer komfortableren Bedienung bereits etabliert hatte. Auch in seinen nächsten Manifestationen blieb Illustrator für Windows immer hinter seinen Konkurrenzprogrammen (und selbst hinter der Mac-Version) zurück. Erst beinahe zehn Jahre später – 1997 (Version 7) – zog Illustrator für Windows mit der Version für den Mac gleich und begann sich so auf dem Markt der Grafik- und Illustrationsprogramme zu etablieren.

Während dieser Zeit stellte sich auch Macromedias FreeHand vor allem bei Grafikern der Druckindustrie auf. FreeHand bot über lange Zeit einen weitaus größeren Funktionsumfang als Illustrator und war auch das erste Programm, das Transparenzen anbot (Corel Draw konnte das auch, allerdings wurden die Objekte dann in Pixel umgerechnet). Diese Konkurrenz zu FreeHand machte es Adobe mit Illustrator recht schwer, sich auf dem Markt zu behaupten. Somit konzentrierte man sch in der Entwicklung von Illustrator darauf, die illustrativen Funktionen, wie Pinsel, Freihandinstrumente und Effekte, zu verbessern und so eine Nische zu füllen, die von FreeHand – das sich mehr und mehr als technisch orientiertes Grafikprogramm weiterentwickelte – nicht abgedeckt wurde. So bekam man von der Version 9 (2000) an den Eindruck, dass das Stiefkind Illustrator bei Adobe mehr Beachtung fand und stetig verbessert und weiterentwickelt wurde. Ein besonderes Merkmal für diese Weiterentwicklungen ist die Integration von Funktionen, die man zuvor als PlugIn oder einzelne Software dazukaufen musste. Spezielle Beispiele sind hierfür die 3D-Funktionen aus Adobe Dimensions (in Version CS) und die Digitalisierungs-/Vektorisierungsfunktionen von Adobe Streamline (in Version CS2). Ebenso wurden Ausgabe- und Formatierungsfunktionen verbessert und erweitert und die Integration des Programms in die Suite vorangetrieben. Bedenkt man, dass Corel die Portierung von Corel Draw auf andere Plattformen als Windows abgebrochen hat und dass Macromedia und Adobe fusioniert wurden, so ist Illustrator sicher auch in Zukunft eine rosige Weiterentwicklung gesichert.

4.1 Exkurs: Illustrator aus Sicht eines »Switchers«

Auch hier wieder zu Beginn ein kleines Bekenntnis: Ich habe zu Beginn gar nicht gern mit Bézierkurven-orientierten Programmen gearbeitet. In meiner Ausbildung bin ich – glücklicherweise muss ich sagen – auf sehr anspruchsvollem Niveau mit FreeHand gequält worden. Kaum waren die Grundfunktionen geklärt und beherrscht, kamen die Aufgaben, die von Seiten des Lehrers als »FreeHand für Erwachsene« bezeichnet wurden. Da sollten wir zuvor gelernte Stanzungstechniken dazu nutzen, 3D-Effekte zu erzielen und so Ähnliches. Wir haben dabei oftmals Blut und Wasser geschwitzt und den digitalen Zeiger uns zu Diensten gemacht. Eine harte Zeit, allerdings haben wir sehr viel dabei gelernt. Wir waren im Abschluss in der Lage, auch schwierige Probleme mit FreeHand zu lösen und Grafiken selbst zu erstellen.

Als ich begann, mit der Creative Suite 1 zu arbeiten, kam ich das erste Mal mit Illustrator in Berührung. Nicht, dass Sie jetzt denken, dass ich eigentlich gar nicht vorhatte, mit dem Programm überhaupt zu arbeiten (schließlich hatte ich ja mein FreeHand MX), allerdings tat ich mich aus arbeitstechnischen Gründen wirklich schwer. Grund (wie bei so vielen): Ich war es gewohnt, mit FreeHand zu arbeiten. Allerdings konnte ich mit FreeHand-Dateien nicht so komfortabel arbeiten wie mit Illustrator-Dateien – zumindest entnahm ich das den Handbüchern.

Dadurch neugierig gemacht, nahm ich Illustrator CS in Augenschein und lernte recht schnell einige Vorteile des Programms zu schätzen. Zunächst sprang mir natürlich die hervorragende Integration in den Rest der Suite ins Auge. Es hilft nun einmal ungemein, wenn man Dateien nicht erst in EPS umwandeln muss, um sie in einem Dokument eines der anderen Programme zu verwenden. Dann musste ich feststellen, dass für die Arbeiten, die ich mit einem Grafikprogramm durchführen muss, Illustrator leichter und intuitiver benutzen konnte als FreeHand. Ich hatte bei FreeHand immer das Problem, mich durch die vielen Funktionen zu wurschteln. FreeHand ist ein Funktionsumfang-Monster. Soll bedeuten: Es ist sicherlich von Vorteil, wenn man für jede Gelegenheit die geeignete – vor allem kombinierte und komplette – Funktion zur Hand hat, allerdings sollte man sie nicht erst in endlos erscheinenden Werkzeugpaletten suchen müssen. Und genau das war immer mein Problem beim Arbeiten mit FreeHand: Ich konnte bis zu diesem Zeitpunkt nicht mit irgendeinem anderen Programm arbeiten (weil mir die Kenntnisse fehlten) und arbeitete nicht einmal gern mit FreeHand. Die Paletten empfand ich als unübersichtlich und die Menge an Werkzeugen machte ein intuitives Arbeiten unmöglich.

So bin ich an Illustrator mit Skepsis rangegangen. Natürlich gefiel es mir sehr gut, gewisse Werkzeuge sofort wiederzuerkennen und auch zum Teil in derselben Art und Weise wie in InDesign oder Photoshop verwenden zu können. Allerdings stellte ich mir immer wieder die Frage, »Kann ich mit dieser Software genau so arbeiten wie mit FreeHand?« Erst in der Praxis erwies es sich dann, dass ich bisher immer mit FreeHand methodisch vorgegangen war, während ich jetzt mit Illustrator begann intuitiv zu arbeiten. Das lag vor allem daran, dass ich nicht mehr darüber nachdenken musste, welches Werkzeug ich für welchen grafischen Effekt benutzen musste. Im Gegensatz zu FreeHand, bei dem viel über einzelne Werkzeuge (Spezialwerkzeuge) geregelt wird, kann man sich bei Illustrator an aus Photoshop oder InDesign Gewohntem orientieren. Während ich mir bei FreeHand vor der Arbeit am Dokument darüber Gedanken machen musste, wie ich letztlich vorgehen werde, um das gewünschte Resultat zu erhalten, so konnte ich mit Illustrator meine Intuition und Kreativität walten lassen. Nun arbeite ich eigentlich nur noch mit Illustrator, um Grafiken für meine Projekte zu erstellen. Vor allem Logoentwürfe gehen mir mit Illustrator deutlich schneller von der Hand als mit FreeHand. Diese Erfahrung bestätigte auch den Eindruck, den ich seit meiner Ausbildung hatte, dass es sich bei FreeHand mehr um ein Konstruktions- als um ein Illustrationstool handelt. Während man bei Illustrator auch einmal nach Augenmaß handeln kann, ohne dass gleich alle Ausgleichsmöglichkeiten dahin sind, muss man bei FreeHand extrem methodisch vorgehen, damit zuvor vorgenommenen Schritte wieder ausgemerzt werden können. Ein sehr eindrucksvolles Beispiel ist dabei das »Stanzen« von Öffnungen in Objekte. Selbst in dem neuesten FreeHand MX 2004 ist es nicht möglich, eine Öffnung in einem Objekt zu erzeugen,

4.1 Exkurs: Illustrator aus Sicht eines »Switchers«

ohne das Stanzobjekt vorher klonen zu müssen. Das ist in Illustrator wirklich einfacher gelöst und kann auch intuitiv angewendet werden.

Tipps für Umsteiger von FreeHand auf Illustrator:

Tipp

1. Pfade werden in den beiden Programmen etwas unterschiedlich behandelt. Während man in FreeHand so genannte Pfadgruppen nur erhält, wenn man verschiedene Objekte gruppiert, so genügt in Illustrator bereits die gemeinsame Auswahl. Das gilt auch für gemeinsame Änderungen an Objekteinstellungen und Definitionen. Darüber hinaus werden geschlossene Objekte in Illustrator als Ganzes angewählt, wenn man das normale Auswahlwerkzeug verwendet. Nur über das Direktauswahl-Werkzeug ist es möglich, auf die Pfade direkt zuzugreifen (also genau wie in Photoshop und InDesign). Ebenso kann man Ankerpunkte nur mit den Pfadwerkzeugen manipulieren (wie in Photoshop und InDesign). Gerade das ist ein Detail, an das man sich als ehemaliger FreeHand-Benutzer gewöhnen muss. Mein Tipp: Exportieren Sie ein in FreeHand erzeugtes Dokument in das Illustrator-Format und öffnen Sie dieses dann in Illustrator. Dort experimentieren Sie mit dem Umgang von Auswahlwerkzeug, Direktauswahl-Werkzeug, Gruppieren, Gruppierung auflösen und die verschiedenen Manipulierungsmöglichkeiten von Konturstärke, Konturfarbe, Flächenfüllung und Schrifteinstellungen. Auf diese Weise kann man sich am besten den zu FreeHand unterschiedlichen Umgang mit Pfaden veranschaulichen und üben. Anschließend legen Sie die Grafik im Hintergrund als Vorlage an (Kontextmenü in der EBENEN-PALETTE|VORLAGE; Effekt: Die Grafik wird in der aktuellen Ebene fixiert, die Ebene abgeschlossen.) und versuchen die Grafik – natürlich auf einer neuen Ebene – mit Illustrator nachzuzeichnen.

2. Was mir als Erstes auffiel, war, dass es in Illustrator nicht möglich ist, mehrseitige Dokumente zu erzeugen. Das fiel mir deswegen auf, weil mich FreeHand damals in meiner Abschlussprüfung quasi gerettet hat. Wir mussten eine Klappkarte layouten, in deren Innenteil sich ein mit dem Vorderteil überlappendes Bild befand. Um nun die Überlappung millimetergenau zu platzieren, hatte ich im Dokumentenformat zwei Seiten geöffnet und so angeordnet, dass ich das Bild nur klonen und parallel verschieben musste. Auf Grund dieser kleinen Aufgabe vermisste ich die Mehrseitenfunktion sehr. Allerdings findet man schon nach Durchsicht der Vorlagen eine einfache Lösung für das Problem. Mit einer sehr komfortablen Funktion kann man nämlich aus Objekten Hilfslinien erstellen (AN-

Sicht|Hilfslinien|Hilfslinien erstellen oder ⌘+5 [Mac] bzw. Strg+5 [Windows]). Um dabei mehrseitige Dokumente zu erzeugen, so wie im Beispiel eine Klappkarte mit Vorder- und Rückseite, legen Sie auf einer Dokumentengröße, die der Ausgabegröße entspricht, zwei Objekte an, welche die Vorder- und Rückseite repräsentieren sollen. Dann wandeln Sie diese Objekte in Hilfslinien um. Natürlich ist es nicht einfach, Dokumente mit mehr als zwei Seiten in Illustrator auf diese Art zu erzeugen, allerdings sind solche Layoutaufgaben auch nicht die primäre Funktion von Illustrator.

Sollten Sie bereits Photoshop und InDesign kennen, dürften Sie sich eigentlich schnell in Illustrator zurechtfinden, weil die Funktion einiger Werkzeuge dieselben sind:

1. Auswahlwerkzeug

2. Direktauswahl-Werkzeug

3. Zeichenfeder (plus alle Zusatzwerkzeuge, wie Ankerpunkt hinzufügen, abziehen und so weiter)

4. Formenwerkzeuge, wie Rechteck, abgerundetes Rechteck, Oval und so weiter

5. Schriftwerkzeug (inklusive aller Zusatzwerkzeuge, die vor allem die Positionierung von Text auf oder innerhalb von Pfaden beinhalten)

6. Pipette

7. Handwerkzeug und Zoom

8. Sowie natürlich die Möglichkeiten, Kontur- und Flächenfüllungen zu definieren

4.2 Wie man sich das Arbeiten mit Illustrator erleichtert

An sich gibt es nicht viele integrierende oder automatisierende Funktionen für Illustrator, was sich aus dem eigentlichen Sinn des Programms ableitet: Man soll illustrieren und Grafiken erzeugen und Ideen kann man – noch nicht – automatisieren.

Dennoch gibt es ein paar Arbeitsschritte, die man sich in Illustrator erleichtern kann und die praktischen unter diesen möchte ich Ihnen im Folgenden vorstellen.

1. **Aktionen in Illustrator CS2:** Ich stelle Ihnen die Aktionen-Palette in Illustrator CS2 vor. Eine praktische Einrichtung mit vielen Einschränkungen.

2. **Absatz- und Zeichenformate:** Illustrator nutzt diese in Textverarbeitungs- und DTP-Programmen übliche Technik. Sie macht Sinn, wie ich Ihnen zeigen möchte.

3. **Gleiche Objekte erzeugen:** Es gibt ein paar kleine Kniffe, mit denen Sie ein und dieselben Objekte erzeugen können, ohne immer auswählen und duplizieren zu müssen. Diese möchte ich Ihnen in diesem Abschnitt vorstellen.

4. **Vorlagen erzeugen:** Wenn man schon keine mehrseitigen Dokumente anfertigen kann, so hilft es doch, sich Vorlagen anzulegen. Wie das geht und wie Sie die vorgefertigten Vorlagen für sich nutzen können, erfahren Sie in diesem Abschnitt.

5. **Symbole und Glyphen:** Man möchte sich die Arbeit etwas erleichtern, indem man aussagekräftige Symbole in einen Entwurf einsetzt. Wie man so etwas am besten mit den mitgelieferten Symbolen und Glyphen machen kann und wie man sich eigene Symbol-Bibliotheken anlegt, erläutere ich in diesem Unterkapitel.

6. **Weiterführende Funktionen:** Interaktiv malen und Abpausen erleichtern den Arbeitsalltag. Hier beschreibe ich Ihnen zwei Funktionen, die zum Teil (INTERAKTIV MALEN) später auch im Projekt Verwendung finden werden.

Übersicht

Aktionen in Illustrator

Zunächst wieder ein Bekenntnis: Ich habe Aktionen in Illustrator erst spät entdeckt und verwendet. Das hat mehrere Gründe:

- Ich verwende Illustrator ausschließlich für kreative, illustrative Aufgaben. Da lässt sich nicht viel automatisieren.
- Viele Werkzeuge lassen sich nicht automatisieren, was die Anwendbarkeit von Aktionen extrem einschränkt.
- Aktionen machen z.B. Sinn, wenn man Webanwendungen (Webseiten zum Beispiel) mit Illustrator baut. Dies erledige ich allerdings lieber mit Photoshop/ImageReady.

Nichtsdestotrotz möchte ich Ihnen die Aktionen in Illustrator vorstellen und auch Beispiele geben, in denen die Anwendung von Aktionen Sinn machen kann.

Achtung

Zunächst ein paar Worte zu den Einschränkungen:

Ich zitiere aus der Illustrator-Hilfe:

> **Aufgaben, die nicht aufgezeichnet werden können**
>
> *In den Aktionen können nicht alle Aufgaben direkt aufgezeichnet werden. Sie können beispielsweise keine Befehle in den Menüs »Effekt« und »Ansicht« aufzeichnen, ebenso ist dies nicht für Menüs möglich, die Paletten anzeigen oder ausblenden. Auch die Verwendung der Auswahl-, Zeichenstift-, Pinsel-, Buntstift-, Verlauf-, Gitter-, Pipette-, Füll- und Schere-Werkzeuge kann nicht aufgezeichnet werden.*

Das ist wirklich ernüchternd, fallen doch in diesem Fall die meisten Funktionen zur Aufzeichnung weg. Diese enorme Einschränkung macht – wie schon angedeutet – Sinn: Funktionen, die intuitiv verwendet werden, lassen sich nicht automatisieren. Das ist in Photoshop ebenso, allerdings erfüllt Photoshop im Produktionsprozess noch andere Funktionen, die sich recht gut automatisieren lassen. Das ist nun einmal – das sagt einem schon die Logik – in Illustrator nicht möglich. Trotzdem: Es gibt Aktionen, die einem das Leben extrem erleichtern können, vor allem bei Vorgängen, die manuell viel Zeit in Anspruch nehmen.

Zunächst werde ich Ihnen zeigen, dass es in Illustrator genauso einfach ist, Aktionen anzulegen wie in Photoshop. Danach sehen wir uns exemplarisch die Aktion STIL/PINSEL/FARBFELD AUFRÄUMEN an, die bei mir auch häufiger zur Anwendung kommt.

4.2 Wie man sich das Arbeiten mit Illustrator erleichtert

Die Aktionen-Palette

Leser des vorangegangenen Kapitels werden die Ähnlichkeiten sofort bemerken. Und tatsächlich werden Aktionen in Illustrator genauso behandelt wie in Photoshop. Das sieht man schon bei Betrachtung der Aktionen-Palette.

Abbildung 4.1
Die Aktionen-Palette in Illustrator

Auch hier finden sich die aus Photoshop bekannten Elemente wieder.

Ebenso wie in Photoshop gibt es auch in Illustrator ein Palettenmenü.

Abbildung 4.2
Das Palettenmenü der Aktions-Palette in Illustrator

Und natürlich auch die gewohnten Verwaltungs- sowie Aufnahme- und Abspielbuttons.

Abbildung 4.3
Die Bedienungselemente der Aktionen-Palette. Wie aus Photoshop gewohnt (von links nach rechts): Stopp, Aufnahme, Abspielen, neues Set, neue Aktion, löschen.

Aufzeichnen und Abspielen von Aktionen in Illustrator

Man geht also ähnlich wie in Photoshop mit Aktionen vor:

1. Überlegen Sie sich, wie Sie die Aktion aufbauen wollen, und notieren Sie sich die einzelnen Schritte.

2. Legen Sie ein neues Aktionen-Set an (ORDNER-Button in der Bedienungsleiste oder PALETTENMENÜ|NEUER SATZ).

3. Legen Sie eine neue Aktion an (DOKUMENT-Button in der Bedienungsleiste oder PALETTENMENÜ|NEUE AKTION).

4.2 Wie man sich das Arbeiten mit Illustrator erleichtert

4. Beginnen Sie die Aufnahme der Aktion (AUFNAHME-Button in der Bedienungsleiste oder PALETTENMENÜ|AUFZEICHNUNG BEGINNEN).

5. Führen Sie die zuvor notierten Schritte durch.

6. Beenden Sie die Aufzeichnung (STOPP-Button in der Bedienungsleiste).

Sollten Sie einen Befehl verwenden wollen, der über ein Menü angesteuert wird, dann fügen Sie einen Menübefehl ein (PALETTENMENÜ|MENÜBEFEHL EINFÜGEN). Sie erhalten das Dialogfenster, das in Abbildung 4.4 gezeigt wird.

Achtung

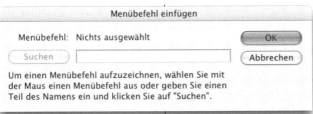

Abbildung 4.4
Menübefehl einfügen

Sie können nun den jeweiligen Menübefehl aufrufen und in die Aktion einfügen. Das dazugehörige modale Steuerelement (siehe Kapitel 3 über Photoshop) wird automatisch eingefügt.

Sollten Sie einen Befehl ausführen wollen, der nicht als Aktion durchführbar ist, dann können Sie – wie in Photoshop auch – eine Unterbrechung einfügen (PALETTENMENÜ|UNTERBRECHUNG EINFÜGEN). Dabei erhalten Sie das Dialogfenster aus Abbildung 4.5.

Achtung

Abbildung 4.5
Aktion unterbrechen

Lassen Sie sich dabei nicht irritieren: Eine Unterbrechung erreichen Sie (anstelle des oben angekündigten Beendens), indem Sie FORTFAHREN ZULASSEN aktiv klicken. Sie können der Unterbrechung im Textfeld eine Meldung hinzufügen (zum Beispiel Arbeitsanweisungen oder Hinweise).

Achtung

Sollte es notwendig sein, einen Arbeitspfad in die Aktion zu integrieren, so wählen Sie den jeweiligen Pfad an und verwenden den Befehl PALETTENMENÜ|PFADAUSWAHL EINFÜGEN. Dabei wird dann an der definierten Stelle der ausgewählte Pfad eingestellt. Es erscheint in der Aktion der Aktionsschritt ARBEITSPFAD EINGESTELLT.

Tipp

Auch hier möchte ich den Tipp kurz wiederholen, den ich auch bei Photoshop gegeben habe: Nehmen Sie sich eine Beispieldatei, führen Sie die einzelnen Aktionen manuell durch und notieren Sie sich die Einzelschritte. Speichern Sie das Endergebnis unter einem anderen Namen. Dann öffnen Sie die Ursprungsdatei und nehmen die Aktion gemäß Ihren Notizen auf. Auf diese Weise können Sie die beiden Endergebnisse miteinander vergleichen.

Aufräumen von dokumentenrelevanten Ressourcen mittels einer Aktion

Beispiel

Wie bereits zuvor angekündigt, möchte ich Ihnen eine der vorgefertigten Aktionen hier vorstellen, die sich auch in der Praxis als sehr nützlich bewährt hat. Dieses Beispiel soll Ihnen vor Augen führen, dass es vor allem dann Sinn hat, Aktionen in Illustrator zu verwenden, wenn man sich die Arbeit erleichtern möchte. Dabei geht es dann auch weniger darum, ganze Verarbeitungsvorgänge zu automatisieren (wie bei Photoshop), sondern gewisse Arbeitsschritte zusammenzufassen, die manuell zu viel Zeit benötigen würden.

Illustrator integriert die beinhalteten Ressourcen wie Farbtabelle, Symbole und Pinselformen in dem jeweiligen Dokument. Und zwar alle, auch die nicht verwendeten! Natürlich kann es unter Umständen Sinn machen, alle Ressourcen im Dokument zu belassen, allerdings ist es einerseits der Übersichtlichkeit nicht förderlich, andererseits belegen diese Angaben Speicherplatz. Deswegen ist es ab einem bestimmten Bearbeitungsstand sinnvoll, diese Ressourcen auf diejenigen zu reduzieren, die auch tatsächlich verwendet wurden. Ganz besonders anzuraten ist dieser Schritt vor dem Veröffentlichen als Printmedium, zum Beispiel um die Verwendung von Volltonfarben besser kontrollieren zu können. Sind nämlich nach dem Anwenden der Aktion noch unerwünschte Volltonfarben vorhanden, die man beispielsweise vergessen hat, in CMYK-Mischungen umzuwandeln, so kann man diese so schneller herausfinden. Da man manuell einige Klicks benötigt, um nicht verwendete Ressourcen zu löschen, verwenden wir hier die Aktion STIL/PINSEL/FARBFELD AUFRÄUMEN, um das zu erledigen. Um die Auswirkung der Aktion zu verdeutlichen, habe ich ein paar Formen angelegt, die verschiedene Farben aus der Farbtabelle verwenden.

4.2 Wie man sich das Arbeiten mit Illustrator erleichtert

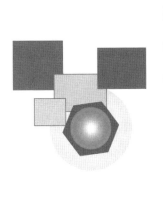
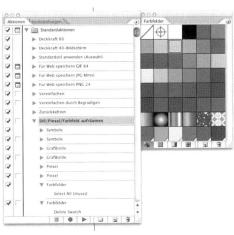

Abbildung 4.6
Die Ausgangssituation ohne reduzierte Farbtabelle

Wie Sie in Abbildung 4.6 unschwer erkennen können, liegen noch alle Farben in der Standardfarbtabelle vor.

Nun wende ich die Aktion an und erhalte ein Resultat, wie in Abbildung 4.7 zu sehen.

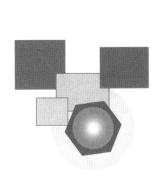
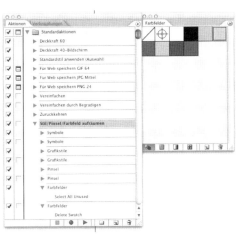

Abbildung 4.7
Das Ergebnis der angewendeten Aktion STIL/PINSEL/ FARBFELD AUFRÄUMEN

Natürlich kommt diese Aktion ohne modale Steuerelemente aus. Die Farbtabelle (und ich kann Ihnen versichern, auch die Stil- und die Pinselauflistung, die ich aus Platzgründen hier ausgelassen habe) wurde auf die verwendeten Farben reduziert.

Da ich auf diese Weise auch feststellen wollte, ob ich alle verwendeten Farben für den Vierfarbdruck (CMYK) aufbereitet habe, gehe ich in das Palettenmenü der Farbtabelle und wähle als Darstellungsmodus LISTE an. Nun kann ich anhand der Symbole feststellen, ob sich alle Farben im korrekten Farbraum befinden.

So lässt sich abschließend für Aktionen in Illustrator Folgendes zusammenfassen: Da es nicht möglich ist, kreative und intuitive Prozesse zu automatisieren, also die Hauptfunktionen von Illustrator, so sind Aktionen doch sehr nützlich, für die Ordnung im Dokument bzw. zur Aufbereitung der Dokumente in bestimmte Ausgabeformate (zum Beispiel webkompatibel) zu sorgen.

Absatz- und Zeichenformatvorlagen

Auch wenn es ein recht wenig verwendetes Feature von Illustrator ist, so haben sich im Entwicklungsverlauf der letzten vier Versionen die typografischen Funktionen des Programms erheblich verbessert. Dazu gehört auch die Integration von Absatz- und Zeichenformatvorlagen. Diese sollten am besten dann zum Einsatz kommen, wenn Sie einseitige Printmedien entwickeln, wie Visitenkarten, Briefbögen mit Aufdruck oder einseitige Anzeigen. Auch beim Bauen von Webseiten ist das Zusammenstellen von typografischen Vorgaben sinnvoll, da sie von GoLive übernommen werden.

Das Erstellen von typografischen Vorgaben in Illustrator ist recht einfach. Sehen Sie sich zunächst erst einmal die dazugehörigen Paletten an (Abbildung 4.8).

Abbildung 4.8
Absatz- und Zeichenformat-Paletten

Holger Hallmann
Mediengestalter digital/print
Stiftsgehölz 3
44265 Dortmund

4.2 Wie man sich das Arbeiten mit Illustrator erleichtert

Wie in allen Paletten, so haben auch die Absatz- und Zeichenformat-Palettenmenüs, um die einzelnen Einträge verwalten zu können (Abbildung 4.9 und Abbildung 4.10).

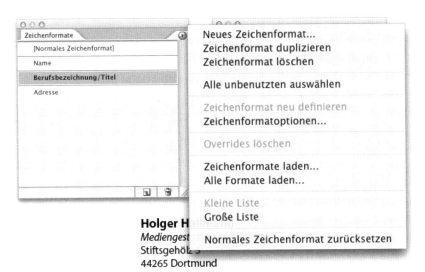

Abbildung 4.9
Zeichenformat-Palettenmenü

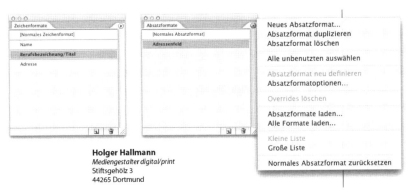

Abbildung 4.10
Absatzformat-Palettenmenü

Wozu benötigt man denn nun einzelne Formate? Die Antwort darauf ist ganz einfach: Man benötigt sie, wenn man sich das ständige manuelle Formatieren ersparen möchte.

Zeichenformate benötigt man, wenn bestimmte auszuwählende Textabschnitte – hier beispielsweise der Name, die Berufsbezeichnung und die Adresse – ein bestimmtes Aussehen, also definierte Zeichendefinitionen beinhalten sollen.

Ein Absatzformat definiert man dann, wenn zu einem Zeichenformat (eines ist *immer* im Absatzformat integriert) eine bestimmte Ausrichtung und definierte Tabulatoren hinzukommen.

Beides kann man auf zwei Arten definieren:

1. Man definiert manuell den jeweiligen Stil vor, markiert ihn und legt ihn als neuen Stil an (PALETTENMENÜ|NEUES ZEICHENFORMAT bzw. NEUES ABSATZFORMAT). Der jeweilige Stil erscheint dann in der Palette.

2. Oder man definiert ihn manuell, indem man einen neuen Stil anlegt (PALETTENMENÜ|NEUES ZEICHENFORMAT bzw. NEUES ABSATZFORMAT) und die Optionen einzeln definiert (nicht vergessen, die Vorschau zu aktivieren!), indem man PALETTENMENÜ|ZEICHENFORMATOPTIONEN bzw. ABSATZFORMATOPTIONEN wählt.

Die einzelnen Optionen stellen sich im Zeichenformat so dar, wie es Abbildung 4.11 zeigt.

Abbildung 4.11
Zeichenformatoptionen: Allgemein

Dabei handelt es sich um eine allgemeine Übersicht, die vor allem der Kontrolle dienen soll.

4.2 Wie man sich das Arbeiten mit Illustrator erleichtert

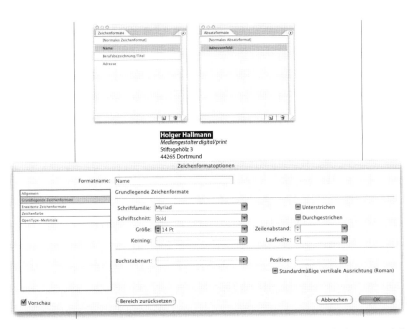

Abbildung 4.12
Zeichenformatoptionen: Grundlegende Zeichenformate

In dem Dialogfenster, das in Abbildung 4.12 gezeigt wird, lassen sich die rudimentären typografischen Optionen festlegen.

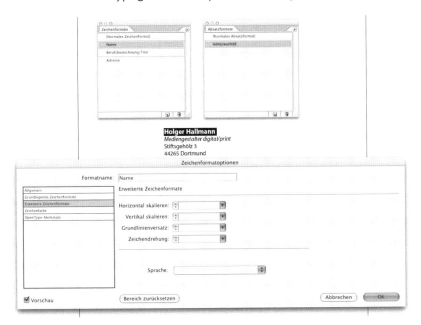

Abbildung 4.13
Zeichenformatoptionen: Erweiterte Zeichenformate

In dem Dialogfenster aus Abbildung 4.13 kann man die Formateinstellungen vornehmen, die nicht im Schriftschnitt definiert sind.

Abbildung 4.14
Zeichenformatoptionen:
Zeichenfarbe

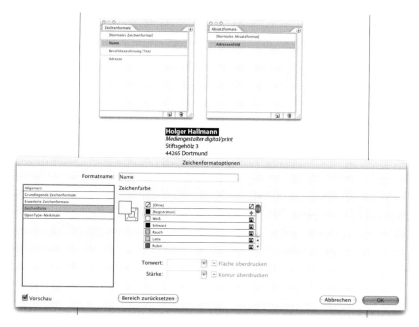

In dem Dialogfenster, das in Abbildung 4.14 gezeigt wird, stellt man die Farbeinstellungen ein.

Abbildung 4.15
Zeichenformatoptionen:
OpenType-Merkmale

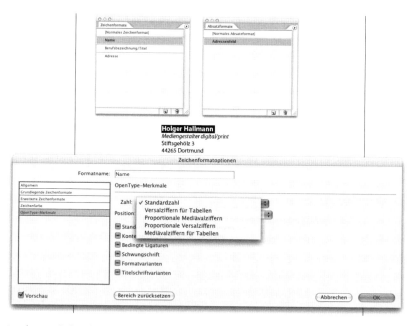

In dem Dialogfenster aus Abbildung 4.15 haben Sie die Möglichkeit, die speziellen Eigenschaften von OpenType-Schriften, wie eingebettete Ligaturen und Brüche, einzustellen.

4.2 Wie man sich das Arbeiten mit Illustrator erleichtert

Auch bei den Absatzformaten spielen einzelne Optionen eine Rolle. Diese stellen sich wie in Abbildung 4.16 dar.

Abbildung 4.16
Absatzformatoptionen: Allgemein

Analog kann man sich so bei den Absatzformatoptionen einen Überblick verschaffen.

Die Unterschiede zu den Zeichenformatoptionen liegen in den Punkten EINZÜGE UND ABSTÄNDE, TABULATOREN, SATZ, SILBENTRENNUNG und AUSRICHTUNG, die auch nur auf Absätze festgelegt werden können (Abbildung 4.17).

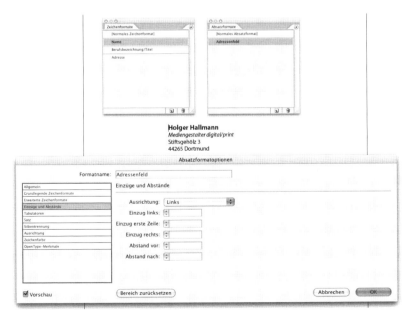

Abbildung 4.17
Absatzformatoptionen: Einzüge und Abstände

Hier kann man die verschiedenen Einstellungen bezüglich der Einzüge in Absätzen festlegen.

Abbildung 4.18
Absatzformatoptionen: Tabulatoren

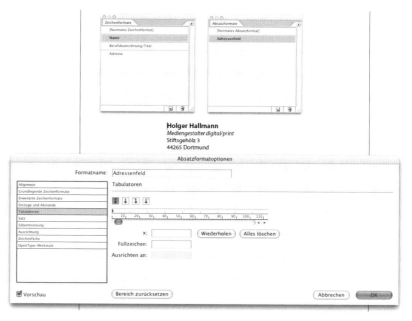

Sind Tabulatoren in einem Absatz notwendig, kann man sie in dem Dialogfenster aus Abbildung 4.18 festlegen.

Abbildung 4.19
Absatzformatoptionen: Satz

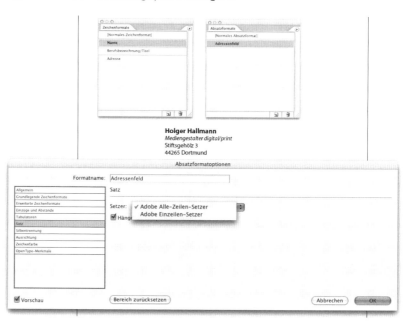

4.2 Wie man sich das Arbeiten mit Illustrator erleichtert

Der Unterschied zwischen dem ALLE-ZEILEN-SETZER und dem EINZEILEN-SETZER liegt darin, dass man festlegt, ob die typografische Ausrichtung auf alle Zeilen insgesamt oder Zeile für Zeile formatiert werden soll. Beide Optionen haben ihre Vor- und Nachteile. Es kommt immer auf die Menge des Textes und die Ausrichtung des Absatzes an. In beiden Fällen werden die Einzüge, Silbentrennungen sowie die Spationierungen so vorgenommen, dass unschöne Satzfehler unterdrückt werden. Zusätzlich können Sie durch das Optionskästchen HÄNGENDE INTERPUNKTION festlegen, ob sich Satzzeichen am Anfang einer Zeile vor oder hinter dem linken Rand eines Textblocks befinden sollen.

Alle hier aufgeführten Optionen sollten Sie zuvor durch die normale Absatz-Palette zunächst manuell an Ihren Absätzen austesten, bevor Sie diese als Absatzformate definieren.

Hinweis

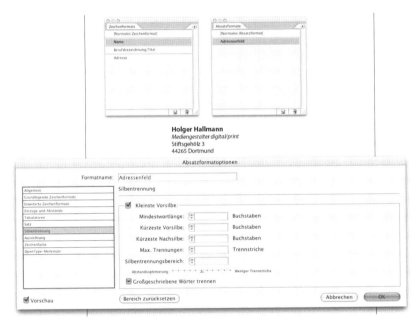

Abbildung 4.20
Absatzformatoptionen:
Silbentrennung

Das Dialogfenster aus Abbildung 4.20 spricht wahrscheinlich für sich. Ich persönlich halte es zwar für ziemlich unwahrscheinlich, dass man Massentext in Illustrator setzt. Wer es dennoch tun muss, dem seien diese Optionen wärmstens ans Herz gelegt.

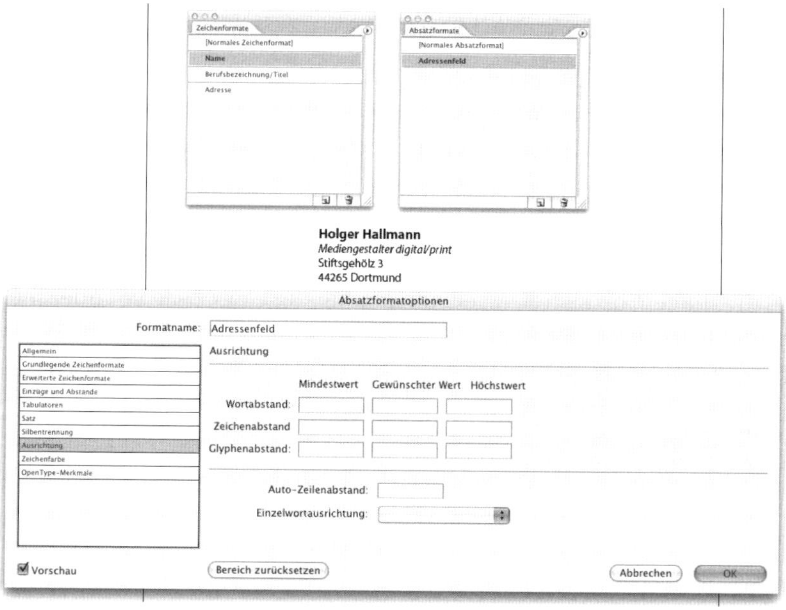

Abbildung 4.21
Absatzformatoptionen:
Ausrichtung

In dem Dialogfenster aus Abbildung 4.21 legt man die Detailinformationen für die Wort- und Buchstabenausrichtungen fest.

Hinweis

Nicht, dass ich hier missverstanden werde: Ich weiß, dass die Verwendung von Zeichen- und Absatzformaten gängige Routine im DTP-Bereich ist. Allerdings habe ich festgestellt, dass diese Funktionen gerade in einem Grafikprogramm wie Illustrator oft übersehen werden und dann leider viel Zeit damit verschwendet wird, die Zeichen- und Absatzformatierungen manuell zu setzen, vor allem, wenn sie sich in verschiedenen Dokumenten wiederholen. Deswegen was es mir wichtig, sie für Illustrator ausführlicher darzustellen als im folgenden Kapitel über InDesign.

Achtung

Sie müssen nicht Dokumente mit benötigten Zeichen- und Absatzformaten duplizieren und dann die Inhalte aus den Duplikaten löschen. Es genügt, die Zeichen- und Absatzformate aus einem anderen Dokument zu laden. Dies bewerkstelligen Sie wie folgt:

ZEICHENFORMATE-PALETTENMENÜ/ABSATZFORMATE-PALETTENMENÜ|ZEICHENFORMATE LADEN bzw. ABSATZFORMATE LADEN

Im Dialogfenster wählen Sie dann das Dokument mit den gewünschten Formatvorlagen aus. Es werden nur die Formatvorlagen geladen, nicht der Inhalt des Referenzdokuments.

Gleiche Objekte erzeugen leicht gemacht

Eine Funktion, die sich im Arbeitsalltag leicht zeitlich bezahlt machen kann, ist die einfache Erzeugung von gleichen Objekten durch Beibehaltung des Werkzeugs.

Diese Funktion ist ganz einfach: Wenn Sie ein Objekt erzeugen und – ohne das Auswahlwerkzeug zu reaktivieren – einen weiteren Klick mit diesem Werkzeug vornehmen, wird Ihnen Illustrator durch Dialogfenster vorschlagen, genau dasselbe Objekt nochmals zu erstellen. Durch Dialogfenster können Sie die Definitionen des nächsten – gleichen – Objekts sogar noch beeinflussen. Somit werden keine wirklich gleichen Objekte erzeugt, jedoch dasselbe Werkzeug in Folge benutzt.

Ich möchte dies an einem Beispiel kurz verdeutlichen.

Beispiel

Ich zeichne ein Objekt, hier ein Rechteck, und erzeuge es mit nur einem Klick daneben nochmals (Abbildung 4.22).

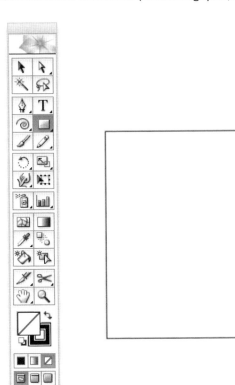

Abbildung 4.22
Beispiel: Gleiches Objekt erzeugen. Ein Rechteckt wird gezeichnet.

Abbildung 4.23
Mit einem weiteren Klick mit dem Rechteck-Werkzeug öffnet sich ein Dialogfenster. Standardmäßig handelt es sich um dieselben Maße wie das Ursprungsobjekt.

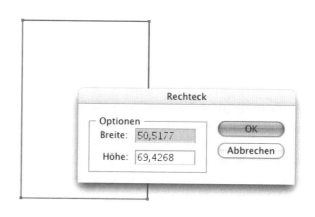

Abbildung 4.24
Mit OK bestätigt, erzeugt Illustrator dasselbe Objekt nochmals.

Diese Funktion ist sehr nützlich, wenn Sie Objekte gleichen Ausmaßes mehrmals in einer Grafik benötigen bzw. methodisch nacheinander dasselbe Werkzeug verwenden wollen. Mit diesem kleinen Trick brauchen Sie also Objekte nicht mehr nacheinander auszuwählen, zu duplizieren und auszurichten, sondern nur noch sukzessiv zu erzeugen und dann auszurichten.

Dieser kleine Trick funktioniert natürlich nicht mit allen Werkzeugen. Es handelt sich dabei in der Regel um die Werkzeuge, die in sich abgeschlossene Pfade beinhalten oder nicht freihändig erzeugt werden. **Achtung**

Diese Funktion finden Sie auch in InDesign! **Hinweis**

Vorlagen erzeugen

Wie zuvor schon erwähnt, macht es Sinn, Vorlagen zu erzeugen und zu verwenden, wenn oft Dokumente gleichen Ausmaßes und unter Umständen auch mit gleichen Stilmitteln benötigt werden.

Da sich in Vorlagen alle Eigenschaften eines Dokuments integrieren lassen, also auch Farbtabellen, Pinselformen, Aktionen, Absatz- und Zeichenformate, Hilfslinien und so weiter, sind Vorlagen ein wichtiger und Arbeitszeit sparender Faktor.

Dazu können Vorlagen auch ein guter Ersatz für die in Illustrator fehlende Mehrseitenfunktion sein, indem man beispielsweise für Klappkarten Vorder- und Rückseite auf einem ausreichend großen Format aufzieht und als Vorlage speichert. Auch für Website-Gestaltung ist eine Vorlage sehr sinnvoll, weil sie für einheitlich designte Seiten sorgt.

Im Folgenden möchte ich Ihnen kurz erläutern, wie man in Illustrator Vorlagen anlegt.

Erstellen einer Vorlage
Nehmen wir einmal an, dass Sie eine Klappkarte als Vorlage speichern wollen.

Zunächst legen Sie auf einer eigenen Ebene die rechteckigen Formen von Vorder- und Rückseite an (Abbildung 4.25).

Abbildung 4.25
Vorlagenobjekte anlegen.

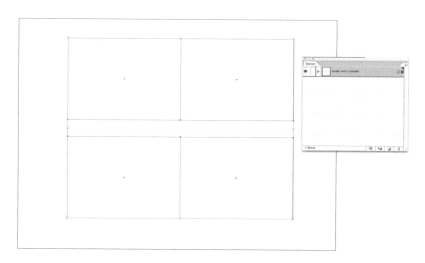

Dann definieren Sie, dass diese Ebene nicht gedruckt werden kann. Schließlich wollen Sie ja nicht, dass die Konturen mitgedruckt werden (Abbildung 4.26).

Abbildung 4.26
Die Ebenen-Optionen. Bitte beachten, dass hier in diesem Schritt die Druckbarkeit ausgeschaltet wurde!

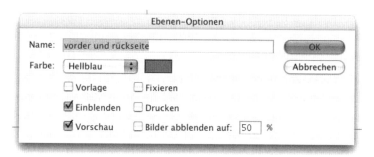

Doppelklick auf die Ebene (oder EBENEN-PALETTENMENÜ|OPTIONEN FÜR [NAME DER EBENE]) und Deaktivieren der Option DRUCKEN.

Danach erzeugen Sie eine neue Ebene, auf der sich Schnittmarken befinden. Dazu duplizieren Sie die Ebene, aktivieren die Druckbarkeit (siehe oben und Abbildung 4.26) und definieren wie folgt die Schnittmarken (Abbildung 4.27):

Objekt/Gruppe anwählen, dann FILTER|ILLUSTRATOR-FILTER: ERSTELLUNGSFILTER|SCHNITTMARKEN

4.2 Wie man sich das Arbeiten mit Illustrator erleichtert

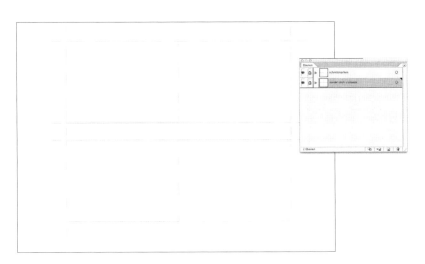

Abbildung 4.27
Definition einer Ebene mit den Schnittmarken

Entfernen Sie danach die Kartenumrisse aus der Schnittmarken-Ebene, damit diese nicht mitgedruckt werden.

Erzeugen Sie nun eine neue Ebene mit den Hilfslinien, indem Sie die Objekte aus der ersten Ebene kopieren und in die neue Ebene mit BEARBEITEN|DAVOR EINFÜGEN einsetzen. Die Objekte liegen dann auf denselben Positionen wie die Ursprungsobjekte von der ersten Ebene. Wenden Sie dann den Befehl ANSICHT|HILFSLINIEN|HILFSLINIEN ERSTELLEN (oder [Strg]+[5] [Windows] bzw. [⌘]+[5] [Mac]) an, um die Objekte in Hilfslinien zu verwandeln.

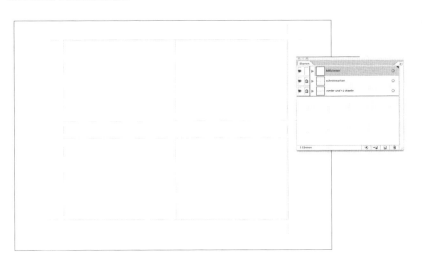

Abbildung 4.28
Letzte Ebene – die zukünftige Bearbeitungsebene – mit den Hilfslinien

Diese Ebene werden Sie zukünftig als Ihre erste Bearbeitungsebene verwenden und diese nach Belieben umbenennen.

Speichern Sie das Dokument unter DATEI|ALS VORLAGE SPEICHERN.

Abbildung 4.29
Als Vorlage speichern

Legen Sie am besten einen eigenen Ordner für Ihre Vorlagen an.

Abbildung 4.30
Das Speichern-Dialogfenster (hier im Adobe-Format)

Fertig ist Ihre Vorlage.

4.2 Wie man sich das Arbeiten mit Illustrator erleichtert

Arbeiten mit Symbolen und Glyphen

Häufig muss man auf ganz bestimmte Schmuckelemente oder Symbole zugreifen. In Illustrator kann man dies auf zweierlei Arten tun:

1. Man öffnet die **Glyphen-Palette** (SCHRIFT|GLYPHEN oder FENSTER|SCHRIFT|GLYPHEN) und zieht sich mittels Doppelklick Symbole aus der aktuell gewählten Schrift (Abbildung 4.31).

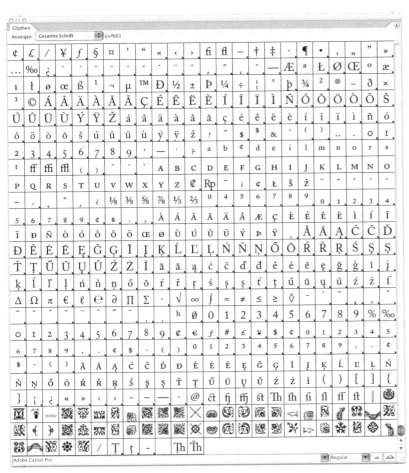

Abbildung 4.31
Ausschnitt aus der Glyphen-Palette für die Schrift Caslon Pro (OpenType). Beachten Sie bitte die wunderschönen Schmuckelemente am Ende der Palette!

Abbildung 4.32
Die Schrift Wingdings (True-Type) in der Glyphen-Palette

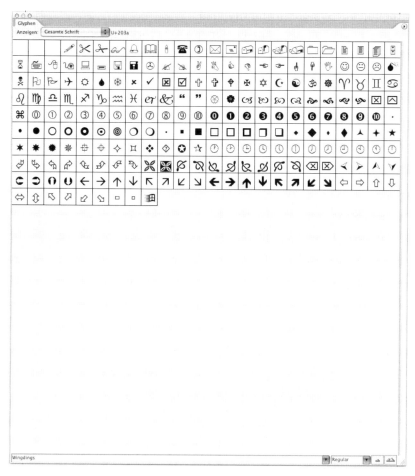

Diese Methode ist vor allem bei OpenType-Schriften mit extrem großem Typenumfang, sowie bei Dingbats- und Symbolschriften sinnvoll, um schnell an passende Schmuckelemente zu kommen.

Tipp

Suchen Sie erst in den Schriften für den Fließ- und Überschriftentext nach passenden Symbolen oder Schmuckelementen, damit es nicht zu hässlichen Stilbrüchen kommt. Gerade OpenType-Schriften bieten dabei enorme Auswahlmöglichkeiten. Der Creative Suite liegen diverse OpenType-Schriften bei.

2. Eine zweite Möglichkeit ist die Verwendung von **Symbolen** und **Symbol-Bibliotheken**. Illustrator liegen Symbol-Bibliotheken bei, die allerdings sicherlich nur beschränkt eingesetzt werden können. Nichtsdestotrotz möchte ich Ihnen anraten, die Vielfalt der mitgelieferten Symbole für Ihre Projekte erst einmal auszuprobieren, bevor Sie eigene Symbol-Bibliotheken anlegen.

4.2 Wie man sich das Arbeiten mit Illustrator erleichtert

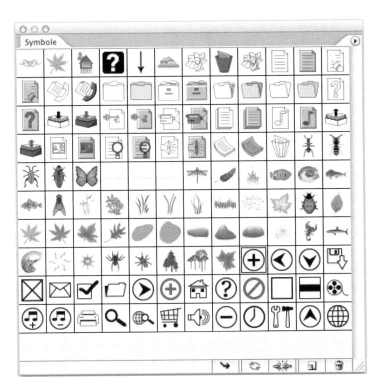

Abbildung 4.33
Die Symbol-Palette mit verschiedenen gleichzeitig offenen Bibliotheken

Wie bei allen Paletten in den Programmen der Creative Suite finden sich auch in der Symbol-Palette von Illustrator Palettenmenüs (Abbildung 4.34) sowie ein kleines Bedienungspanel (Abbildung 4.35).

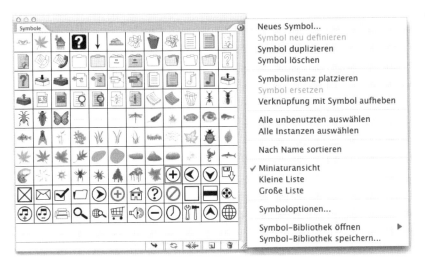

Abbildung 4.34
Das Palettenmenü für die Symbol-Palette

Abbildung 4.35
Das Bedienungspanel der Symbol-Palette. Instanz einsetzen, Symbol ersetzen, Verknüpfung zum Symbol aufheben, Neues Symbol, Löschen (von links nach rechts).

Setzt man ein Symbol ins Dokument (entweder durch Ziehen auf die Dokumentenoberfläche, durch den Button SYMBOLINSTANZ PLATZIEREN oder durch PALETTENMENÜ|SYMBOLINSTANZ PLATZIEREN), so verwandelt sich das Symbol in eine *Instanz*. Wie auch bei anderen Grafikprogrammen wird hier also zwischen *Symbolen*, die fest definiert sind, und deren *Instanzen* unterschieden, also den Symbolanwendungen im Dokument. Während sich das Symbol an sich nicht ändert, kann die Instanz im Dokument verändert werden. Den entscheidenden Unterschied zwischen einem beliebigen, selbst erzeugten Objekt und einer Instanz mit fester Verknüpfung zu ihrem Symbol, merkt man schon am allgemeinen Handling einer Instanz: Sie ist nicht vollständig manipulierbar. Erst wenn man die Verbindung zum Symbol kappt (durch den Button VERKNÜPFUNG MIT SYMBOL AUFHEBEN oder PALETTENMENÜ|VERKNÜPFUNG MIT SYMBOL AUFHEBEN), kann man die Instanz wie ein ganz normales, gruppiertes Objekt behandeln.

Arbeitet man mit einer projektspezifischen Bibliothek, kann man einfach durch Anwahl der Instanz, der Anwahl eines neuen Symbols und dem SYMBOL ERSETZEN-Button bzw. dem Befehl PALETTENMENÜ|SYMBOL ERSETZEN eine Instanz im Dokument ersetzen, ohne die Instanz verändern zu müssen.

Des Weiteren kann man sich schnell einen Überblick über verwendete Instanzen verschaffen, indem man sie mittels PALETTENMENÜ|ALLE INSTANZEN AUSWÄHLEN auswählt.

Ebenso kann man alle nicht verwendeten Symbole durch PALETTENMENÜ|ALLE UNBENUTZTEN AUSWÄHLEN aufräumen oder löschen.

Das Erzeugen eines Symbols ist sehr einfach: Man legt ein Objekt oder eine Objektgruppe an und definiert sie über den NEUES SYMBOL-Button oder PALETTENMENÜ|NEUES SYMBOL als frisches Symbol. Zusätzlich kann man eigene Symbol-Sammlungen unter PALETTENMENÜ|SYMBOL-BIBLIOTHEK SPEICHERN sichern.

Achtung

Achten Sie bitte darauf, dass Sie einen eigenen Ordner für Ihre Symbol-Bibliotheken anlegen, damit Sie diese auch wiederfinden. Symbol-Bibliotheken werden nicht wie Absatz- und Zeichenformatvorlagen in Dokumenten gesichert.

Weiterführende Funktionen

Interaktiv malen

Bisher war es immer ein bisschen schwierig, Flächen einzufärben, die sich auf überlappenden Pfaden befinden. Mit INTERAKTIV MALEN ist das nun möglich.

Neben der Möglichkeit der Einfärbung von bisher unerreichbaren Flächen, die man nur durch Abtrennung vom Ursprungspfad erreichen konnte, hat INTERAKTIV MALEN auch den großen Vorteil, dass man kleine Überlappungen nicht mehr abtrennen und entfernen muss. Es genügt nun, die Fläche im Hintergrundfarbton einzufärben.

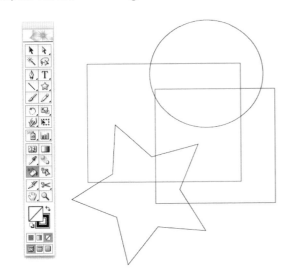

Abbildung 4.36
INTERAKTIV MALEN: die Ausgangssituation

Bevor man allerdings eine Gruppe von sich überlagernden Objekten zum INTERAKTIV MALEN verwenden kann, muss man sie als *Interaktive Malgruppe* definieren.

Dazu wählen Sie die gewünschten Objekte an und definieren Sie als INTERAKTIVE MALGRUPPE mittels OBJEKT|INTERAKTIV MALEN|ERSTELLEN (Abbildung 4.37).

Abbildung 4.37
Interaktive Malgruppe

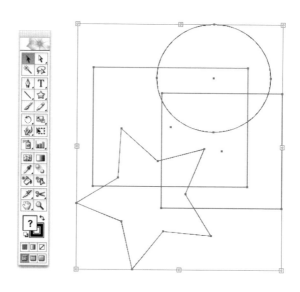

Nun können Sie mit dem Werkzeug INTERAKTIV MALEN die durch Überlappung entstandenen Flächen füllen (Abbildung 4.38).

Abbildung 4.38
INTERAKTIV MALEN: Füllen der durch Überlappung entstandenen Flächen

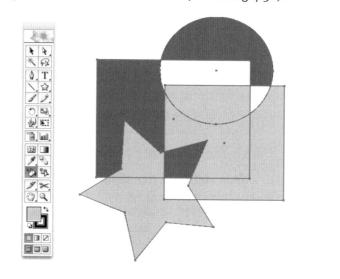

Die Grundeinstellungen, wann und unter welchen Umständen Überlappungsflächen entstehen sollen, können Sie unter OBJEKT|INTERAKTIV MALEN|LÜCKENOPTIONEN definieren (Abbildung 4.39).

4.2 Wie man sich das Arbeiten mit Illustrator erleichtert

Abbildung 4.39
Die Lückenoptionen

Außerdem können Sie auch das Werkzeug an sich modifizieren, indem Sie das Werkzeug doppelt anklicken (Abbildung 4.40).

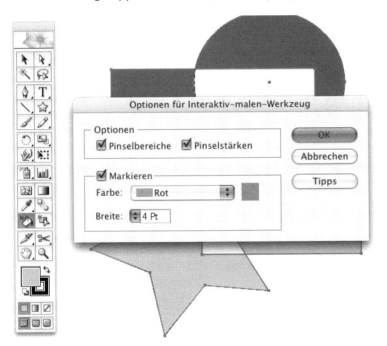

Abbildung 4.40
Die Optionen für das INTERAKTIV-MALEN-Werkzeug

Fazit: Sind Ihre zu kombinierenden Objekte nicht zu komplex und bilden sich unerwünschte Überlappungen, dann können Sie diese auch imit dem INTERAKTIV-MALEN-Werkzeug beseitigen und müssen sie nicht mehr umständlich mit dem Pathfinder-Objekt so miteinander kombinieren, dass die Flächen als eigene geschlossene Pfade abtrennbar werden. Der große Vorteil liegt darin, dass sich nicht neue Objekte entwickeln wie bei der Verwendung des Pathfinder, sondern die Objekte ihre ursprünglichen Formen behalten.

Ich werde Ihnen die Funktion INTERAKTIV MALEN noch im Projekt-Kapitel (Kapitel 8) näher bringen, wenn ich die Logoentwicklung im Projekt beschreibe.

Interaktiv abpausen

Wer – so wie ich – öfter Originallogos als zu scannende Vorlagen erhält, hat sich schon oft mit dem Vektorisieren dieser Scans abgequält.

Bisher hatte Adobe dafür ein altes Programm im Sortiment namens Adobe Streamline, das recht zuverlässig Pixelvorlagen in digitalisierte Objekte verwandelte. Es handelte sich dabei um eine kommerzielle Lösung, die sich Adobe gut bezahlen ließ.

Nun liegt dieses Programm als Bestandteil von Illustrator vor und tut gute Dienste beim Digitalisieren von Pixelbildern.

Achtung

Haben Sie allerdings nicht zu hohe Erwartungen an die Qualität der Digitalisierungen, die aus der Funktion INTERAKTIV ABPAUSEN entstehen. Die Vorlagen müssen qualitativ hochwertig gescannt werden und Konturen müssen scharf sein, ansonsten erzeugt INTERAKTIV ABPAUSEN kleine Flächen oder sogar einzelne Ankerpunkte als Pixelrelikte. Sie sollten auf jeden Fall mit den unten vorgestellten Einstellungsmöglichkeiten experimentieren und die Vorschaufunktion verwenden, um die Ergebnisse eingehend zu testen. Gehen Sie davon aus, dass Sie unter Umständen das Ergebnis noch von Hand korrigieren müssen. Und: Nehmen Sie die Digitalisierung in einem eigenen Dokument vor und speichern Sie es als eigenständiges Ergebnis ab.

Nichtsdestotrotz: INTERAKTIV ABPAUSEN dürfte in der Regel schneller gehen, als von Hand zu digitalisieren – auch wenn Sie noch Korrekturen vornehmen müssen.

Zunächst beschaffe man sich eine gute, möglichst konturscharfe Vorlage (Abbildung 4.41).

Farbteil

Abbildung F.1
Das CompuStar-Symbol

Abbildung F.2
Das neue Firmenlogo

Abbildung F.3
Das Markenzeichen für
die PC-Produktlinie
Millennium 3000

Abbildung F.4
Das Markenzeichen für die
Media Center

Abbildung F.5
Das Markenzeichen für
die Komplettpakete
(PC+Monitor+Software)

Farbteil

Abbildung F.6
Der Entwurf des neuen
Briefpapiers

Abbildung F.7
Das Design der neuen
Visitenkarten

Abbildung F.8
Das Prospektpapier als Grundlage für Mappeneinlagen

Farbteil

Abbildung F.9
Beispiel eines typischen Produktblattes (hier: das MediaCenter der Marke MediaStar)

Art. Nr.	MDS-2660MCE05
Marke	MediaStar
Typ	MediaStar Eco
Barebone	ASUS Pundit R
CPU	Intel Celeron 2,66 GHz Sockel 478
RAM-Speicher	512 MB DDR 400 MHz
Harddisk	80 GB 7200rpm
Grafikkarte	ATI 9100 IGP 128 MB shared Memory
DVDCD	16x DVD Dual RW mit 4xDL
TV Adapter	Hauppauge Amity 2 26559 analog
Fernbedienung	MCE 05 Windows RC
Cardreader	4 in 1
LAN	10/100 on Board
USB	2.0 on Board
Firewire	1394 on Board
Sound	on Board
SPDIF (Audio Out)	on Board
Tastatur	Wireless
Maus	Wireless Optical
Betriebssystem	Microsoft Windows XP Media Center Edition 2005 vorinstalliert + Recovery CD
Software	Nero + Intervideo Win DVD Dolby for MCE 05
Garantie / Service	36 Monate vor Ort
Verpackung	Retail
HEK exkl. MwSt.	**529,00 €**

Alle Preise sind HEK (Standard-Händler-Einkaufspreise) exklusive Mehrwertsteuer, gültig bei Abnahme 1x Europalette (je Produkt) oder mehr. Bei größeren Mengen wenden Sie sich bitte direkt an unseren Vertrieb.

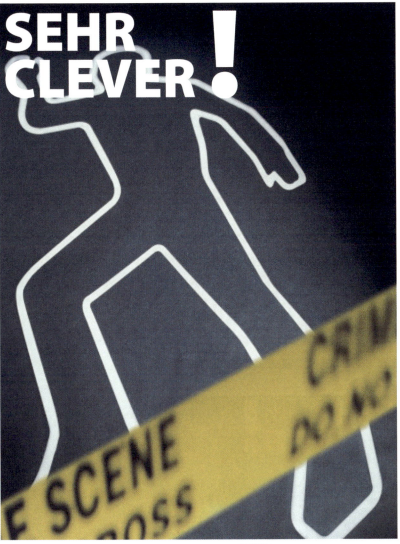

Abbildung F.10
Anzeigenentwürfe, die sowohl für Anzeigen als auch als Mappeneinlagen Verwendung fanden (Abbildung F.10 bis Abbildung F.15).

Farbteil

Abbildung F.11

Abbildung F.12

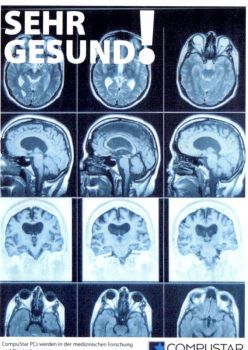

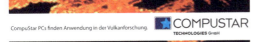

Abbildung F.13

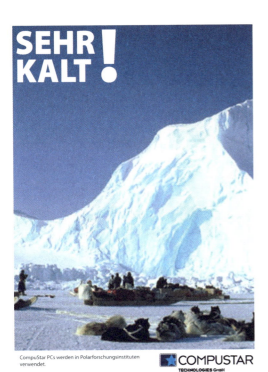

Abbildung F.14

Farbteil

Abbildung F.15

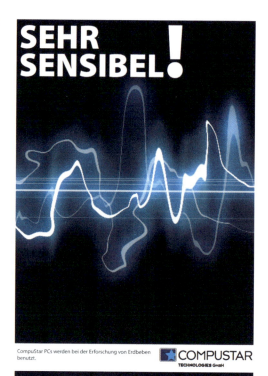

Abbildung F.16
Dies sind die im Kapitel 8 beschriebenen provokanten Anzeigenentwürfe, die leider nicht Verwendung fanden (Abbildung F.16 bis Abbildung F.21).

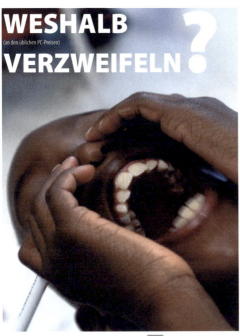

Abbildung F.17

Abbildung F.18

Farbteil

Abbildung F.19

Abbildung F.20

Abbildung F.21

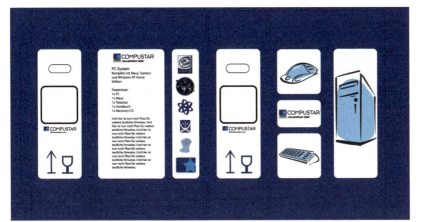

Abbildung F.22
Die beiden Kartonentwürfe (Abbildung F.22 und Abbildung F.23)

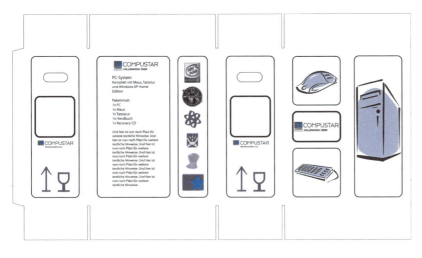

Abbildung F.23

Abbildung F.24
Der Titelentwurf für den Firmenprospekt

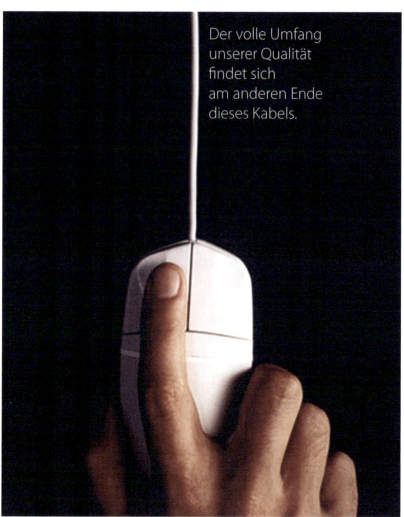

Abbildung F.25a
Drei beispielhafte Musterseiten, die im Firmenprospekt Verwendung finden sollten (Abbildung F.25a bis Abbildung F.25c)

Abbildung F.25b

Abbildung F.25c

Abbildung F.26
Die Produktseite des
Webauftrittes

4.2 Wie man sich das Arbeiten mit Illustrator erleichtert

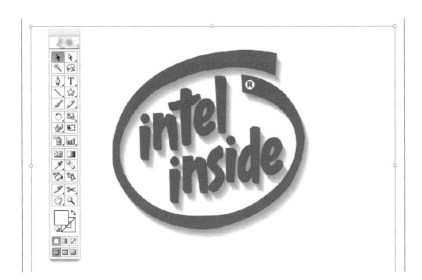

Abbildung 4.41
Ausgangssituation für INTERAKTIVES ABPAUSEN

Dann stellt man die notwendigen Parameter ein: OBJEKT|INTERAKTIV ABPAUSEN|ABPAUSOPTIONEN (Abbildung 4.42).

Wenn Sie das Ergebnis noch nach eigenen Wünschen einfärben wollen, bietet sich wiederum die oben beschriebene Funktion INTERAKTIV MALEN an. Sie können das Ergebnis automatisch in eine Interaktive Malgruppe umwandeln lassen (siehe unten in Abbildung 4.42). Allerdings empfehle ich dazu die Verwendung der Einstellung SCHWARZWEISS oder GRAUSTUFEN, weil Sie dabei schärfere Konturübergänge erhalten.

Tipp

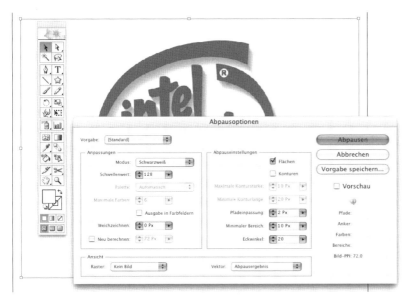

Abbildung 4.42
Einstellungen für das INTERAKTIVE ABPAUSEN vornehmen

Benutzen Sie unbedingt die Vorschau, um mit den Einstellungen ergebnisorientiert zu arbeiten.

Ein gutes Ergebnis sollte dann wie in Abbildung 4.43 aussehen.

Abbildung 4.43
Das Ergebnis kann sich sehen lassen.

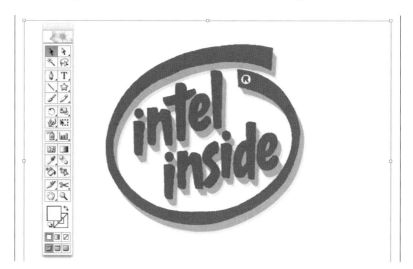

Dieses Ergebnis ist so gut gelungen, dass INTERAKTIVES MALEN zur Korrektur nicht notwendig sein müsste. Korrekturen können Sie nun durch GRUPPIERUNG AUFLÖSEN von Hand vornehmen.

Achtung

Achten Sie bei den Abpausoptionen darauf, dass Sie die Vorschau aktiviert haben und kontrollieren Sie die entstehende Anzahl an Ankern und Pfaden (Abbildung 4.42, rechts unten), damit das Ergebnis nicht nur vorlagengetreu, sondern auch korrigierbar wird.

Kapitel 5

InDesign CS2

5.1 Exkurs: Die Erleichterung kam mit InDesign 133
5.2 Workflow-immanente Funktionen in InDesign ... 135

DTP- oder Layout-Programme nehmen im Arbeitsablauf eine besondere Stellung ein, da sie die zuvor erzeugten oder bearbeiteten Daten in eine Seitengestaltung aufnehmen und die dadurch entstehenden – meist mehrseitigen – Dokumente verwalten. Anders als in Bildbearbeitungs- oder Grafikprogrammen erstellen Layout-Programme keine neuen Bild- oder Grafikdaten, sondern erzeugen ihren Gesamteindruck durch Verknüpfungen zu den in ihnen eingesetzten Quelldateien. Während die Urahnen der heutigen Layout-Programme tatsächlich nur den reinen Seitensatz gewährleisteten, sind heutige DTP-Programme eher Werkzeuge für Grafikdesigner – so hoch ist inzwischen der Anteil an kreativen Instrumenten.

Für eine ziemlich lange Zeit lang wurde der Softwaremarkt von mehreren DTP-Programmen beherrscht: Neben dem ewigen Marktführer QuarkXPress tummelten sich da auch noch Programme wie PageMaker, FrameMaker und VivaPress. In Deutschland kam noch RagTime dazu, das allerdings mehr zum vielfältigen Einsatz in Büros gedacht war denn als Layout-Programm. QuarkXPress wurde zum Marktführer, weil es nicht nur das erste seiner Art war (und sich somit zum Standard auf Grund von mangelnder Konkurrenz entwickelte), sondern weil es auch lange die meisten Funktionen (vor allem typografische) zu bieten hatte.

Im Jahre 1999 kündigte Adobe allerdings an, seine Programme PageMaker und FrameMaker (übernommen aus dem Aldus-Fundus) langfristig vom Markt zu nehmen und ein neues Programm für grafische Seitengestaltung zu entwickeln. Von der Presse wohl beachtet und lange von Quark ignoriert, kam Anfang 2000 InDesign (Version 1.0) auf den Markt. Natürlich hatte es noch viele Kinderkrankheiten und konnte sich noch nicht so richtig durchsetzen. Allerdings wurde damals schon eines klar: Dieses Programm orientiert sich nicht mehr an seinen Vorgängern (FrameMaker oder PageMaker) oder an seiner Konkurrenz, sondern an den Programmen, mit denen es zukünftig zusammen eingesetzt werden soll: nämlich Photoshop und Illustrator. Wer diese Programme kannte, der fand sich schon in den ersten beiden Versionen (1.0 und 1.5) von InDesign schnell zurecht. Darüber hinaus wurde ebenso deutlich, dass sich InDesign nicht nur dem Namen nach mehr als Design-Tool verstand, bot es doch mehr gestalterische Werkzeuge an als der große Mitbewerber QuarkXPress. Darüber hinaus wurden die typografischen Gestaltungsfunktionen von InDesign zwischen der Version 1.5 und 2.0 extrem verbessert und ausgebaut. Diese und die

Design-Werkzeuge sowie die noch vorhandene Nähe zu PageMaker wurden allgemein von den Fachjournalisten gelobt und der Wettlauf zwischen den neuen Standardprogrammen wurde eingeläutet.

Diesen Wettlauf scheint Adobe nach Punkten für sich verbuchen zu können, denn gerade die Nähe zu den anderen Adobe-Programmen und die nun fast völlig abgeschlossene Integration aller Programme in den Workflow der Creative Suite sowie der immer noch günstigere Preis machen InDesign zu einer ernst zu nehmenden Alternative zu QuarkXPress.

Über die Creative Suite hinaus hat Adobe auch ein Redaktionssystem namens InCopy entwickelt, in das InDesign integriert werden kann und mit dem über eine relationale Datenbank redaktionelle Veröffentlichungen gestaltet werden können. Neben *InCopy* von Adobe sind auch die InDesign-integrativen Redaktionssysteme *K4 Publishing System* von SoftCare und *PageSpeed* von DTI verbreitet.

Neben den hervorragenden typografischen Funktionen und den unfangreichen Gestaltungstools sowie der technischen Nähe zu den anderen Adobe-Programmen gehört auch die nahtlose Unterstützung des PDF-Datenformats und des XML-Formats, das vor allem im Bereich der Datenbanken-Veröffentlichung (Database Publishing) sehr verbreitet ist, zu den datentechnisch hervorragenden Features von InDesign.

5.1 Exkurs: Die Erleichterung kam mit InDesign

Ich gebe es zu: Ich habe Zeit meiner Ausbildung QuarkXPress von Anfang an gehasst!

Ich fragte mich immer wieder: »Wie kann das sein, dass ein Programm für den Apple Macintosh, mit dem man auch noch kreativ arbeiten soll, so wenig intuitiv bedienbar ist?«

Was habe ich mich gequält! Vor allem die typografischen Einstellungen (Abstände, Tabulatoren, Einzüge, Spationierungen und so weiter) empfand ich als viel zu umständlich. Prozeduren mussten auswendig gelernt werden und zumindest *meine* Lernkurve war ungemein hoch. Ich beneidete ein wenig die Kollegen, die mit QuarkXPress halbwegs gut zurechtkamen. Als wir dann bei Tabellensatz ankamen und ich mir erklären lassen musste, wie man Tabellen in QuarkXPress 4 mittels Einzügen und Tabulatoren setzt, da setzte es bei mir auch was – nämlich aus! Schon in einem Textverarbeitungssystem wie Microsofts Word konnte man zu diesem Zeitpunkt Tabellen einigermaßen frei aufbauen und gestalten! Ich verstand einfach nicht, warum das in einem so genannten Standardprogramm wie QuarkXPress nicht möglich sein sollte. Ich machte mit – um der guten Note willen. Aber so etwas wie passioniertes Arbeiten kam da wirklich nicht auf.

Und dann kam InDesign.

Ich hatte 2002 die Möglichkeit ergriffen und mir preiswert bei eBay eine InDesign-2.0-Version ersteigert. Ich arbeitete mich in InDesign ein und stellte schnell fest, wie sich meine Produktivitätskurve für Printmedien nach oben entwickelte. Endlich hatte ich nicht nur ein Programm, in dem sich all diejenigen Funktionen, die ich in QuarkXPress als zu kompliziert empfand, leichter erreichen ließen, sondern ich konnte auch noch nahtlos Datenformate aus anderen Programmen (zum Beispiel Photoshop) verwenden, ohne sie vorher umformatieren zu müssen. Und noch was: Es war kompatibel zu Mac OS X!

Und da mutmaßte ich etwas, was bis heute durch Handlungen von Quark nicht widerlegt wurde: Das Familienunternehmen in Denver/ Colorado hat nach der Einführung des Programms im Jahre 1987 und der Etablierung als »Industrie-Standard« sich so derart auf seinen Lorbeeren (sprich: Profiten) ausgeruht, dass es eingeschlafen ist.

Quark hat im Laufe der Entwicklung von QuarkXPress eine Menge Fortschritte entweder nicht beachtet oder sogar verpennt. Ständige Rufe der Benutzer nach mehr Bedienungsfreundlichkeit, Tabellensatz oder mehr gestalterischen Werkzeugen wurden ebenso nicht beachtet wie auch die Entwicklung von neuen Betriebssystemplattformen wie Mac OS X. Es mutet wirklich so an, als ob man bei Quark die regelmäßigen Zusendungen von Entwicklerversionen des Mac OS X nicht ernst genommen hat. Während andere Firmen mit Hochdruck daran arbeiteten, ihre Programme nativ auf Mac OS X lauffähig zu machen, dachte man bei Quark wohl, dass Apple entweder den Switch nicht vollziehen würde oder zu Gunsten von Windows pleite gehe. Jedenfalls war InDesign bereits mit der Mac-OS-X-kompatiblen Version 2 auf dem Markt, als sich Quark eines Besseren besann. Zu spät für viele Agenturen, Druckereien und Medienwerkstätten, die bereits ihren Workflow umgestellt hatten und Quark nur noch zum Umformatieren auf InDesign verwendeten. Das hat Quark sehr schmerzhaft zu spüren bekommen: Allein in den USA hat Adobe 2002/03 mehr Lizenzen von InDesign abgesetzt als Quark von QuarkXPress. Und der Druck steigt mit jeder neuen InDesign-Version. Denn: Adobe scheint diesen Wettlauf mehr als nur sportlich zu sehen, denn InDesign ist neben Photoshop das Programm bei Adobe, das am häufigsten aktualisiert und verbessert wird. Und: Mit keinem Programm in der Suite lässt sich so nahtlos mit den anderen Datenformaten umgehen wie mit InDesign. Auch die Bedienung, der Funktionsumfang und die typografischen Funktionen wurden im Laufe der Versionen erheblich verbessert. Während man für bereits in InDesign implementierte Funktionen noch kostenintensive Extensions bei QuarkXPress benötigt, scheint Adobe schon über weitere Funktionen nachzudenken. Adobe schafft es immer wieder, Grafiker, Designer und Mediengestalter mit einer neuen Version von InDesign zu begeistern, während man sich bei QuarkXPress-Versionen nun fragt, »Wird es denn diese oder jene Funktion nun *auch* haben?«

Quark hat nun bereits auch wirtschaftlich reagiert und seine Auslandsdependancen personell erheblich verkleinert und konzentriert sich jetzt darauf, eine Quark Publishing Suite zu entwickeln, deren Hauptaufgabe es sein wird, eine andere Lücke im Publishing zu füllen: Verwaltung von Inhalten (Content Management). Eine feine Idee – mal sehen, was ab QuarkXPress 7 daraus wird.

5.2 Workflow-immanente Funktionen in InDesign

Währenddessen wenden wir uns mal den Funktionen zu, die den Workflow mit InDesign erleichtern:

1. **Objektstile:** Nun kann man Stilformate nicht nur auf typografische Elemente anwenden, sondern auch auf grafische.

2. **Snippets:** Dieser Comic-artige Name bezeichnet ein Objekt aus einem InDesign-Dokument, das zur späteren Verwendung ausgelagert wurde. Wozu man so etwas anlegen kann und sollte und wie man diese Snippets verwendet, zeige ich Ihnen in diesem Abschnitt.

3. **Objekt-Bibliotheken:** Sind extern gesicherte Symbol-Bibliotheken für InDesign, in denen oft verwendete Objekte abgelegt werden können.

Kapitel-Übersicht

4. **Ebenen ein- und ausblenden:** Anstatt Alternativen umständlich über Version Cue zu erstellen, kann man auch die Ebenenverwaltung in Photoshop- und PDF-Dateien nutzen.

5. **Drag&Drop mit InDesign:** Was man alles in InDesign-Dokumente hineinziehen kann.

6. **Verpacken für GoLive:** Seit InDesign CS2 ist es noch komfortabler geworden, Dateiinhalte im XML-Format für die Weiterverwendung in GoLive zu verpacken.

7. **Weiterführende Tipps:** Musterseiten anlegen, Absatz- und Zeichenstilvorlagen verwalten. Offensichtliches nochmals kurz angemerkt.

Hinweis

Einsteiger in InDesign möchte ich vielmals um Verständnis bitten, wenn Funktionen, wie Absatz- und Zeichenstilformate sowie die Erstellung von Musterseiten und die Verknüpfung von Textrahmen hier zu kurz kommen beziehungsweise nur kurz angerissen werden. Eine ausführliche Behandlung dieser Themen sowie Themen wie Skripting und Datenbankanbindung würden den Rahmen dieses Buches sprengen und finden auch wenig Anwendung im Akzidenzdruck.

Objektstile

InDesign bietet vielfältige Möglichkeiten, Objekte mit Effekten auszustatten. Da gibt es einige aus Photoshop und Illustrator bekannte Ebenen-Effekte, wie Schattierung, Transparenzen und die üblichen Ebenen-Überblendungen, zum Beispiel Multiplizieren, Negativ Multiplizieren und so weiter. Will man bestimmte Stilwirkungen nun auf beliebige Objekte übertragen, so sind bisher immer gewisse Klickorgien vonnöten gewesen oder das Duplizieren der Objekte, die allerdings dann immer dieselbe Form besitzen.

Erleichtern kann man sich das nun durch Definition von Objektstilen. Wie auch Absatz- und Zeichenstilformate organisiert man Objektstilformate in der dazu gehörigen Palette, die man so öffnen kann:

FENSTER|OBJEKTSTILE oder ⌘+F5 (Mac) bzw. Strg+F5 (Windows)

5.2 Workflow-immanente Funktionen in InDesign

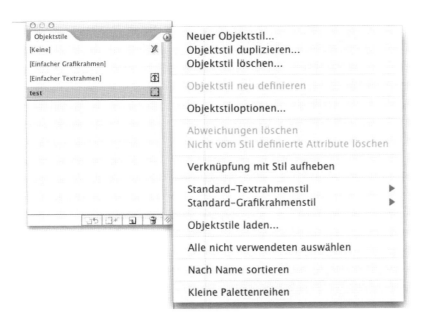

Abbildung 5.1
Die Objektstil-Palette, inklusive Palettenmenü

Wie Sie sehen können, befindet sich in der Palette unten – wie in vielen anderen Paletten auch – ein kleines Bedienfeld.

Abbildung 5.2
Das Paletten-Bedienfeld: Nicht vom Stil definierte Attribute löschen, Abweichungen löschen, neuer Stil, Stil löschen (von links nach rechts)

Wie Sie in Abbildung 5.2 unschwer erkennen können, ist es sehr leicht mit den Buttons möglich, Abweichungen von den definierten Stilen schnell und unkompliziert zu entfernen.

In Abbildung 5.3 sehen Sie in der linken oberen Ecke ein Rechteck, das ich bereits mit Effekten und Stilen versehen habe. Dieses Rechteck dient als Vorlage für einen neuen Objektstil namens test. Die Attribute können Sie entweder vor der Definition als Objektstil bereits anlegen oder im Dialogfenster OBJEKTSTILOPTIONEN, das Sie über PALETTENMENÜ|OBJEKTSTILOPTIONEN aufrufen können.

Abbildung 5.3
Das Beispielobjekt mit dem OBJEKTSTILOPTIONEN-Dialogfenster

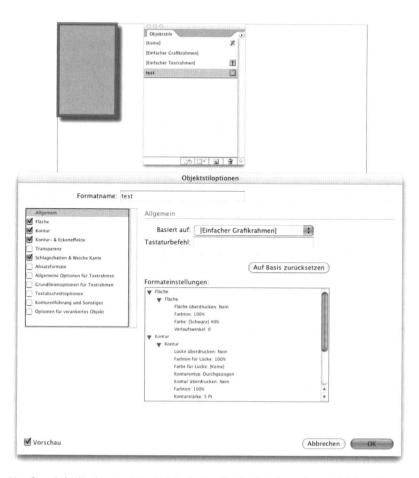

Tipp

Um für sich die beste Möglichkeit für die Definition eines Objektstils zu finden, sollten Sie beide Arten des Definierens einmal ausprobieren: einmal die Attribute manuell setzen und dann einen Objektstil daraus erzeugen oder ein Grundobjekt zeichnen und die Attribute über das OBJEKTSTILOPTIONEN-Dialogfenster wählen. Bitte vergessen sie dabei nicht, die Vorschau zu aktivieren.

Sie können im Dialogfenster auch sehen, dass im Objektstil enthaltene Absatz- und Zeichenstilformate enthalten sein können.

Im vorliegenden Beispiel zeichnete ich nun ein Oval ohne irgendwelche Attribute.

5.2 Workflow-immanente Funktionen in InDesign

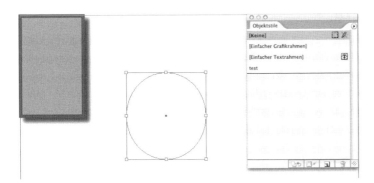

Abbildung 5.4
Ein neues Objekt

Auf dieses Oval habe ich dann die Attribute aus test angewandt, indem ich einfach auf das entsprechende Feld in der Palette geklickt habe.

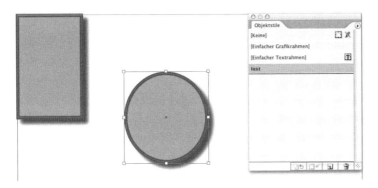

Abbildung 5.5
Das neue Objekt mit angewandtem Objektstil test

Objektstile lassen sich wie Absatz- und Zeichenstile sowie Farbtabellen aus anderen Dokumenten laden. Verwenden Sie dazu den Befehl PALETTENMENÜ|OBJEKTSTILE LADEN und wählen Sie das Dokument aus, in dem sich die gewünschten Objektstile befinden.

Hinweis

Hier noch ein Tipp, den ich auch gern auf die anderen Programme mit Stilvorlagen-Paletten übertragen möchte: Um ganz sicherzugehen, immer die richtigen Stilvorlagen oder Farbtabellen zu laden, sichern Sie am besten ein ansonsten leeres Dokument ab, in dem sich nur die jeweiligen Stilvorlagen und Farbtabellen befinden, und geben Sie diesem Dokument einen eindeutigen Namen. Sie müssen auf diese Weise nicht mehr überlegen, in welchem Dokument Sie welche Stilvorlagen und Farbtabellen verwendet haben. Achten Sie nur bitte vor dem Speichern darauf, dass Sie nicht versehentlich alle nicht verwendeten Farbinformationen oder Stilvorlagen gelöscht haben – schließlich ist das Dokument ansonsten leer!

Tipp

Snippets

Die zuvor beschriebenen Stilvorlagen beinhalten in der Regel keine Inhalte. Will man allerdings bestimmte Objekte mit Inhalten leicht wieder verfügbar machen, so bietet es sich an, Objekte oder Objektgruppen als Snippets auszulagern. Snippets sind *Codeschnipsel*, die im XML-Code formatiert werden und im Austauschformat *.inds* gespeichert werden. Damit sind sie auch in InDesign-CS-Dokumente einsetzbar.

In Abbildung 5.6 sehen Sie zwei Snippets, die ich im Projekt verwendet habe. Die Gestaltung lässt sicherlich Rückschlüsse auf die Verwendung zu und damit auch auf den Sinn, warum ich gerade diese Schnipsel als Snippets gespeichert habe.

Abbildung 5.6
Zwei Snippets aus meinem Projekt. Der Screenshot stammt aus der Adobe Bridge. Sie können sich sicher vorstellen, dass ich diese Snippets in Prospekten häufiger brauchte.

Snippets können Sie auf zweierlei Arten erzeugen. Welche von beiden für Sie attraktiver ist, sollten Sie entscheiden.

1. Sie nehmen das Objekt oder die Objektgruppe mit der Maus auf und ziehen diese per Drag&Drop an eine Stelle, wo Sie dieses Snippet gespeichert haben möchten. Ob Sie dies auf den Desktop, einen Ordner oder in die Adobe Bridge durchführen, ist dabei unerheblich. Die Snippets werden dann in der oben in Abbildung 5.6 sichtbaren Form automatisch benannt und können jederzeit manuell umbenannt werden. Bitte behalten Sie dabei unbedingt die Endung *.inds* bei!

2. Wählen Sie das Objekt oder die Objektgruppe aus und speichern Sie das Snippet mit dem Befehl DATEI|EXPORTIEREN unter dem Format (Mac) bzw. Dateityp (Windows) INDESIGN-SNIPPET an einer Stelle Ihrer Wahl mit einem passenden Dateinamen ab.

Achtung

Beachten Sie bitte, dass Sie Verbindungen zu Bild- oder Grafikdateien einhalten müssen. Sind Bilder oder Grafiken im Snippet verknüpft, so werden diese nicht eingebettet, sondern sind immer noch – wie in InDesign üblich – nur verknüpft. Ist diese Verknüpfung nicht mehr vorhanden, verliert das Snippet ebenso seinen visuellen Charakter wie ein InDesign-Dokument auch. Das gilt im Übrigen auch für nicht mehr vorhandene bzw. geladene Schriften.

Objekt-Bibliotheken

Anders als bei Absatz- und Zeichenformaten sowie in Farbtabellen werden Objekt-Bibliotheken in InDesign separat angelegt.

Eine Objekt-Bibliothek anzulegen lohnt sich insbesondere dann, wenn man auf oft gebrauchte Logos, Signets oder Symbole zurückgreifen muss. Auch Firmenangaben, die in verschiedenen Dokumenten auftauchen können (wie AGBs oder Firmenkontaktdaten) lassen sich am einfachsten in Bibliotheken verwalten. Der praktische Unterschied zwischen Snippets (siehe oben) und Objekt-Bibliotheken ist, dass man bei einer großen Menge an Snippets sich die Suche sparen kann, wenn man die Objekte in der einzeln gesicherten Bibliothek verwaltet.

Eine Bibliothek lässt sich leicht anlegen:

Zunächst eröffnet man eine neue Bibliothek mit dem Befehlssatz DATEI|NEU|BIBLIOTHEK. Es öffnet sich ein Dialogfenster wie in Abbildung 5.7.

Abbildung 5.7
Dialogfenster für das Anlegen einer neuen Objekt-Bibliothek (hier im Adobe-Format). Ich lege für das CompuStar-Projekt eine entsprechend benannte Bibliothek an.

Sie suchen sich einen guten Speicherort für die Bibliothek und wählen einen geeigneten Namen für die Datei.

Danach öffnet sich die – noch leere – Objekt-Bibliothek als Palette (Abbildung 5.8).

Abbildung 5.8
Die noch leere Objekt-Bibliothek

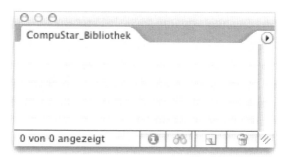

Nun kann man einfach Objekte oder Objektgruppen (wie auch bei den Snippets) durch Drag&Drop in die Bibliothek einpflegen. Natürlich gibt es auch eine weitere Möglichkeit mittels eines Palettenmenüs (Abbildung 5.9).

Abbildung 5.9
Das Palettenmenü der Objekt-Bibliothek

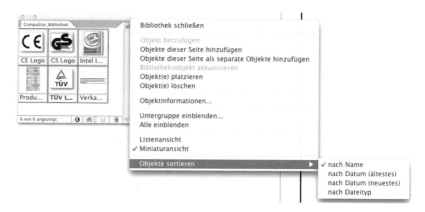

Wie Sie sehen können, kann man über dieses Palettenmenü nicht nur einzelne Objekte oder Objektgruppen durch den Befehlssatz PALETTENMENÜ|OBJEKT HINZUFÜGEN, sondern auch Objekte der ganzen Seite als ein Objekt (PALETTENMENÜ|OBJEKTE DIESER SEITE HINZUFÜGEN) oder alle Objekte als einzelne separate Objekte in die Bibliothek einbringen (PALETTENMENÜ|OBJEKTE DIESER SEITE ALS SEPARATE OBJEKTE HINZUFÜGEN).

Die Objekt-Bibliothek hat übrigens auch zwei Ansichtsmodi, zwischen denen Sie wechseln können (Abbildung 5.10 und Abbildung 5.11).

5.2 Workflow-immanente Funktionen in InDesign

Abbildung 5.10
Die Miniaturansicht.
Die Miniaturen verschaffen Überblick mittels einer kleinen Thumbnail-artigen Vorschau.

Abbildung 5.11
Die Listenansicht.
Die Objektarten werden durch entsprechende Logos unterschieden. Sie können hier Bild- (»Auge-Logo«) und Text-Objekte (»Text-Logo«) unterscheiden.

Neben Drag&Drop sowie dem Palettenmenü können Sie die Objekt-Bibliothek auch rudimentär über die unteren Buttons steuern.

Abbildung 5.12
Die Bedienbuttons in der Objekt-Bibliothek. Objektinformation, Objekt suchen, neues Objekt und Objekt löschen (von links nach rechts).

Für die Objekt-Bibliothek gilt dasselbe wie für die Snippets. Alle Verknüpfungen, die in Objekte oder Objektgruppen eingebunden sind, wie Bilder, Grafiken und Schriften, müssen gewährleistet sein, damit die Objekte optisch und in der Ausgabe funktionieren. Sind Verknüpfungen zu Quelldateien nicht mehr gegeben oder Schriften nicht geladen, werden die Objekte nicht korrekt angezeigt.

Achtung

Ebenen ein- und ausblenden

Grundsätzlich ist es in InDesign möglich, Ebenen aus Photoshop-Dateien oder PDF-Dateien ein- und auszublenden.

Die Ebenenverwaltung ruft man – nach Anwahl eines entsprechenden Objekts – über folgenden Befehlssatz auf: OBJEKT|OBJEKTEBENENOPTIONEN. Es öffnet sich danach ein Dialogfenster wie in Abbildung 5.13.

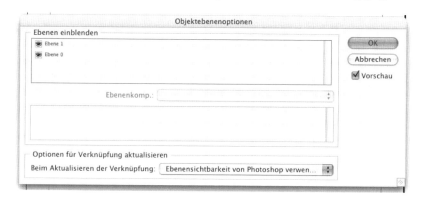

Abbildung 5.13
Die Objektebenenoptionen zum Ein- und Ausblenden von Ebenen in Photoshop- und PDF-Dateien

Sollte die Photoshop-Datei verschiedene Ebenenkomponenten enthalten, so können Sie diese in dem Pulldown-Menü auswählen.

Sollten Sie die verknüpfte Datei verändern, so können Sie hier schon vorab definieren, ob dann die Sichtbarkeit der verknüpften Datei oder die in InDesign definierte Sichtbarkeit nach der Aktualisierung angezeigt werden soll (unterstes Pulldown-Menü).

Tipp

Diese Funktion lässt sich in folgenden Fällen ganz besonders geschickt einsetzen: 1) Sie verwenden anstelle von mit Version Cue erstellten Alternativen verschiedene Bilder auf getrennten Ebenen. Möchte der Kunde ein anderes Bild oder eine Ihrer Alternativen, so blenden Sie einfach die unerwünschten Ebenen/Bilder aus. 2) Sie haben in Grafiken oder PDF-Dateien verschiedene Sprachversionen auf verschiedenen Ebenen. Nun müssen sie nicht mehr einzelne InDesign-Dateien für jede Sprache entwickeln, sondern blenden die gewünschte Sprach-Ebene einfach ein.

Drag&Drop in InDesign

Noch in vorherigen Versionen von InDesign kam man um die Befehlskette DATEI|PLATZIEREN nicht herum. Natürlich musste man vorher auch noch einen Rahmen anlegen und ihn anklicken, bevor man etwas platzieren konnte.

Diese Mühen kann man sich dank umfangreicher Drag&Drop-Techniken sparen. Es genügt nun, einen Rahmen zu definieren, das gewünschte Bild, die Grafik oder sogar den Text oder die Tabelle auszuwählen und in den Rahmen per Drag&Drop fallen zu lassen. Das Format des Rahmens wird nicht verändert. Vielmehr wird die Füllung eines Rahmens durch die diversen Anpassen-Befehle erleichtert.

Mit einem Rechtsklick (Mac ⌥-Klick, falls keine Zweitasten-Maus vorhanden sein sollte) kann man auf einem Objekt ein Kontextmenü öffnen (Abbildung 5.14).

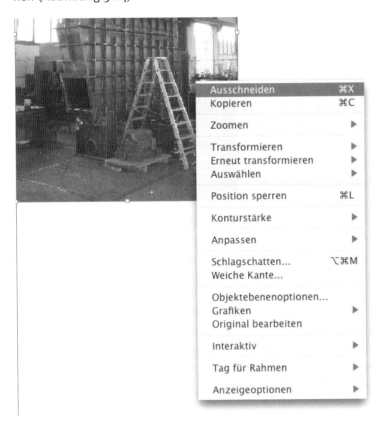

Abbildung 5.14
Das Kontextmenü beim Rechtsklick auf ein Objekt

Nun finden sich dort auch Befehle zum Anpassen von Rahmen und dessen Inhalt (Abbildung 5.15).

Abbildung 5.15
Inhalte und Rahmen durch Kontextmenü anpassen

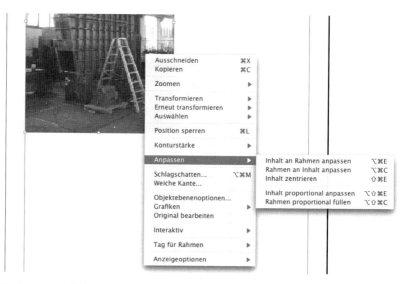

Dadurch wird das Platzieren von Inhalten durch einfaches Drag&Drop extrem vereinfacht. Inhalte sind dadurch viel schneller ins Dokument eingebracht.

Sollten die Inhalte nicht in einer vordefinierten Größe eingefügt werden, so können Sie auch Bilder, Grafiken, Texte und Tabellen einfach durch Drag&Drop ins Dokument ziehen. Allerdings müssen Sie dann noch im oberen Kontextfeld oder manuell mit Augenmaß Größenanpassungen vornehmen.

Verpacken für GoLive

Da sich InDesign gut auf das XML-Format versteht, ist es in InDesign implementiert, um InDesign-Dokumente in GoLive-Pakete umwandeln zu können. Damit stehen dann alle Inhalte für die Weiterverarbeitung im Webdesign-Tool GoLive zur Verfügung.

Ich möchte Ihnen in diesem Unterkapitel gern diesen Prozess einmal vorführen.

Der Verpackungsprozess für GoLive verläuft analog zum Verpackungsprozess für die Printausgabe. Alle für die Ausgabe relevanten Dateien (Dokument, verwendete Schriften, verknüpfte Quelldaten) werden in einem externen Ordner gesichert. Somit kann man dann das Dokument auch in einer anderen Umgebung öffnen, ohne dass der Verknüpfungsalarm beim Laden des Dokuments anspringt und mangelhafte Verknüpfungen moniert.

5.2 Workflow-immanente Funktionen in InDesign

Es ist ganz wichtig, dass auch beim Verpacken für GoLive alle Verknüpfungen im Dokument intakt und ungestört sind. Falls nicht, reparieren Sie alle monierten Verknüpfungen, um eine vollständige und einwandfreie Verpackung zu gewährleisten.

Zunächst öffnen Sie über den Befehlssatz DATEI|FÜR GOLIVE VERPACKEN das Speicherungsdialogfenster, das in Abbildung 5.16 gezeigt wird, und wählen einen geeigneten Ort (vorzugsweise einen Ordner, den Sie für den GoLive-Anteil Ihres Projektes angelegt haben) und geben der Datei einen geeigneten Namen.

Achtung

Abbildung 5.16
Das SPEICHERN-Dialogfenster für das Paket, das für GoLive gepackt werden soll

Danach wird Sie InDesign nach den genauen Angaben für die Verpackung fragen und eine Statistik anlegen (unten). Sie können dabei angeben, welche Bereiche des Dokuments für GoLive verpackt werden sollen. Dazu können Sie entweder einen Bereich numerisch angeben oder in der Seitenübersicht-Palette Seiten anwählen, die dann als Auswahl verpackt werden. Sie können die Kodierung (wichtig für die Übernahme von Absatz- und Zeichenformaten in Cascading Stylesheets – CSS) ändern und auswählen, welche Bild- und Grafikdaten verpackt werden sollen. Unter formatierten Bildern versteht InDesign dabei Bilder, die in Rahmen entweder verkleinert oder nur in Ausschnitten gezeigt werden. Dabei werden dann die Formatierungen innerhalb der Rahmen berücksichtigt.

Abbildung 5.17
Das Dialogfenster für das Verpacken eines InDesign-Dokuments für GoLive

Nach diesen Angaben beginnt der Formatierungsprozess.

Abbildung 5.18
Der Verpackungsprozess

Zum Abschluss können Sie dann erst einmal das Paket in der Bridge bewundern.

Abbildung 5.19
Das für GoLive verpackte In-Design-Dokument

5.2 Workflow-immanente Funktionen in InDesign

In dem Ordner ASSETS befinden sich alle relevanten Daten, wie Bilder, Texte und CSS-Definitionen. Die Datei `package.idpk` beinhaltet die Zuordnungsdaten für GoLive. Zusätzlich hat der Verpackungsprozess eine PDF-Datei aus dem Dokument erzeugt.

Lädt man nun das Package in GoLive (Ablage der Daten im Webcontent-Ordner des jeweiligen Webprojektes), so kann man sich die Assets, also die Inhalte des Pakets in GoLive, ansehen.

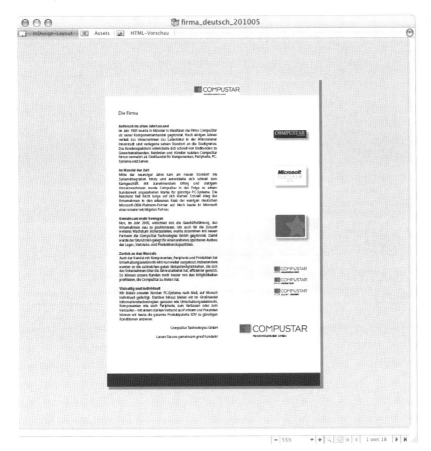

Abbildung 5.20
Der Paketinhalt wird in GoLive so angezeigt.

So kann man sich auch einen Überblick über die Texte und Bilder verschaffen.

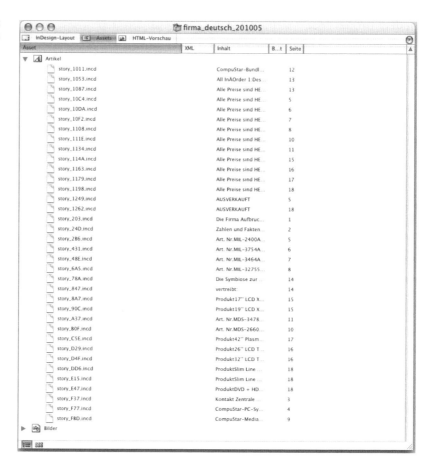

Abbildung 5.21
Die Text-Assets des Pakets

5.2 Workflow-immanente Funktionen in InDesign

Abbildung 5.22
Die Bild-Assets des Pakets

Und man kann sich eine Vorschau der einzelnen HTML-Seiten ansehen, die bereits durch den Verpackungsprozess erzeugt wurden.

Abbildung 5.23
Die HTML-Vorschau der ersten Seite, die aus dem InDesign-Dokument erzeugt wurde

Auch wenn die HTML-Seiten dasselbe Seitenformat besitzen wie die DIN-A4-Seiten des Dokuments, so haben die Assets den enormen Vorteil, dass sie nun leichter im Webprojekt in GoLive verwendet werden können. Mit »leichter« meine ich, dass man nun beispielsweise keine Inhalte aus Excel-Tabellen Schritt für Schritt einsetzen muss, sondern die Tabelleninhalte aus den HTML-Assets verwenden kann. Außerdem liegen die meisten Bilder bereits in webkompatiblen Bildformaten vor.

Sicherlich kann man auf diese Weise, in Zusammenspiel mit den interaktiven Bedienungselementen, die man in InDesign auch anlegen kann, ganze Webpräsentationen erzeugen. Allerdings sollte man dabei immer sowohl das passende Dokumentenformat im Auge behalten und andererseits nicht vergessen, dass man trotzdem die dadurch entstandene Präsentation in GoLive nachbearbeiten muss (vor allem Kontrolle der Links).

Weiterführende Tipps

Sicherlich erzähle ich einigen von Ihnen mit den folgenden Tipps nichts Neues, allerdings möchte ich nicht versäumt haben, Ihnen diese Zeit sparenden Hinweise gegeben zu haben, damit einem schnellen Arbeiten mit InDesign nichts im Wege steht.

Musterseiten anlegen

In InDesign können Sie sich so viele Musterseiten anlegen, wie Sie möchten. Man spart viel Zeit in der Vorkonzeption des Seitenaufbaus. Nehmen Sie sich die Zeit und definieren Sie sich Musterseiten vor. Sie werden nicht nur eine Menge Zeit einsparen, sondern sich einen besseren Überblick über Ihr Dokument verschaffen können. Des Weiteren bietet es sich an, ein leeres Dokument abzuspeichern, das nur die Musterseiten, die diversen Vorlagen, Farbeinstellungen und Bibliotheken beinhaltet. Dieses können Sie dann für ähnliche Dokumente im Projekt verwenden.

Tipp

Absatz- und Zeichenformate festlegen

Ich weiß, dass dieser Hinweis eigentlich unnötig ist, allerdings habe ich im Verlauf meines Schaffens als In-House-Dozent schon häufiger erlebt, dass sogar mehrseitige Kataloge ohne irgendwelche Absatz- oder Zeichenformate gesetzt, also Schritt für Schritt formatiert wurden. Die Definierung von typografischen Formaten hat den großen Vorteil, dass Sie sich viel Arbeit sparen können und das Produkt schneller beim Kunden ist. Darüber hinaus lassen sich einmal definierte Formate leicht auf andere Dokumente übertragen. Und – noch viel besser – einmal erzeugte typografische Formate in InDesign können leicht als CSS-Daten in GoLive (durch Verpacken für GoLive, siehe oben) übertragen werden.

Tipp

Textumfluss geht auch ohne Pfad

Textflüsse sind nicht immer sinnvoll, aber bei massenhaftem Mengentext, vor allem in zwei Spalten, ist er ästhetisch schön anzusehen.

Allerdings war diesem optischen Genuss in der Vergangenheit große Mühe vorausgegangen. Nicht nur, dass man das Objekt, um das der Text fließen sollte, freistellen musste, man musste darüber hinaus auch noch einen Pfad anlegen, der den Fluss definierte. Außerdem funktionierten solche Textflüsse nur mit ganz bestimmten Datenformaten, wie EPS oder TIF.

Tipp

Seitdem man jedoch Photoshop-Dateien nahtlos in InDesign-Dokumente einbringen kann, genügt es, das Bildobjekt freizustellen und den Hintergrund transparent zu definieren. Den Rest erledigt man wie folgt mit der Konturenführung-Palette:

Zunächst legen Sie das Photoshop-Bild über den Textrahmen (Abbildung 5.24).

Abbildung 5.24
Schritt Nr. 1: Photoshop-Bild über den Textrahmen legen

5.2 Workflow-immanente Funktionen in InDesign

Dann rufen Sie die Konturenführung-Palette (Abbildung 5.25) auf (FENSTER|KONTURENFÜHRUNG oder ⎋+⌘+W [Mac] bzw. Alt + Strg + W [Windows]).

Abbildung 5.25
Die Konturenführung-Palette

Wählen Sie die mittlere Konturenführung, in der sich der Text quasi um die Abbildung schmiegen soll. Dazu wählen Sie in dem kleinen Pulldown-Menü (Abbildung 5.26) die Option KANTEN SUCHEN.

Abbildung 5.26
Für einen glatten Textfluss die Option KANTEN SUCHEN auswählen

Auf Grund der Tatsache, dass der Hintergrund unseres Bildes weiß bzw. transparent ist, dürfte InDesign keine Schwierigkeiten haben, die Konturen zu *erkennen*.

Das Endergebnis sieht nun so aus (Abbildung 5.27).

Abbildung 5.27
Das Endergebnis: Ein schöner, glatter Textfluss

Sie können abschließend das Ergebnis noch nach Ihren Vorstellungen modifizieren, indem Sie beispielsweise den Abstand zwischen Textfluss und Abbildungskante verändern.

Auf diese Weise hat man mittels einer kleinen Interpolation mehrere Arbeitsgänge eingespart.

Diese Technik bietet sich vor allem dann an, wenn die gelieferten Bilder auf jeden Fall auch für andere Anwendungen freigestellt werden müssen.

Kapitel 6

GoLive CS2

6.1 Exkurs: Der Printmediengestalter und das WWW 159
6.2 Workflow-immanente Funktionen von GoLive CS2 160

GoLive ist ein WYSIWYG-Webeditor, der 1997 unter dem Namen *Cyber-Studio* der Firma GoLive das Licht der Fachwelt erblickte. CyberStudio war einer der ersten WYSIWYG-Webeditoren neben NetObjects Fusion und Macromedias Dreamweaver. Features von CyberStudio waren eine leichte Bedienbarkeit und vor allen die Erzeugung ziemlich schlanker HTML-Codes.

1998 wurde GoLive von Adobe aufgekauft und das Programm von Cyber-Studio in GoLive umbenannt. Leider dachte Adobe über ein paar Jahre hinweg, dass sich der Kultstatus, den CyberStudio vor allem bei Mac-Usern innehatte, profitabel auswirken würde, allerdings ging die Rechnung vor allen wegen Macromedias *Dreamweaver* nicht ganz auf. Dreamweaver hatte sich in den Jahren, in denen Adobe nicht sehr viel Entwicklungsarbeit in GoLive gesteckt hatte, als Standardprogramm etabliert, wobei es in abgespeckter Version (als OEM-Software) genauso wie auch *NetObjects Fusion* von den boomenden Internet-Provider-Unternehmen bei Konten- und Domainbestellung kostenlos verteilt wurde. Gerade diese Entwicklung trug viel zur heutigen Verbreitung ganz bestimmter Softwareprodukte im Webdesignbereich bei.

Heute ist Macromedias Dreamweaver als professionelles Webdesign-Tool ein recht einsamer Standard. Allerdings war es für GoLive sehr günstig, dass einerseits Adobe im Verlauf der Entwicklung seiner Creative Suite mehr Entwicklungsmühe in das Programm steckte und dass andererseits Ende der 90er Jahre NetObjects Fusion für Macintosh nicht mehr weiterentwickelt wurde. Dadurch entstand ein gewisses Vakuum für all diejenigen, die ein einfach zu bedienendes Webtool für den Mac benötigten. Noch heute werden die meisten Lizenzen für GoLive von Mac-Usern gekauft.

Das Besondere am aktuellen GoLive ist, dass es die Bearbeitungsdateien und die letztlich zu veröffentlichenden HTML-Seiten voneinander trennt. Dies wird vor allem durch die Verwendung eines Layoutrasters erreicht, auf dem man völlig frei und pixelgenau Webseitenobjekte positionieren kann, um schön gestaltete und vor allem konsistente Webseiten zu erstellen. Während die verschiedenen GoLive-Dateien dafür sorgen, dass auf den Layoutrastern alles frei gestaltbar bleibt, werden die Layoutraster in den HTML-Seiten in reine Tabellen umgewandelt. Und da nun einmal die Verwendung von Tabellen als Layoutraster für Websites gerade in Zeiten des Browserkrieges eine der wenigen sicheren Entwicklungsmöglichkeiten darstellt (es sein denn, man baut Flash-basierte Websites), ist genau dieses Feature attraktiv für all diejenigen, die mehr kreativ als methodisch Webseiten gestalten möchten.

6.1 Exkurs: Der Printmediengestalter und das WWW

Ich bin ja von Haus aus eigentlich im Print verhaftet. Obwohl ich mir zu Beginn meiner Ausbildung auch vorstellen konnte, Webseiten zu gestalten, so hatte ich doch mein Herz an die Gestaltung von Papierseiten verloren.

So entstand dann im Verlauf der Selbstständigkeit eine Hassliebe zum Webdesign. Einerseits ist Webdesign, vor allem durch die Codelastigkeit (ohne HTML-, Java- und CSS-Kenntnisse geht es halt nur schwerlich) eine echte Herausforderung an die Lernfähigkeit eines Gestalters, andererseits sind Websites fester Bestandteil von Crossmedia-Aufträgen sowie manchmal die einzige Möglichkeit, im allgemeinen Preisverfall etwas Geld mit Gestaltung zu verdienen.

Nun fehlt mir allerdings für die leistungsgerechte Anwendung eines so kraftvollen Tools wie Dreamweaver oder Flash eine ganz wichtige Ressource, die in keiner Preisaufstellung vorkommt: Zeit zur gründlichen Einarbeitung.

Deswegen habe ich auch schmerzlich die Macintosh-Version von NetObjects Fusion vermisst, einem Tool, mit dem ich meine ersten Websites WYSIWYG-mäßig zusammenbauen konnte. Somit quälte ich mich also über drei Jahre lang mit einer Workflow-Mischung aus Dreamweaver, Flash, Fireworks und dem Gespann Photoshop/ImageReady, ohne genügend Zeit zu haben, mich eingehender mit der Materie an sich zu beschäftigen. Die Folge daraus war, dass ich mich in die – wenn auch gegenseitig sehr produktive – Abhängigkeit von Subunternehmern begeben musste, die meine Sites dann Code-mäßig bereinigten und Sonderfunktionen programmierten. Trotz der Tatsache, dass sich dies bisher als sehr fruchtbar erwiesen hat, war da immer noch der Wunsch nach einem verlässlichen Webtool, mit dem ich die meisten Arbeiten an einer Website komfortabel erledigen könnte, um dann nur noch technische Marginalien von meinen Partnern ausführen zu lassen.

Der Browserkrieg birgt sicherlich für den Benutzer unter dem Gesichtspunkt Nutzungskomfort viele Vorteile. Für uns Gestalter und Operatoren jedoch ist er das Übel, das dafür sorgt, dass Websites nicht ebenso schnell gestaltet werden können wie Printmedien. Jeder Browser kocht seine eigene Suppe, wenn es um die Interpretation von HTML-, XHTML-, Java-, CSS- und Java-Code geht. Gerade das macht Webdesign ungemein kompliziert.

Mit GoLive CS hatte ich dann ein Werkzeug gefunden, mit dem ich zumindest *mein* Arbeitsmaximum an einer Website komfortabel leisten kann. Meine Partner wissen den Aufbau in Tabellen sehr zu schätzen und empfinden den von GoLive erzeugten Code als sehr übersichtlich.

Es ist an der Zeit, dass Standards bezüglich der im Internet vorhandenen Codes endlich auch von den Browserherstellern eingehalten werden.

So lange werde ich erst einmal weiter auf GoLive zurückgreifen und auf mehr Freizeit hoffen, in der ich mich ins Webcoding einarbeiten kann.

6.2 Workflow-immanente Funktionen von GoLive CS2

Hinweis

Gleich zuvor ein Hinweis: Auf Grund der Tatsache, dass ich nicht sehr viel von Webcoding verstehe, werde ich Ihnen hier zeigen, wie einfach es ist, rein grafisch eine funktionierende Website mit geringer Interaktivität zu bauen. Eine ausführlichere Darstellung dessen finden Sie im Projekt-Kapitel (Kapitel 8).

In diesem Unterkapitel möchte ich Ihnen die praktischen Seiten von GoLive CS2 vorstellen. Im Folgenden gehe ich davon aus, dass Sie bereits in der Lage sind, eine Website in GoLive CS2 zu definieren bzw. eine leere Webseite zu öffnen. Hierzu verweise ich auf das Dialogfenster, das beim Öffnen von GoLive erscheint (Abbildung 6.1).

Abbildung 6.1
Das Eingangs-Dialogfenster von GoLive CS2

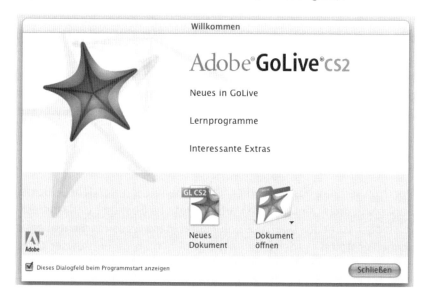

6.2 Workflow-immanente Funktionen von GoLive CS2

Klicken Sie zur Erstellung von neuen Websites bzw. neuen Einzelseiten (HTML-Dateien) auf die Option NEUES DOKUMENT. Daraufhin öffnet sich der Erstellungsassistent von GoLive CS2.

Abbildung 6.2
Der Erstellungsassistent von GoLive CS2 zur einfachen Erstellung von passenden Webpräsentationen

Wählen Sie einfach eine der zu Ihrem Projekt passenden Optionen und folgen Sie den Angaben des Assistenten.

Dies sollte für Einsteiger genügen, um komfortabel ohne weitere Programmkenntnisse erst einmal ein leeres Dokument zu öffnen.

GoLive legt dann eine Ordnerstruktur an, die gewährleistet, dass die für GoLive wichtigen *Assets* (also die Dateien, die zum Beispiel die Definitionen der verwendeten Objekte enthalten und den Fortlauf der Bearbeitung der Site) und der *Webcontent* enthalten sind (also die Dateien, die durch den Browser angezeigt werden können).

Der Webcontent ist der für das Internet relevante Inhalt: die HTML-Seiten mit dem definierten Java-Code sowie die in den HTML-Daten verknüpften Assets, beispielsweise Bilder, Flash-Filme, Movies und Sounds.

Abbildung 6.3
Der Aufbau des Ordners, der durch GoLive zum Aufbau eines Webprojektes produziert wird. Die Site-Dateien beinhalten die Statusinformationen für GoLive (z.B. Bearbeitungs- oder Upload-Status). Der Ordner Webcontent beinhaltet die für den Upload relevanten Dateien. WEB-DATA enthält die von anderen Programmen erzeugten Assets (z.B. InDesign-Paketinhalte). In den Websettings sind Formatvoreinstellungen enthalten.

Name	Änderungsdatum	Größe	Art
Adobe Bridge Cache.bc	28. Septem...2005, 12:38	16 KB	Adob...che file
Adobe Bridge Cache.bct	28. Septem...2005, 12:38	4 KB	Adob...che file
Compustar Backup.site	25. Oktober 2005, 21:27	2 MB	Adob...ument
Compustar.site	3. November 2005, 13:38	2 MB	Adob...ument
Compustar.site.cache	3. November 2005, 13:38	1 MB	Adob...ument
▶ web-content	Gestern, 18:22	--	Ordner
▼ web-data	20. Septem...2005, 07:41	--	Ordner
▶ Abfragen	20. Septem...2005, 07:41	--	Ordner
▶ Auszüge	20. Septem...2005, 07:41	--	Ordner
▶ Diagramme	20. Septem...2005, 07:42	--	Ordner
▶ InDesign-Pakete	20. Septem...2005, 07:41	--	Ordner
▶ Komponenten	20. Septem...2005, 07:41	--	Ordner
▶ Musterseiten	20. Septem...2005, 07:41	--	Ordner
▶ SmartObjects	21. Septem...2005, 22:23	--	Ordner
▶ Vorlage	20. Septem...2005, 07:41	--	Ordner
▶ Web-Site-Papierkorb	25. Oktober 2005, 14:48	--	Ordner
▼ web-settings	25. Oktober 2005, 11:19	--	Ordner
collectiontabsettings.xml	20. Septem...2005, 08:12	8 KB	Adob...ument
colortabsettings.xml	20. Septem...2005, 07:41	8 KB	Adob...ument
externaltabsettings.xml	20. Septem...2005, 07:41	8 KB	Adob...ument
fonttabsettings.xml	20. Septem...2005, 07:41	8 KB	Adob...ument
generalsettings.xml	20. Septem...2005, 07:41	8 KB	Adob...ument
sitecolorsettings.xml	25. Oktober 2005, 11:19	8 KB	Adob...ument
siteServersettings.xml	21. Septem...2005, 22:04	8 KB	Adob...ument
specialfolderssettings.xml	20. Septem...2005, 07:41	8 KB	Adob...ument
urlhandlingsettings.xml	20. Septem...2005, 07:41	8 KB	Adob...ument
vcssettings.xml	25. Oktober 2005, 11:19	8 KB	Adob...ument

Das Layoutraster

Das Anlegen eines Layoutrasters ist der Dreh- und Angelpunkt für jeden, der auf WYSIWYG-Art eine Website mit GoLive bauen möchte.

Das Layoutraster ist dazu gedacht, dass man auf ihm Objekte völlig frei platzieren kann, um bestimmte Gestaltungen umzusetzen.

Wird die Site oder die Seite dann veröffentlicht beziehungsweise betrachtet man die entstehende HTML-Datei in einem Browser, so wird man feststellen, dass GoLive automatisch eine Tabelle aus dem Layoutraster erzeugt.

Mit dem Gestaltungsraster erspart man sich also die manuelle Überführung eines Layoutentwurfs in eine Tabelle.

Grundsätzlich zieht man die Symbole, die als Platzhalter für Objekte dienen, aus der Werkzeugleiste auf die Webseite. Dies geschieht ebenso mit dem Layoutraster.

Die Werkzeugleiste von GoLive sieht aus wie in Abbildung 6.4.

6.2 Workflow-immanente Funktionen von GoLive CS2

Abbildung 6.4
Der Aufbau der Werkzeugleiste nach dem Programmstart.
Im oberen Drittel befinden sich die Werkzeuge zum Anwählen, Bewegen und Platzieren von Cursorn.
Im Drittel darunter finden sich die jeweiligen Objekte.

Die einsetzbaren Objekte erscheinen in eigenen Werkzeugpaletten (Abbildung 6.5), die durch ein Pulldown-Menü ausgewählt werden können. Für uns hier entscheidend sind die oben abgebildete Standardpalette und die Palette für Smart Objects.

Abbildung 6.5
Werkzeugpaletteauswahl

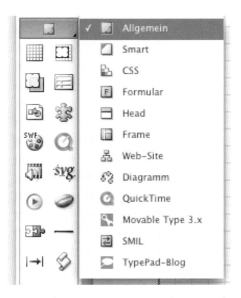

Hinweis

Smart Objects sind Objekte, die in Adobe-Programmen erzeugt wurden und Definitionen enthalten, die GoLive interpretieren kann, zum Beispiel die für die Tabellenerstellung wichtigen Slices innerhalb eines Photoshop-Bildes oder einer Illustrator-Grafik. Darüber hinaus wird in der Platzierung ein Smart Object immer als Ganzes und nicht als eine Aneinanderreihung von Slices gesehen. Die allerdings wichtigste Funktionalität von Smart Objects ist die direkte Verbindung zu ihrer Quelldatei. Das heißt, dass man durch direktes Anwählen des Smart Objects die Bearbeitung im Ursprungsprogramm anschieben kann. Darüber hinaus werden alle Aktualisierungen und Veränderungen an der Quelldatei sofort an das platzierte Smart Object weitergegeben, wodurch sich auch das Dokument dynamisch verändert, in dem das Smart Object eingesetzt wurde. Smart Objects beinhalten auch wichtige Informationen, zum Beispiel in ihnen integrierte interaktive Funktionen (wie Links, Rollover-Effekte und so weiter). Smart Objects werden von allen Adobe-Programmen der Creative Suite verwendet.

Hat man sich so erst einmal zurechtgefunden, dann kann man das erste Layoutraster einbringen (wie in Abbildung 6.6).

6.2 Workflow-immanente Funktionen von GoLive CS2

Abbildung 6.6
Hier ist das Layoutraster-Objekt.

Man zieht es einfach mit der Maus auf die leere Seite (siehe Abbildung 6.7).

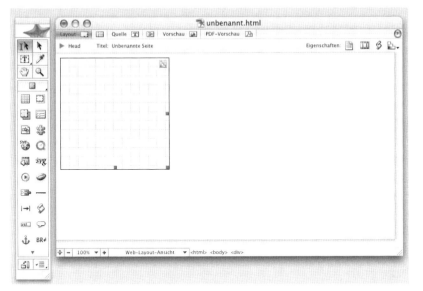

Abbildung 6.7
Das neue Layoutraster

Nun macht es Sinn, das Raster zu zentrieren. Grund: Dann wird der Webinhalt, der auf dem Raster erzeugt wird, auch zentriert. Nichts ist unschöner als eine nicht zentrierte Website, die an der linken Browserseite *klebt*.

Dies bewerkstelligen Sie durch eine Auswahl des Rasters mit dem Auswahlwerkzeug und einer Eingabe in der Inspektor-Palette (Abbildung 6.8).

Abbildung 6.8
Ich stelle zur Zentrierung des Webinhaltes die Ausrichtung des Layoutrasters auf ZENTRIERT.

Und so wird das Layoutraster zentriert (siehe Abbildung 6.9).

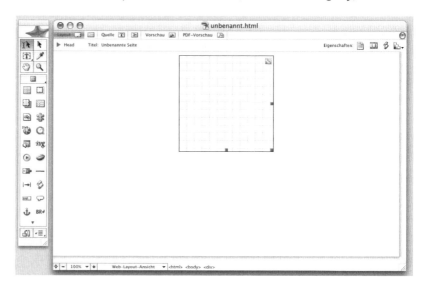

Abbildung 6.9
Zentriertes Layoutraster

Damit Sie ein wenig mehr Platz haben, vergrößern Sie das Raster in der Inspektor-Palette auf 640 x 480 Pixel.

Im nächsten Schritt möchte ich Objekte auf dem Layoutraster positionieren. Dazu stelle ich hier beispielhaft einige Objekte zur Auswahl. Diese Auswahl sehen Sie in Abbildung 6.10.

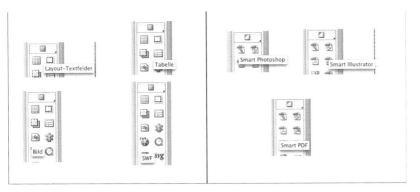

Abbildung 6.10
Links: Objekte aus der Standardauswahl, Rechts: Smart Objects

Nun spendiere ich unserer ersten Website eine Bedienungsleiste.

Dafür ziehen Sie aus der Smart-Object-Werkzeugpalette ein Smart-Photoshop-Objekt auf das Layoutraster (Abbildung 6.11), weil Sie die Gestaltung der Leiste in Photoshop und die Rollover-Effekte in ImageReady erzeugt haben. *Smart Photoshop* steht für Dokumente aus beiden Programmen.

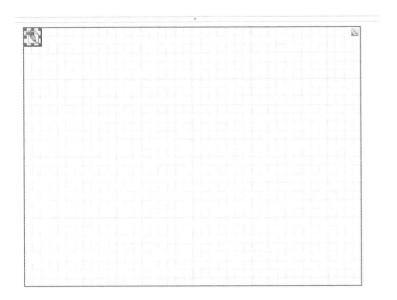

Abbildung 6.11
Positionierung eines Smart-Photoshop-Objektes auf dem Layoutraster

Nun wird die ImageReady-Datei, die auch die interaktiven Elemente enthält wie die aufteilenden Slices und die Rollover-Effekte, per Drag&Drop direkt auf das SMART PHOTOSHOP-Symbol gelegt (hier: aus der Adobe Bridge heraus).

Abbildung 6.12
Bedienelement (in Image-Ready erstellt) per Drag&Drop einsetzen

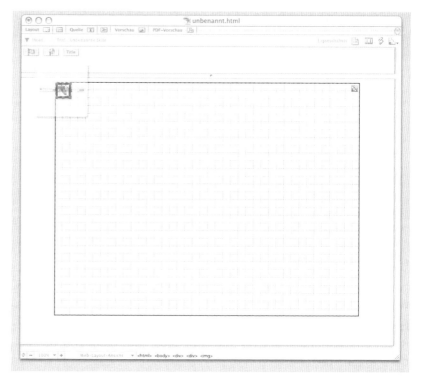

Es öffnet sich zunächst das Dialogfenster, das Sie aus Photoshop, ImageReady und Illustrator kennen, um Bilder fürs Web zu speichern (Abbildung 6.13). Hier können Sie nicht nur das Grafikformat festlegen, sondern auch die Slices kontrollieren.

Abbildung 6.13
Das SPEICHERN-Dialogfenster, um Bilder fürs Web zu konvertieren und zu sichern

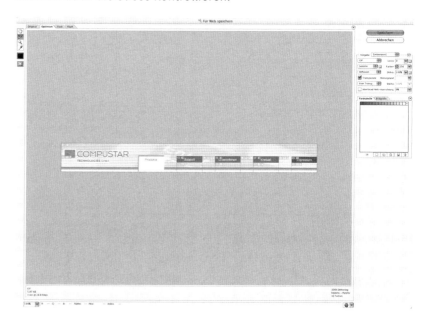

6.2 Workflow-immanente Funktionen von GoLive CS2

In den Optionen (in Abbildung 6.13 rechts oben) können Sie festlegen, welches Datenformat die zu speichernden Bilddaten annehmen sollen. Zur Verdeutlichung nochmals die Optionen in Abbildung 6.14.

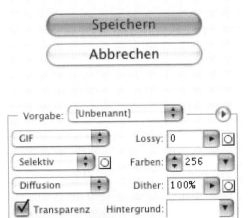

Abbildung 6.14
Die Speicherungsoptionen beim Speichern fürs Web

Manchmal macht es Sinn, die Skalierung eines Bildes bereits in diesem Dialogfenster vorzunehmen. Das hat nämlich den großen Vorteil, dass besonders große, speicherintensive Bilder bereits im richtigen Format vorliegen und so weniger Speicherplatz benötigen. In Abbildung 6.15 sehen Sie die Skalierungsoptionen im Webspeicherungsdialogfenster.

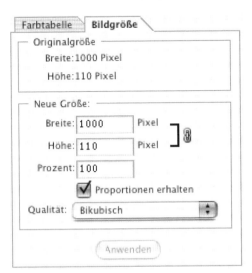

Abbildung 6.15
Die Skalierungsoptionen im Webspeicherungsdialogfenster

Kapitel 6 — GOLIVE CS2

Hinweis

Beachten Sie, dass Sie verschiedene Datenformate für verschiedene Anwendungen benötigen. Sollen die Bilder möglichst klein und universell in vielen Browsern kompatibel sein, so sollten Sie das JPG-Format verwenden. Sind Transparenzen im Bild, so bieten sich eher die Formate GIF und PNG an, weil diese die Transparenz in einem zusätzlichen Alpha-Kanal speichern können.

Achtung

GoLive möchte, dass Sie Bilder (egal ob reine Bilder oder Bedienelemente) in den Webcontent-Ordner legen. Es ist dringend anzuraten, dies auch zu tun, weil sonst Informationen für die Website verloren gehen könnten und auch die Verwaltung der Web-Assets durcheinander kommen kann.

Da das Bedienelement eine Breite von 1000 Pixel besitzt, verbreitert sich auch automatisch das Layoutraster.

Nun ist das Bedienelement in die Seite eingefügt (Abbildung 6.16). Die einzelnen Slices des Smart-Photoshop-Objektes sind einzeln anwählbar und können in der Inspektor-Palette mit den geeigneten Links versehen werden.

Abbildung 6.16

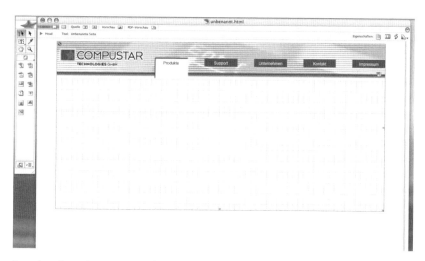

Damit wäre eine erste Seite in GoLive so gut wie gestaltet. Es fehlt nur noch der Inhalt (Content). Wie man diesen einpflegt, entnehmen Sie bitte Kapitel 8 über das Beispielprojekt, in dem ich Ihnen meine Vorgehensweise dazu erläutere.

Musterseiten anlegen

Anstatt eine neue Website oder eine leere Seite anzulegen, können Sie auch im oben erläuterten Erstellungsassistenten Musterseiten anlegen. Dafür wählen Sie im Assistenten die Auswahl WEB und danach die Auswahl MUSTERSEITE. Prinzipiell erfolgt die Erstellung einer Musterseite analog zum oben beschriebenen Beispiel.

Musterseiten sollen Ihnen den Aufbau der ganzen Site erleichtern, indem Sie auf wiederkehrende Layouts komfortabel zurückgreifen können.

Musterseiten wählen Sie in der Bibliothek-Palette unter MUSTERSEITEN (oben, zweiter Button von links) aus. Sie können für eine Site beliebig viele Musterseiten anlegen.

Daten aus vorhandenen Sites übernehmen

Sie können über den Erstellungsassistenten auch bereits bestehende Sites übernehmen. GoLive zieht sich dann die gesamte Site mit den dazugehörigen Daten vom Domainserver.

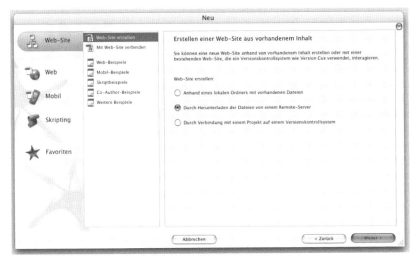

Abbildung 6.17
Im Erstellungsassistenten eine entfernte Site zur Bearbeitung laden

Sollten noch keine GoLive-relevanten Daten vorhanden sein, dann erzeugt GoLive eine neue.

Beachten Sie bitte, dass Sie nur Daten mit ausdrücklicher Erlaubnis des Besitzers einer Domain benutzen dürfen. Stellen Sie in diesem Zusammenhang auch sicher, dass Sie in diesem Falle auch den Zugriff auf alle relevanten Daten haben.

Achtung

Kapitel 7

Acrobat 7 Professional

7.1 Exkurs: PDFs sind nicht nur für den Datenaustausch nützlich! 177
7.2 Workflow-immanente Funktionen in Acrobat 7 Professional 178

Im Verlaufe der rasanten Entwicklung des Internets wurde es mehr und mehr notwendig, nicht einfach nur Datenpakete miteinander auszutauschen, sondern auch reine Dokumente, um diese in Teamarbeit über große Distanzen hinweg bearbeiten zu können.

Während es am Anfang noch vollkommen genügte, reine Textdokumente mit Bildern als Anhängen zu versenden, so wurde es im Verlauf des Fortschritts im DTP-Bereich immer wichtiger, auch Druck- und Mediendaten auszutauschen. Jedoch war es nur über eigene ISDN-Leitungen möglich, die enorm großen Datenpakete – schließlich handelte es sich stets um die reinen PostScript-Dateien mit Verknüpfungen zu verwendetem Bildmaterial und Schriften (die meistens auch beigefügt werden mussten) – zu versenden.

Der Ruf nach einem gemeinsamen und vor allem plattformübergreifend benutzbaren Datenformat wurde laut.

Im Jahre 1993 brachte Adobe die erste Version einer PDF-Datei heraus. Das PDF-Datenformat (Portable Document Format) ermöglichte es, PostScript-Dateien in ein druckfähiges Format zu bringen, das die Inhalte so komprimierte, dass das Dokument im Internet übertragbar wurde.

Die Reduzierbarkeit der innerhalb einer PostScript-Datei verknüpften Daten macht die Formatierung als PDF-Datei aus. So liegen zum Beispiel die mit der PS-Datei verknüpften Bild- und Grafikdaten unkomprimiert und unbeschnitten (falls in Objektrahmen nur ein Bildausschnitt verwendet wurde) vor. Diese Tatsache macht man sich bei der Erstellung einer PDF-Datei zu Nutze, indem die Bilder auf die tatsächlich sichtbaren Pixel reduziert und mit gängigen Bildkomprimierungsverfahren komprimiert werden. Ebenso reduziert die PDF-Formatierung die beigelegten Schriften auf die tatsächlich verwendeten Schriftschnitte, während die nicht verwendeten Schnitte wegfallen. Zuletzt werden auch noch alle anderen Elemente reduziert, die zur Darstellung des Dokuments nicht notwendig sind.

Um die korrekten Darstellung der ursprünglichen PS-Datei zu gewährleisten, ist die PDF-Datei in drei Zonen (Boxes) unterteilt, die das Dokument beschreiben und den Inhalt darin definieren. Diese Boxen sind vor allem für die Druckvorstufe von enormer Bedeutung, weil auf diese mit Prozeduren des Projekt- und Farbmanagements zugegriffen wird.

1. Die **Media Box** beschreibt das Gesamtformat des Dokuments inklusive aller Beschnitt- und Infobereiche. Die Media Box muss immer die größte der Boxen sein, weil sie alle Informationen der anderen beinhaltet.
2. Die **Bleed Box** definiert den Anschnitt eines Dokuments. Der Anschnitt (in der Druckvorstufe mindestens 3 mm) muss vorhanden sein und beachtet werden, um unschöne weiße Übergänge, so genannte *Blitzer*, zu vermeiden.
3. Die **Trim Box** (auch Crop Box oder Maskenrahmen) ist das Endformat des Dokuments ohne den Beschnitt. Der Datenbereich der Trim Box beinhaltet noch die Angaben der Bleed Box, diese sind jedoch ausgeblendet.
4. Die **Art Box** ist das kleinste Element und stellt den Objektrahmen, also den reinen Inhalt, dar. Sie enthält noch die Informationen der Bleed Box und der Trim Box, hat diese aber ausgeblendet.

Nur wenige Programme sind in der Lage, aus sich selbst heraus PDF-Dateien zu erzeugen, die alle diese Vorgaben vollständig beinhalten. Das liegt vor allen daran, dass die meisten Benutzerprogramme im Office-Bereich die Verwendung von PostScript-relevanten Inhalten vernachlässigen. Nur wenige Layout-Programme (wie InDesign oder QuarkXPress) bzw. Grafikprogramme (wie Illustrator oder Corel Draw) erzeugen korrekte PostScript-Informationen, die sich dann auch in druckbare PDF-Dateien überführen lassen.

Sie verwenden auf Ihrem PC PrinttoPDF oder erzeugen auf Ihrem Mac aus dem Druck-Dialogfenster heraus PDF-Dateien? – Gut. Beachten Sie allerdings bitte dabei, dass diese Methoden keine druckfähigen oder mit Sonderprogrammen bearbeitbaren PDF-Dateien erzeugen, weil sie die oben erwähnte Dokumentaufteilung missachten und lediglich diejenigen Informationen integrieren, die zu einem optisch ausreichenden Ergebnis führen.

Achtung

Die sicherste Methode, PDF-Dateien zu erzeugen, ist mittels eines PostScript-Druckertreibers (zum Beispiel den frei verfügbaren Adobe-PS-Druckertreiber oder den eines PostScript-fähigen Laserdruckers) eine PostScript-Datei zu erzeugen und diese im Adobe Distiller (Bestandteil des Programmpakets) in ein PDF umzuwandeln. Bei dieser Methode hat man, ebenso wie beim PDF-Export aus hochwertigen Anwendungen wie InDesign, Illustrator oder QuarkXPress, die optimale Kontrolle über den Komprimierungsgrad der Datei. Nach erfolgreicher PDF-Erzeugung können Sie dann die PS-Datei entweder löschen oder extern archivieren.

PDF-Dateien können mit dem kostenlosen Programm Adobe Reader geöffnet, gelesen und gegebenenfalls ausgegeben werden.

Ein zusätzliches und sehr wichtiges Feature von PDF-Dateien ist, dass sie proprietär handhabbar sind. Das heißt, dass man sie mittels diverser Sicherheitsmaßnahmen, wie Kennwortschutz, 128-Bit-Verschlüsselung, Einbettung von Sicherheitszertifikaten sowie digitaler Unterschrift absichern kann. Das ist nicht nur sinnvoll, um Datenschutz zu gewährleisten, sondern dient ebenso dem urheberrechtlichen Schutz.

Seit der Einführung hat Adobe sehr viel Entwicklungsarbeit in das nun als Industriestandard vorliegende PDF-Datenformat gesteckt. Ebenso wurden auch die Programme zur Erzeugung und Verarbeitung von PDF-Dateien, Acrobat und Acrobat Distiller, ständig weiterentwickelt. Seit der Version 6 (2003) begann Adobe auf die steigende Nachfrage aus dem Office-Bereichen zu reagieren und gab Acrobat in zwei unabhängigen Versionen heraus: eine Standard-Version für den Heim- und Office-Anwender und eine Professional-Version für die Druckvorstufe, Designer und Grafiker. Die Versionen unterscheiden sich schlicht darin, dass man die optimalen Bearbeitungsmöglichkeiten von erzeugten PDF-Dateien nur in der Professional-Version nutzen konnte. Funktionen wie Druckvorstufenkontrolle (Preflight), Formulare erzeugen und Objekte manipulieren lagen in der Standard-Version nicht vor. Dafür ermöglichte es die Standard-Version dem Benutzer, PDF-Dateien zu kommentieren und zu speichern.

Im nächsten Versionsschritt – der Version 7 – ging Adobe sogar noch einen Schritt weiter, indem es nun drei Versionen von Acrobat auf den Markt brachte. Acrobat Elements schließt die Lücke zu Office-Anwendungen und erlaubt die Erstellung von hochwertigen PDF-Dateien. Die Acrobat-Standard-Version erlaubt darüber hinaus noch 128-Bit-Verschlüsselung, Einbindung von Kommentaren und die Zusammenführung von einzelnen PDF-Dateien. Die Professional-Version enthält den vollen, vor allem für Designer und Druckvorstufe wichtigen Funktionsumfang. Adobe Acrobat 7 Professional für Windows enthält ein komfortables Programm zur Erstellung von Formularen, namens Adobe Designer, das bedauerlicherweise der Mac-Version nicht beiliegt. Damit ist es für Macintosh-User nur mit Hilfe von fundierten Java- und XML-Kenntnissen möglich, Formulare zu erstellen.

7.1 Exkurs: PDFs sind nicht nur für den Datenaustausch nützlich!

Es gibt Situationen, in denen sich die Einsetzbarkeit von PDF-Dateien in Objekte von InDesign, Illustrator, Photoshop oder GoLive richtig lohnt.

Vor kurzem hatte ich die Situation, dass ein Kunde, für den ich zwei sechsseitige Faltprospekte im DIN-A4-Format angefertigt hatte, eben diese Prospekte als PDF-Dateien auf seiner neuen – auch von mir mitgestalteten – Website hinterlegen wollte.

Dabei trat allerdings das Problem auf, dass ich in einem der Prospekte Produktfotos in einer der Faltungen hatte. Dies ließ sich auf Grund der vom Kunden gewünschten Produktanzahl und deren grafischer Präsentation nicht verwirklichen. Da ich nun einmal ein Dokumentformat, das aufgeklappt größer als DIN A3 quer war, nicht einfach mit Vorder- und Rückseite als PDF umwandeln konnte (ein Ausdruck auf DIN A4 quer würde unlesbar werden), musste ich mir etwas Neues ausdenken. Die schönste Alternative wäre gewesen, einen neuen – nun siebenseitigen – Prospekt zu erzeugen, in dem ich dem Kunden eingeräumt hätte, den neu entstandenen Platz mit weiteren Produkten zu füllen. Das lehnte der Kunde allerdings aus Kostengründen ab.

Hier kamen mir nun zwei Funktionen zu Nutzen: 1) InDesign lässt es zu, PDF-Dateien in Rahmen einzusetzen, und 2) man kann Ebenen in Acrobat ausblenden.

Den Prospekt hatte ich ursprünglich in InDesign CS2 gestaltet und so befand sich der silberne Font (Sonderfarbe) auf einer Ebene im Hintergrund. Weil ich die Ebenen-Informationen des InDesign-Dokuments bei der PDF-Konvertierung mit eingeschlossen hatte, konnte ich nun den, für einen Ausdruck auf herkömmlichen Druckern störenden, Silberfont in Acrobat ausblenden. Dies ist seit der Version 7 möglich, wenn Ebenen in einer PDF-Konvertierung eingeschlossen werden.

So konnte ich das neu entstandene PDF (ohne Font) in einzelnen Rahmen in einem DIN-A4-hochformatigen InDesign-Dokument einsetzen und so ausrichten, dass die Informationen auf jeweils eine Seite passten. So wurde zwar aus einem Sechsseiter ein Siebenseiter, allerdings konnte das PDF im DIN-A4-Hochformat ins Netz gestellt werden.

Ohne diese Möglichkeit hätte ich erst das Dokument neu aufbauen und in ein neues InDesign-Dokument einsetzen müssen. Verglichen mit der oben beschriebenen Lösung wäre das zu viel Aufwand für ein einfaches Dokument zum Download gewesen.

7.2 Workflow-immanente Funktionen in Acrobat 7 Professional

Es gibt keine als automatisierend ausgeprägten Funktionen in Acrobat. Jedoch stellt Acrobat als Kontrollorgan und Bearbeitungswerkzeug ein wichtiges Element im Workflow dar. Deswegen möchte ich im Folgenden vor allem auf die TouchUp-Werkzeuge, die Optimierungsfunktionen sowie auf verschiedene Kontrollfunktionen, vor allem den für die Druckvorstufe wichtigen Preflight eingehen.

Kapitel-Übersicht

1. Die **TouchUp-Werkzeuge:** Mit einer Auswahl an TouchUp-Werkzeugen möchte ich Ihnen zeigen, wie Sie schnell kurzfristige Korrekturen an einem PDF vornehmen können.

2. **PDF-Optimierung:** Hier erfahren Sie, wie Sie die Speichergröße sowie direkte Einstellungen zu Farbe und Transparenz in Acrobat Professional manipulieren können.

3. **Der kleine Preflight:** Hier kommt die kleine Druckvorstufe. Alle Funktionen werden hier erläutert, mit denen Sie Ihrem Druckdienstleister unter Umständen viel Aufregung und Arbeit ersparen können.

4. **Weiterführende Funktionen:** Abschließend möchte ich Sie auf ein paar Funktionen in Acrobat Professional hinweisen, welche die Funktionalität Ihrer PDFs steigern können.

Hinweis

Ich bitte die Acrobat-Puristen unter Ihnen um Verständnis, dass ich die speziellen Funktionen, wie Formularerstellung und erweiterte Interaktivität, nicht in diesem Buch behandeln kann. Sie würden nicht zum im nächsten Kapitel vorgestellten Projekt-Workflow passen und darüber hinaus den Rahmen dieses Buches sprengen. Es gibt allerdings ein paar sehr interessante Websites zu dem Thema, die ich Ihnen gern im Anhang mitteile.

7.2 Workflow-immanente Funktionen in Acrobat 7 Professional

Alle vorgestellten Werkzeuge sind in der Regel nur auf PDF-Dateien anwendbar, die nicht durch eine der in Acrobat enthaltenen Sicherheitsmaßnamen geschützt wurden.

Achtung

Die TouchUp-Werkzeuge

Mit den TouchUp-Werkzeugen von Acrobat lassen sich Elemente von PDF-Dateien manipulieren. Hauptsächlich möchte ich hier auf die Modifizierung von Texten und Abbildungen eingehen.

Dazu verwendet man die Werkzeuge TouchUp-Textwerkzeug und TouchUp-Objektwerkzeug.

Zu finden sind diese Werkzeuge unter WERKZEUGE|ERWEITERETE BEARBEITUNG (Abbildung 7.1).

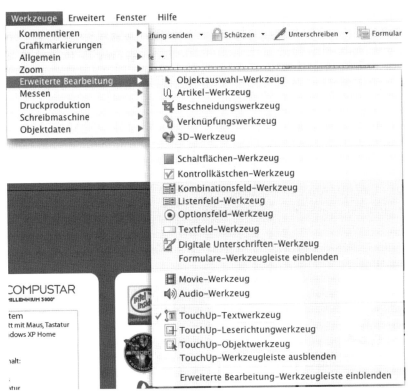

Abbildung 7.1
Die TouchUp-Werkzeuge im Menü ERWEITERTE BEARBEITUNG

Wem unter Ihnen das Klicken durch Menüstrukturen auf Dauer zu anstrengend ist, der kann sich die TouchUp-Werkzeuge auch als Palette anzeigen lassen (Abbildung 7.2).

Abbildung 7.2
Die TouchUp-Werkzeug-Palette: Textwerkzeug, Leserichtungswerkzeug, Objektwerkzeug (von links nach rechts).

Das TouchUp-Textwerkzeug

Wenn Sie mit dem TouchUp-Textwerkzeug auf einen Textbereich klicken, versucht Acrobat, sich die Schriftinformationen aus dem Dokument zu ziehen. Dabei vergleicht es die in das Dokument eingebetteten Schriften mit denen im Betriebssystem geladenen Schriften.

Danach wird der Rahmen, in dem der Text ursprünglich gesetzt wurde, geöffnet und man hat ungehinderten Zugriff auf die Textdaten. Man kann sie nun verändern, ausschneiden, kopieren und neue Informationen hinzufügen.

Achtung

Sollten Sie ganze Texte zur Weiterverarbeitung aus einem PDF ziehen wollen und sollte Ihnen dabei auffallen, dass man eine bestimmte Textmenge nicht fortlaufend markieren kann, dann liegt das daran, dass beim Erstellen des Dokuments entweder die Textrahmen nicht verbunden wurden oder keine Angaben zur Leserichtung (so genannte Textverlauf-Threads) gesetzt wurden. Diese Diskrepanzen kann man – begrenzt (das kommt auf das Alter des Ursprungsprogramms an) – mit dem TouchUp-Leserichtungswerkzeug ausgleichen.

Das TouchUp-Objektwerkzeug

In dem Fall, dass Bilder nicht korrekt im PDF positioniert sind, Sie herausfinden möchten, welches Ursprungsbild damit verbunden war, oder einfach Details rauslöschen wollen, können Sie Objekte mit dem TouchUp-Objektwerkzeug anwählen.

Ist das Objekt dann ausgewählt, haben Sie nicht nur einfache Bearbeitungsmöglichkeiten, wie Bewegen, Kopieren, Ausschneiden oder Löschen, sondern Sie können mit einem Rechtsklick (⌥+Klick beim Mac, falls Sie keine Zweitasten-Maus zur Hand haben) ein Bearbeitungsmenü aufrufen.

7.2 Workflow-immanente Funktionen in Acrobat 7 Professional

Abbildung 7.3
Das Bearbeitungsmenü des TouchUp-Werkzeugs.

Nun werden Sie sich wahrscheinlich fragen, warum ich nichts Spezifisches über das TouchUp-Leserichtungswerkzeug schreibe. Das Touchup-Leserichtungswerkzeug arbeitet mit internen Codierungen (Tag-Threads), die bereits im Ursprungsprogramm, wie InDesign, angelegt werden. Wenn Sie sich einmal in der Acrobat-Hilfe die Angaben zu diesem Werkzeug ansehen, werden Sie zweierlei Dinge gewahr werden: 1) Es bedarf schon einiger Mühe, solche Threads zu setzen und zu bearbeiten, und 2) das Setzen von Leserichtungen hat vor allen dann einen Sinn, wenn man sich sicher ist, dass das PDF von Sehbehinderten geöffnet werden wird. Diese können sich nämlich vom Adobe Reader oder Acrobat Elements (und natürlich auch den Versionen Standard und Professional) den Text des PDFs vorlesen lassen. Damit wird dann auch klar, warum man unter Umständen die Leserichtung in einem PDF vorgeben sollte. Ansonsten ergibt der Inhalt vokal keinen Sinn. Daher rührt auch der Befehl AUSSERTEXTLICHES ELEMENT ERSTELLEN, mit dem Sie auch außertextliche Elemente wie Symbole in Texten oder umflossene Bilder entfernen können. Diese würden nämlich auch nur zu Irritationen im vokalen Lesefluss führen. Ich muss anfügen, dass diese Funktion wirklich nur in ganz speziellen Fällen zum Tragen kommt, deswegen habe ich die sehr umfangreiche Erläuterung des TouchUp-Leserichtungswerkzeugs ausgelassen.

Hinweis

PDF-Optimierung

Manchmal ist es notwendig, ein bereits erstelltes PDF nochmals zu optimieren. Vor allem Illustrator- und Photoshop-PDFs sind noch nicht ausreichend komprimiert, um beispielsweise schnell per E-Mail verschickt zu werden. Das liegt zum Beispiel daran, dass Bilder in Schnittbereichen bei Illustrator noch als ganze Bilddaten vorliegen und nicht auf den Rahmen beschnitten wurden. Dies hat bei PDFs aus Photoshop und Illustrator den Grund, dass ihre volle Bearbeitbarkeit in ihren Ursprungsprogrammen erhalten bleiben soll. Bei in Photoshop erzeugten PDFs können immer noch die originären Auflösungsverhältnisse und die einzelnen Ebenen vorliegen. Damit man in diesem Fall nicht mehr zurück in die Ursprungsprogramme gehen muss, um die Dokumente neu aufzulegen, kann man darin erzeugte PDFs in Acrobat optimieren.

Dazu wählt man die Optimierungsfunktion an: WERKZEUGE|DRUCKPRODUKTION|PDF-OPTIMIERUNG. Dieselbe Funktion erhalten Sie übrigens auch über ERWEITERT|PDF-OPTIMIERUNG.

Es wird ein Dialogfenster wie in Abbildung 7.4 geöffnet.

Abbildung 7.4
PDF-Optimierung

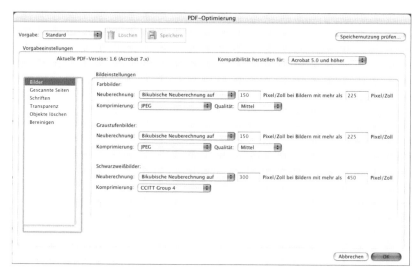

Wie Sie anhand der Abbildung 7.4 erkennen können, können Sie hier die Einstellungen für die Optimierung des PDFs ähnlich wie im Adobe Distiller oder in den PDF-Exportdialogfenstern in InDesign oder Illustrator vornehmen.

Darüber hinaus können Sie Ihre Einstellungen als Definitionsvorgaben speichern.

Achtung

Bitte achten Sie vor der Optimierung auf zwei Dinge:

1. Optimieren Sie das PDF nur so weit, wie es für die vorbestimmte Anwendung sinnvoll ist (Einstellungen beim Dienstleister erfragen!) und

2. halten Sie Ihr PDF möglichst so weit abwärtskompatibel, wie Sie es für Ihren Kunden für vertretbar halten. Erkundigen Sie sich gegebenenfalls bei Ihrem Kunden oder beim Druckdienstleister, welche Acrobat-Version (oder Adobe-Reader-Version) vorliegt.

Die kleine Druckvorstufe

Wenn Sie PDF-Daten dafür verwenden, um Druckdaten an den Druckdienstleister oder ein Belichtungsstudio zu verschicken, dann können Sie beim Empfänger für deutlich weniger Stress sorgen, wenn Sie Ihr PDF vorher einer Überprüfung unterziehen. Acrobat 7 Professional bietet dafür vielfältigste Möglichkeiten.

Ich möchte Ihnen im Folgenden meine *Kleine Druckvorstufe* vorstellen. Diese Prozedur hat sich in der Praxis als sehr praktisch erwiesen, vor allem da ich vorwiegend für Akzidenzdruck produziere und mit verschiedenen Druckdienstleistern zusammenarbeite, die alle unterschiedliche Produktionsbedingungen (Offset, Digitaldruck und so weiter) vorweisen.

Beachten Sie bitte, dass Sie für die Druckausgabe ein PDF-Format wählen, das den Arbeitsumständen bei Ihrem jeweiligen Dienstleister entspricht. Sie können sich dazu entweder von ihm die PDF-Vorgaben geben lassen und diese bei der Konvertierung verwenden oder Sie geben ihm PDFX-kompatible Daten.

Hinweis

PDFX-kompatible Daten lassen auch nach der Komprimierung noch die Einbindung in ein produktionsabhängiges Farbmanagement zu. Wenn Sie im Dokument Transparenzen verwendet haben, sollten Sie bei der Konvertierung unbedingt PDFX-3-kompatibel formatieren, ansonsten genügt PDFX-1.

Ausgabevorschau

Zunächst sehe ich mir meine Datei in der Ausgabevorschau an. In der Ausgabevorschau kann ich die einzelnen Druckfarben ein- und ausschalten und die Farbmischungen betrachten. Dabei können folgende Fehler schon am Monitor entdeckt werden:

1. Überschüssige oder fehlende Sonderfarben. Ich kann anhand der Aufführung der im PDF definierten Farben sehen, ob ich die Farbzusammenstellung korrekt vorgenommen habe oder bei einer unzureichenden Umwandlung Sonderfarbe-zu-CMYK noch Relikte vorfinde.

2. Bei einem guten Monitor kann ich in den einzelnen Farbdarstellungen Unterbrechungen (wie beispielsweise Haarlinien) erkennen, die im Dokument nicht erkennbar waren.

Die Ausgabevorschau (Abbildung 7.5) erreichen Sie über WERKZEUGE|DRUCKPRODUKTION|AUSGABEVORSCHAU.

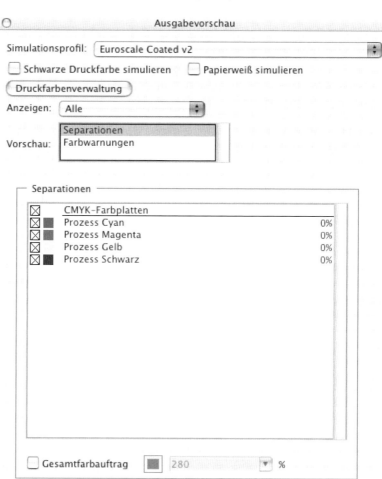

Abbildung 7.5
Die Ausgabevorschau

Im Pulldown-Menü SIMULATIONSPROFIL können Sie das Ausgabeprofil auswählen (Abbildung 7.6).

7.2 Workflow-immanente Funktionen in Acrobat 7 Professional

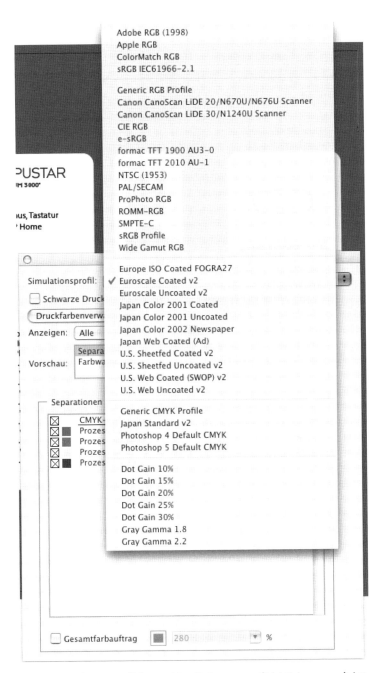

Abbildung 7.6
Die simulierbaren Ausgabeprofile

In dem anderen Pulldown-Menü ANZEIGEN (Abbildung 7.7) können Sie auswählen, welche bestimmten Farbobjekte im Dokument angezeigt werden sollen.

Abbildung 7.7
Anzeige-Optionen

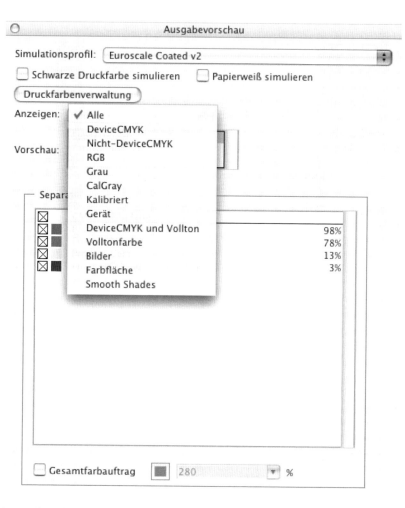

Im Beispieldokument habe ich beispielsweise mittels der Auswahl FARBWARNUNGEN alle Objekte anzeigen lassen, die dem definierten CMYK-Profil (Device-CMYK) entsprechen.

Das sah dann so wie in Abbildung 7.8 aus. Grund: Ich hatte das Logo in Sonderfarben angelegt.

7.2 Workflow-immanente Funktionen in Acrobat 7 Professional

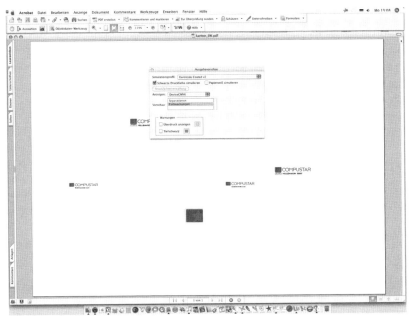

Abbildung 7.8
Die Logos in Sonderfarben entsprechen nicht dem definierten CMYK.

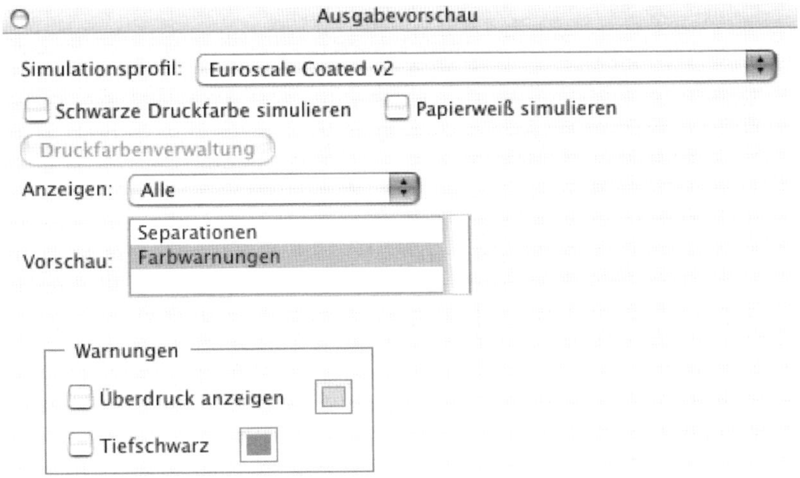

Abbildung 7.9
Farbwarnungen anzeigen lassen

Sollten Sie in dieser Überprüfung keine Probleme finden, können Sie mit dem Punkt PREFLIGHT fortfahren.

Finden sich allerdings noch Farbrelikte oder andere Farbraumdefinitionen, so können Sie diese im Dokument vorhandenen Farben auch in ein Ausgabeprofil konvertieren.

Farben konvertieren

Wenn Sie den Befehlssatz WERKZEUGE|DRUCKPRODUKTION|FARBEN KONVERTIEREN anwenden, können Sie außerhalb des Ursprungsprogramms die in einem PDF eingebetteten Farben in das zur Ausgabe notwenige Farbprofil konvertieren.

Abbildung 7.10
Farben konvertieren

Im oberen Dialogbereich werden die im Dokument angewendeten Farben angezeigt. Sie können auch schrittweise vorgehen, um beispielsweise bestimmte Sonderfarben nicht durch einen Konvertierungsvorgang »überbügeln« zu lassen.

Im Pulldown-Menü VORGANG definieren Sie für jeden Farbbereich die notwendige Aktion (zum Beispiel Konvertieren oder Beibehalten). Der Vorgang wird dann im oberen Bereich hinter den Dokumentfarben nach dem Doppelpunkt angezeigt.

Wenn Sie seitenweise vorgehen möchten, so können Sie das unter SEITEN KONVERTIEREN angeben.

Bei den Konvertierungsoptionen möchte ich Ihnen anraten, die Optionen PROFIL ALS QUELLFARBRAUM EINBETTEN sowie SCHWARZ ERHALTEN anzuwählen. Grund: Das Profil nicht einzubetten macht bei diesem Prozess

7.2 Workflow-immanente Funktionen in Acrobat 7 Professional

eigentlich keinen Sinn. Das Profil als so genannten *Outputintent* einzusetzen, wird von vielen Farbmanagements ignoriert. Und Schwarz im Dokument sollte unbedingt als kontrastgebende Farbe erhalten bleiben. Bitte wenden Sie sich im Zweifelsfalle an Ihren Dienstleister und erfragen, was sein Produktionsmanagement unterstützt.

Ich habe sowohl in den Exportfunktionen von InDesign als auch mit Acrobat 7 Professional nur gute Erfahrungen im Umgang mit Farbraum-Konvertierungen gemacht. So lange Sie die Daten PDFX-kompatibel abspeichern, hat der Dienstleister noch die Möglichkeit, das Dokument voll in sein Produktionsfarbmanagement einzubinden. In 99% aller Fälle waren die Unterschiede zwischen CMYK-Farbmischung und Sonderfarbe zu vernachlässigen.

Hinweis

Haarlinien korrigieren

Haben Sie auch schon bemerkt, dass Haarlinien in PDFs häufig größer erscheinen, als sie ursprünglich gezeichnet wurden? Das liegt an dem neuen PDF-Format (Version 1.6), das Haarlinien mindestens mit 1 Pixel darstellt.

Um Haarlinien komfortabler in PDFs definieren zu können, ist die Funktion HAARLINIEN KORRIGIEREN eingeführt worden. Diese Korrektur ist unter Umständen notwendig, wenn Haarlinien zu dünn definiert wurden und die Gefahr besteht, dass diese im Druck verloren gehen. Ebenso kann man mit dieser Funktion Schriften korrigieren, die sehr dünne Linien beinhalten. Diese werden dann mit PostScript-Mustern verstärkt.

Die Funktion (Abbildung 7.11) erreichen Sie über WERKZEUGE|DRUCKPRODUKTION|HAARLINIEN KORRIGIEREN.

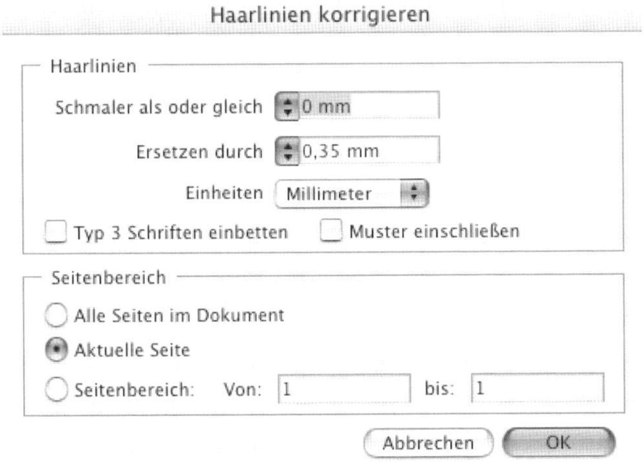

Abbildung 7.11
Haarlinienkorrektur

Die Korrektur erfolgt nach diesem Schema: Sie geben die Mindeststärke einer Haarlinie an und definieren danach, durch welche Konturenstärke sie im PDF ersetzt werden soll. Wenn Sie möchten, dass sehr dünn gestaltete Schriften mit in die Korrektur einbezogen werden sollen, klicken Sie auf die Option TYP 3 SCHRIFTEN EINBETTEN. Beachten Sie allerdings bitte, dass diese Funktion nur auf PostScript-Schriften vom Typ 3 angewendet werden kann. Gleiches gilt, wenn Sie sehr feine PostScript-Muster verwendet haben, dann klicken Sie bitte MUSTER EINSCHLIESSEN aktiv.

Wie auch bei der Farbkorrektur (siehe oben) können Sie die Haarlinienkorrektur seitenweise vornehmen, indem Sie den entsprechenden Seitenbereich unten im Dialogfenster definieren.

Druckermarken hinzufügen

Manchmal kommt es vor, dass man im Druck- oder Exportdialogfenster vergessen hat, Druckermarken wie Passkreuze, Schnitt- oder Falzmarken zu setzen. Oder man hat eine Datei erhalten, die man an den Druckdienstleister weiterleiten soll, und die Marken sind nicht gesetzt worden. In jedem dieser Fälle kann man mit Acrobat 7 Professional die Marken nachträglich setzen. Das Programm orientiert sich dann beim Markensetzen an den Medienformateinstellungen, die im PDF verankert sind.

Wählen Sie WERKZEUGE|DRUCKPRODUKTION|DRUCKERMARKEN HINZUFÜGEN, um das Dialogfenster (Abbildung 7.12) aufzurufen.

Abbildung 7.12
Druckermarken hinzufügen

7.2 Workflow-immanente Funktionen in Acrobat 7 Professional

Sie können nun – wie auch in den Druck- und Export-Dialogfenstern in InDesign oder Illustrator – die Druckermarken manuell setzen. Zusätzlich dazu können Sie angeben, ob die Druckermarken auf eine eigene Ebene gesetzt werden sollen. Das hätte bei einer Weiterverarbeitung des PDFs (zum Beispiel in InDesign oder in Webanwendungen) zur Folge, dass man diese Ebene nur auszublenden braucht, um die Druckermarken unsichtbar werden zu lassen.

Wie in den zuvor beschriebenen Funktionen können Sie auch hier im unteren Bereich die Seiten oder Seitenbereiche angeben, in denen die Druckermarken gesetzt werden sollen.

Seiten beschneiden

Hier geht es unter Umständen um den umgekehrten Fall: Sie haben ein Dokument mit definiertem Beschnitt- und Infobereich und alle Druckermarken sind gesetzt. Nun wollen Sie das PDF allerdings im Internet vertreiben und der ganze »Schmus« drumherum stört. Bisher war es nur möglich, mit dem Beschneidungswerkzeug alle Seiten eines Dokuments zu beschneiden. Seit Version 7 ist das anders gelöst.

Wählen Sie bitte WERKZEUGE|DRUCKPRODUKTION|SEITEN BESCHNEIDEN.

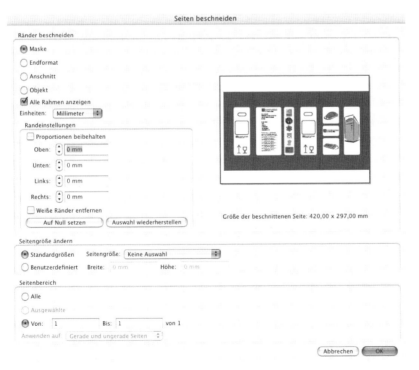

Abbildung 7.13
Seite beschneiden

In diesem Dialogfenster wird deutlich, dass Sie weitaus mehr Beschneidungsmöglichkeiten haben als zuvor mit dem Beschneidungswerkzeug. Oben können Sie einstellen, ob der Beschnitt sich nur auf die Maske, das Endformat, den Anschnitt oder ein Objekt beziehen soll. (Kommt Ihnen das bekannt vor? – Das ist ein Beschnitt gemäß der am Anfang des Kapitels beschriebenen Boxen, die den Aufbau des PDF beschreiben!) Des Weiteren können Sie darunter einen Beschnittrand definieren und weiße Ränder abschneiden lassen. Auch die Seitengröße können Sie neu definieren. Wie in allen zuvor beschriebenen Funktionen, so lässt sich auch diese auf einzelne Seiten oder Seitenbereiche anwenden. Zusätzlich können Sie eine Beschnittvorschau im Vorschaufenster rechts oben sehen.

Druckfarbenverwaltung

Im Abschnitt *PDF-Optimierung* hatte ich schon einmal davon gesprochen, dass es notwendig sein kann, sich spezielle Angaben vom Druckdienstleister zu holen, um das PDF der Druckvorstufe des Dienstleisters anzupassen. Sehr entscheidend können dabei die Einstellungen für die Druckfarben sein, weil sich beispielsweise die Druckvorstufen der verschiedenen Druckmethoden (Offset, Tiefdruck, Flexodruck und Digitaldruck) sehr voneinander unterscheiden können.

Wählen Sie zum Öffnen des Dialogfensters (Abbildung 7.14) WERKZEUGE|DRUCKPRODUKTION|DRUCKFARBENVERWALTUNG.

Abbildung 7.14
Druckfarbenverwaltung

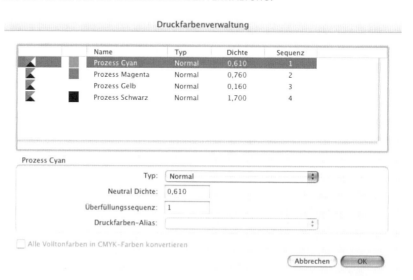

Sollte sich an den Einstellungen zur Farbabdeckung irgendetwas verändern – zum Beispiel beim Wechsel zu einer anderen Druckerei oder bei der Verwendung einer anderen Druckmethode –, so kann man hier

7.2 Workflow-immanente Funktionen in Acrobat 7 Professional

die Dienstleisterangaben komfortabel eingeben. Darüber hinaus kann man sich auch durch dieses Dialogfenster nochmals einen Überblick über die verwendeten Farben verschaffen und bei Bedarf die Vollton-farben (auch Sonderfarben) in CMYK-Farbmischungen umwandeln.

Transparenz-Reduzierung

Sicherlich war die Einführung von Transparenzen in DTP-Programme wie InDesign (oder jetzt mit Version 6 auch in QuarkXPress) eine wichtige Entwicklung gerade für Gestalter, die sich wünschten, mit Layouts genauso kreativ umgehen zu können wie mit Grafiken und Bildern. Leider darf man dabei nicht vergessen, dass sich die Ausstattung der Belichtungsstudios und Druckereien nicht entsprechend mit verändert hat, und so sind einige dieser Betriebe noch nicht in der Lage, PDF-Dateien der Versionen 1.5 oder 1.6 (also ab Acrobat 6) verarbeiten zu können. Gerade die eingebetteten Transparenzen werden von den Raster-Image-Prozessoren (RIP), welche die PostScript-Daten und Bildpunkte auf den Folien oder Druckplatten umwandeln, nicht korrekt umgesetzt, wenn diese Datenformate nicht korrekt erkannt werden.

Für diese Fälle – auch hier sollten Sie dringend Ihren jeweiligen Dienstleister vor dem ersten Auftrag fragen – müssen eingebettete Transparenzen vor dem Versenden der Daten bearbeitet bzw. reduziert werden.

Bei dieser Reduzierung werden die Bereiche, in denen sich Transparenzen befinden, in Vektorgrafikbereiche umgewandelt und ihnen neue Farbwerte zugeordnet. Des Weiteren werden Konturen überfüllt, damit sie in den neuen Bereichen beim Druck nicht untergehen.

Bitte wählen Sie für die Transparenz-Reduzierung (Abbildung 7.15) WERKZEUGE|DRUCKPRODUKTION|TRANSPARENZ-REDUZIERUNG.

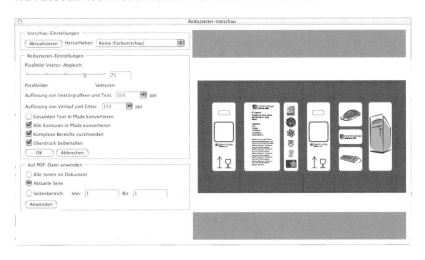

Abbildung 7.15
Die Transparenz-Reduzierung

Rechts sehen Sie in einer Vorschau einen Ausschnitt Ihres Dokuments. Wenn Sie in die Vorschau klicken, zoomen Sie in die Vorschau hinein, mit gedrückter `Alt`- (Windows) bzw. `⌥`-Taste (Mac) zoomen Sie wieder heraus. Halten Sie die `Leertaste` gedrückt, um sich in der Vorschau zu bewegen. Wenn Sie den Button AKTUALISIEREN anklicken, wird die Vorschau mit den neuen Einstellungen aktualisiert.

Wenn Sie die Einstellungen vornehmen, sollten Sie das Ergebnis immer mit der Vorschau abgleichen. Wechseln Sie auch im Pulldown-Menü HERVORHEBEN öfter zwischen den einzelnen anzuzeigenden Bereichen (KOMPLEXE PIXELBEREICHE, TRANSPARENTE OBJEKTE, ALLE BETROFFENEN OBJEKTE, ERWEITERTE MUSTER und IN KONTUREN UMGEWANDELTE LINIEN), um zu kontrollieren, ob die Einstellungen greifen.

Hinweis

Es lohnt sich insbesondere dann, die Option GESAMTEN TEXT IN PFADE UMWANDELN zu aktivieren, wenn Sie in einem Layout oder in einer Grafik in transparenten Farbbereichen viel Text in einer Schrift mit feinen Grundlinien verwendet haben. Da Überfüllungsangaben (siehe nächsten Abschnitt) bei vielen (vor allem älteren RIPs) bei Pfaden besser umgesetzt werden als auf Schriften, ist dieser Schritt in diesem Falle anzuraten.

Achtung

Bitte überlegen Sie es sich gut, ob Sie die Option ÜBERDRUCK BEIBEHALTEN deaktivieren möchten! Wenn Sie diese Option deaktivieren, schalten Sie zu Gunsten der Transparenz-Reduzierung alle Überfüllungsvorgaben (siehe nächsten Abschnitt) aus. Gerade wenn die transparenten Bereiche in Ihrem Dokument nur einen Teil ausmachen (zum Beispiel nur ein paar einzelne Seiten in einem mehrseitigen Dokument), sollten Sie keinesfalls auf die eingestellten Überfüllungsvorgaben im ganzen Dokument verzichten. Dies kann unter Umständen zu unerwünschten Ergebnissen im RIP und somit auch im Druck führen.

Deswegen können Sie auch in dieser Funktion, wie in den vorangegangenen auch, die Prozeduren an einzelnen Seiten oder Seitenbereichen (Abbildung 7.15, links unten) vornehmen.

Überfüllungsvorgaben

Treffen in einem Dokument helle und dunkle Bereiche zusammen, kann es im Druck zu unerwünschten Farbüberläufen oder bei Passerungenauigkeiten zu feinen weißen und unschönen Überschüssen kommen, die man *Blitzer* nennt.

7.2 Workflow-immanente Funktionen in Acrobat 7 Professional

Um solche Effekte zu vermeiden, werden dunklere Bereiche farblich leicht ausgeweitet. Man nennt diesen Prozess im Fachjargon *Überfüllen*.

Die Einstellungsmöglichkeiten für Überfüllungen sind sowohl in InDesign als auch in Illustrator recht dürftig. Dafür kann man die aus diesen Programmen stammenden PDFs umso komfortabler in Acrobat einstellen.

Wählen Sie zunächst für die Überfüllungsvorgabenübersicht WERKZEUGE|DRUCKPRODUKTION|ÜBERFÜLLUNGSVORGABEN. Sie sehen dann zunächst das Übersichtsdialogfenster für die bereits definierten Überfüllungsvorgaben (Abbildung 7.16).

Abbildung 7.16
Die Überfüllungsvorgaben-Übersicht

Nun können Sie neue Vorgaben-Sets anlegen und verwalten. Mit ERSTELLEN legen Sie ein neues Vorgaben-Set an.

Es erscheint dazu das Dialogfenster aus Abbildung 7.17.

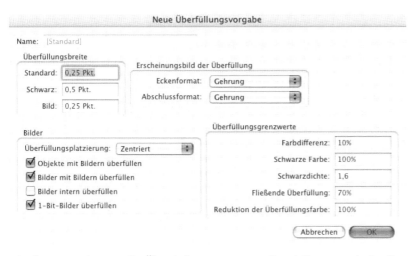

Abbildung 7.17
Dialogfenster für neue Überfüllungsvorgaben

Hier können Sie nun die Überfüllungen manuell auf die Ausgabebedingungen einstellen.

Achtung

Doch Vorsicht: Setzen Sie sich im Zweifelsfall mit Ihrem Druckdienstleister oder Belichtungsbüro in Verbindung und lassen Sie sich bezüglich der Überfüllungseinstellungen beraten, falls Sie sich nicht sicher sind. Es bietet sich grundsätzlich an, diese Einstellungen bei einem ersten Auftrag zu erfragen. In der Regel genügen die als Standard eingestellten Überfüllungen der Programme. Sollten Sie Gestaltungen vorgenommen haben, die andere Einstellungen erfordern könnten, so lassen Sie sich von diesem Experten bei den Einstellungen helfen, so dass Sie die Vorgaben für den nächsten Auftrag parat haben.

Preflight

Im letzten Schritt können Sie eine Funktion anwenden, die Adobe schon in der Version 6 von Acrobat eingeführt und in Version 7 noch erheblich verbessert hat: den Preflight.

Unter einem *Preflight* versteht man einen kompletten Kontrolldurchlauf in der Druckvorstufe. Unter anderem wird dabei kontrolliert, ob der im Dokument definierte Farbraum mit dem gewünschten Druckverfahren übereinstimmt, die implementierten Daten einwandfrei eingebunden wurden und korrekte Auflösungen besitzen, die Rastereinstellungen und Überfüllungen richtig definiert wurden und alle Schriften vorhanden sind.

Hinweis

RIP = Raster Image Processor. Ein Gerät oder eine Software, die PostScript-Daten in gerasterte Ausgabebildpunkte für Drucker oder Belichter umwandelt.

Eine Prozedur, die bisher in den Druckereien oder Belichtungsstudios durchgeführt werden musste, kann nun – allerdings von RIP-Spezifikationen unabhängig – mittels Acrobat 7 Professional durchgeführt werden.

Nachdem Sie die oben erwähnten Kontroll- und Modifikationsprozeduren nach Bedarf ausgeführt haben, sollten Sie diesen Preflight einmal durchführen, um festzustellen, ob noch weiterer Bearbeitungsbedarf besteht.

Die Preflight-Prozedur (Abbildung 7.18) öffnen Sie mittels WERKZEUGE|DRUCKPRODUKTION|PREFLIGHT.

7.2 Workflow-immanente Funktionen in Acrobat 7 Professional

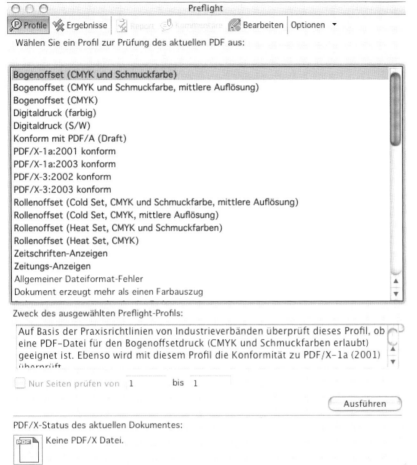

Abbildung 7.18
Das Preflight-Auswahlfenster

In diesem Dialogfenster können Sie das passende Ausgabeverfahren auswählen und einen Preflight durchführen lassen. Neben den Druckverfahren können Sie auch gewisse Konfliktsuchoptionen (beispielsweise DOKUMENT ERZEUGT MEHR ALS EINEN FARBAUSZUG) auswählen.

Es genügt zwar ein Doppelklick auf die jeweilige Kontrollprozedur, allerdings können Sie unter OPTIONEN auch manuelle Einstellungen vornehmen (Abbildung 7.19).

Abbildung 7.19
Das Optionsmenü von Preflight

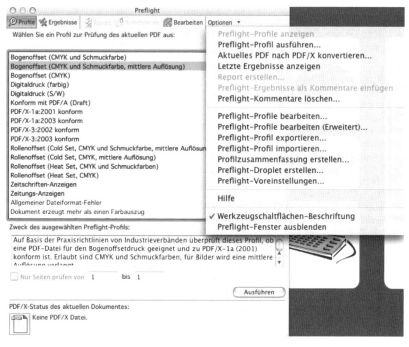

Sollten die vorhandenen Preflight-Prozeduren nicht ausreichen, können Sie sich auch individuelle Prozeduren zusammenstellen, indem Sie ein vorhandenes Profil modifizieren (OPTIONEN|PREFLIGHT-PROFILE BEARBEITEN oder PREFLIGHT-PROFILE BEARBEITEN (ERWEITERT)), Profile importieren oder eigene Preflight-Profile erstellen (Abbildung 7.20).

Abbildung 7.20
Erstellung eines eigenen Preflight-Profils

7.2 Workflow-immanente Funktionen in Acrobat 7 Professional

Ähnlich wie in Photoshop oder ImageReady können Sie auch hier Droplets erstellen, auf die Sie dann einfach den Preflight durch Drag&Drop durchführen lassen können (OPTIONEN|PREFLIGHT-DROPLET ERSTELLEN).

Wenn Sie in Konfliktsituationen etwas ratlos werden, dann empfehle ich Ihnen mit OPTIONEN|REPORT ERSTELLEN einen Report zu erstellen und diesen mit Ihrem Dienstleister zu besprechen.

Hinweis

In der Regel dürften die standardmäßig eingestellten Profile für den Akzidenzdruck (nass oder digital) ausreichen. Sollten Sie Bedenken haben, fordern Sie ein Profil bei Ihrem Dienstleister an.

Achtung

Ein abschließender Hinweis zu den hier aufgeführten Prozeduren der »Kleinen Druckvorstufe«: Sicherlich waren das nun viele Seiten Beschreibung einer Prozedur, die herkömmlicherweise von Druckdienstleistern und Belichtungsbüros durchgeführt wurde. Diese Prozeduren – vor allem die Manipulierbarkeit von PDF-Dateien – wurden bisher von sehr kostspieligen Spezialsystemen wie PitStop oder Acrobat InProduction durchgeführt. Sicherlich sind diese Programme immer noch in Entwicklung und Gebrauch, allerdings können Sie einerseits durch die oben beschriebenen Prozeduren mehr Kontrolle über Ihren Anteil am Produktionsprozess gewinnen und andererseits auch für eine gute Zusammenarbeitsatmosphäre zwischen Ihnen und dem Dienstleister sorgen, weil sie ihm viel Arbeit abnehmen. Die »Kleine Druckvorstufe« wird zu besseren Ergebnissen in der Druckausgabe führen und letztlich Kosten einsparen.

Hinweis

Weiterführende Funktionen

Es gibt noch ein paar kleinere Funktionen, deren Nutzen sich nicht sofort erschließt, die jedoch im Arbeitsalltag sehr praktisch sein können.

Kommentieren

Wenn Sie im Team mit anderen, vor allem mit nicht in ihrem Umfeld Ansässigen, zusammenarbeiten, so kann es sehr nützlich sein, die Kommentierungswerkzeuge von Acrobat zu verwenden, um Projektbestandsaufnahmen zu machen und sich über den Stand des Projekts zu informieren.

Die Möglichkeiten, Kommentare in ein Dokument einzusetzen, sind sehr vielfältig. Ich möchte Ihnen an dieser Stelle kurz die Werkzeugpalette vorstellen und ein kurzes Beispiel anführen.

Die Kommentieren-Werkzeuge (Abbildung 7.21) können Sie mit WERK-ZEUGE|KOMMENTIEREN aufrufen.

Abbildung 7.21
Die Kommentieren-Werkzeuge

Sollten Sie diese Werkzeuge häufiger verwenden, bietet es sich an, sich über WERKZEUGE|KOMMENTIEREN|KOMMENTIEREN-WERKZEUGE EINBLENDEN die Werkzeug-Palette anzeigen (Abbildung 7.22) zu lassen.

Abbildung 7.22
Die Kommentieren-Werkzeuge als Palette

Testen Sie ruhig alle Werkzeuge einmal aus – sie hier einzeln zu beschreiben, würde wirklich den Rahmen des Buches sprengen. Außerdem sprechen die Funktionsbezeichnungen in der Regel für sich. Allerdings möchte ich Ihnen gern noch ein Beispiel mit dem Textbearbeitungswerkzeug geben.

Beispiel

Nehmen wir einmal an, dass ich meinem Kunden ein PDF vom Kartonentwurf schicken möchte und weiß, dass er mindestens Adobe Acrobat Standard besitzt (in dem Fall kann er nämlich auch Kommentare anfügen).

Also setze ich mit dem Notiz-Werkzeug an eine bestimmte Stelle eine Anmerkung, um zu erläutern, dass es sich um einen Platzhalter-Text handelt und dass ich für die Beschriftung noch Textdaten benötige (Abbildung 7.23).

7.2 Workflow-immanente Funktionen in Acrobat 7 Professional

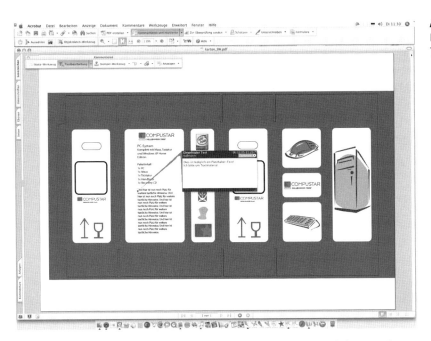

Abbildung 7.23
Einfügen eines Textkommentars

Im Text wird im PDF lediglich ein von mir definiertes Zeichen stehen, das mein Kunde nur noch anzuklicken braucht, um den Kommentar zu sehen. Er kann dann mittels des Kontextmenüs (OPTIONEN im Kommentar) entweder antworten oder den Kommentar bearbeiten und bewerten (Abbildung 7.24).

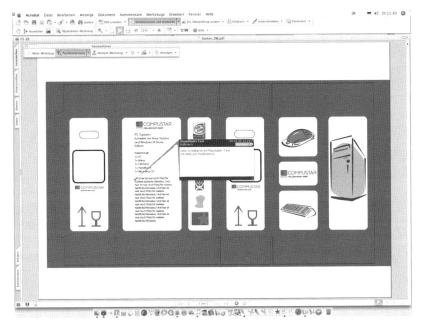

Abbildung 7.24
Weiterführende Kommentierungsfunktion beim Textbearbeitungswerkzeug

Zusätzlich wird die Zusammenarbeit mittels Kommentaren noch dadurch erleichtert, dass der Austausch der Daten über Acrobat erfolgt. Dazu wählen Sie DATEI|ZUR ÜBERPRÜFUNG SENDEN.

Danach müssen Sie folgende Schritte durchlaufen, bevor Sie die kommentierte PDF per E-Mail versenden können:

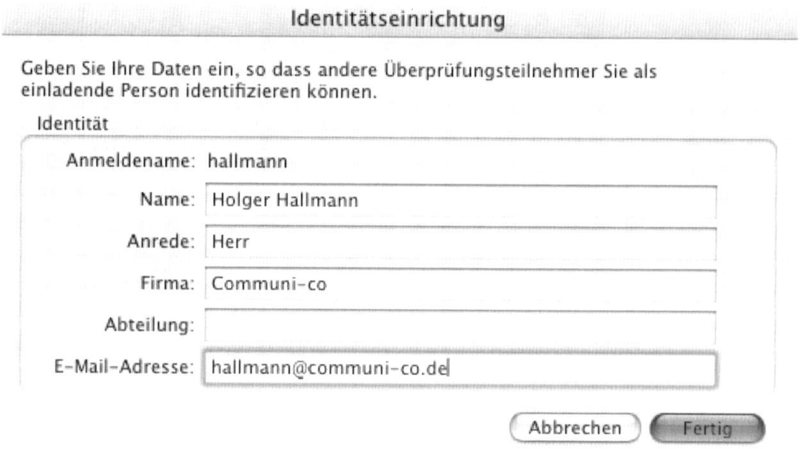

Abbildung 7.25
Schritt 1: Geben Sie Ihre Daten ein.

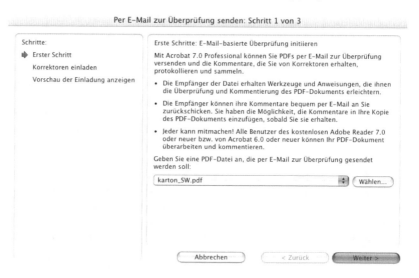

1. Sie geben Ihre Kontaktdaten ein, damit Sie beim Empfänger als einladende Person identifiziert werden (Abbildung 7.25).

Abbildung 7.26
Schritt 2: Geben Sie die zur Kommentierung freigegebene Datei an.

2. Geben Sie die zur Kommentierung freigegebene Datei an. Wenn bereits eine Datei geöffnet ist, dann wird diese standardgemäß bereits eingetragen (Abbildung 7.26).

7.2 Workflow-immanente Funktionen in Acrobat 7 Professional

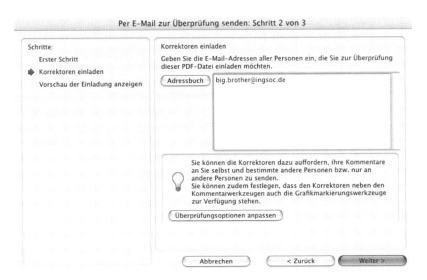

Abbildung 7.27
Schritt 3: Angabe der Adressaten

3. Geben Sie die Adressaten ein. Sie können auch mehrere Adressaten angeben oder die Adressen aus dem Adressbuch (oder Outlook) beziehen (Abbildung 7.27).

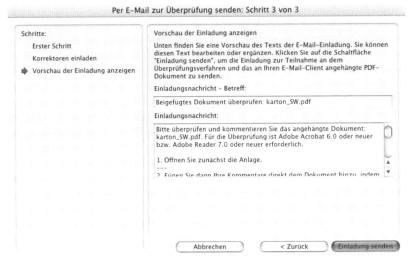

Abbildung 7.28
Schritt 4: Vorschau der Einladung anzeigen

4. Geben Sie die Einladungsnachricht für die Adressaten ein. In der ersten Zeile schreiben Sie den Betreff der entstehenden E-Mail, darunter dann den Benachrichtigungstext (Abbildung 7.28).

Abbildung 7.29
Schritt 5: Übergabe an E-Mail-Client

Benachrichtigung über ausgehende Nachricht

An Ihre Standard-E-Mail-Anwendung wurde eine Nachricht mit karton_SW.pdf als Anlage übergeben. Ist Ihre E-Mail-Anwendung so konfiguriert, dass E-Mails zu einem bestimmten Zeitpunkt gesendet werden, wird die E-Mail automatisch gesendet.

Andernfalls müssen Sie sie manuell senden.

☐ Nicht mehr anzeigen   OK

5. Bestätigen Sie mit OK, dass die E-Mail verfasst und dem in Ihrem Betriebssystem als Standard angelegten E-Mail-Client übergeben wird (Abbildung 7.29).

Abbildung 7.30
Schritt 6: Versenden mit E-Mail-Client

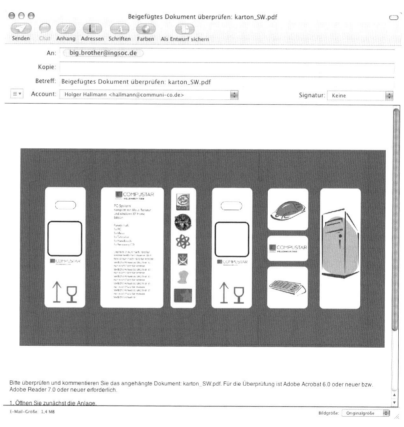

6. Abschließend versenden Sie die von Acrobat erzeugte Nachricht bzw. Einladung mit Ihrem E-Mail-Client. Wenn Sie im Verlauf eines Projektes mehrere solcher E-Mails versenden müssen, bietet es sich an, im E-Mail-Client feste, regelmäßige Intervalle anzulegen, an denen diese E-Mails automatisch versendet werden (Abbildung 7.30).

7.2 Workflow-immanente Funktionen in Acrobat 7 Professional

Sicherheitseinstellungen vornehmen

Wie bereits im einleitenden Abschnitt erwähnt, handelt es sich bei PDFs um proprietäre Dateien. Um diesem Nachdruck zu verleihen und die Daten vor unberechtigtem Zugriff zu schützen, können Sie Acrobat-Dateien mit Sicherheitseinstellungen versehen.

Wählen Sie zum Aufruf der Sicherheitseinstellungen DATEI|DOKUMENT-EIGENSCHAFTEN und dann den Reiter SICHERHEIT.

Sie erhalten zunächst eine Übersicht (Abbildung 7.31) über die Sicherheitseigenschaften Ihres Dokuments (Standard: Keine Einstellungen).

Abbildung 7.31
Die Sicherheitseigenschaften in den Dokumenteinstellungen

Über das Pulldown-Menü SICHERHEITSSYSTEM (Abbildung 7.31, oben Mitte) können Sie die möglichen Sicherheitsmaßnahmen auswählen und konfigurieren.

Als Beispiel legen Sie hier eine der üblichsten Schutzmaßnahmen an: den Kennwortschutz.

Beispiel

Wählen Sie aus dem Pulldown-Menü SICHERHEITSSYSTEME die Option KENNWORTSCHUTZ.

Abbildung 7.32
Die Optionen für den Kennwortschutz einer PDF-Datei

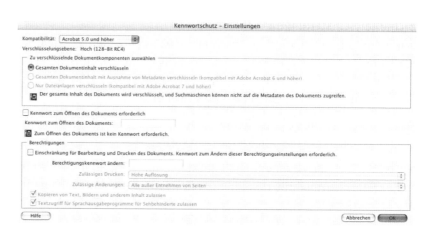

In diesem Dialogfenster (Abbildung 7.32) können Sie die Sicherheitseinstellungen sowie das Kennwort definieren, das Ihre PDF-Datei schützen soll.

Tipp Verwenden Sie entweder als Kennwort sehr persönliche Bezeichnungen bzw. Kombinationen aus Eigennamen und Zahlen. Stellen Sie so sicher, dass nur Sie das Kennwort – auch ohne eine Notiz – rekapitulieren können. Bewahren Sie Kennwort-Notizen für andere unzugänglich auf.

Tipp Wählen Sie bei den Optionen ZU VERSCHLÜSSELNDE DOKUMENTKOMPONENTEN AUSWÄHLEN bei der Veröffentlichung im Internet auf jeden Fall die Option GESAMTEN DOKUMENTINHALT VERSCHLÜSSELN.

Tipp Handelt es sich bei den PDF-Dateien zum Beispiel um Wegbeschreibungen, AGBs oder andere Präsentationen mit stark grafischem Charakter bzw. rechtlich relevantem Inhalt, so sollten Sie bei den BERECHTIGUNGEN auf jeden Fall die Option KOPIEREN VON TEXT, BILDERN UND ANDEREM INHALT ZULASSEN deaktivieren sowie im Pulldown-Menü ZULÄSSIGE ÄNDERUNGEN die Option NICHT ZULÄSSIG verwenden. Ansonsten öffnen Sie Plagiaten und unerwünschten Multiplikationen Tür und Tor.

Kapitel 8

Das Projekt

8.1 Exkurs: Vorüberlegungen 209
8.2 Vorbereitungen 214
8.3 Logo-Entwicklung 216
8.4 Markenzeichen entwickeln 219
8.5 Gestaltung von Briefpapier und Visitenkarten ... 222
8.6 Gestaltung von ganzseitigen Anzeigen als Einleger für Präsentationsmappen und Zeitschriftenwerbung 230
8.7 Gestaltung eines Firmenprospekts 241
8.8 Gestaltung einer neuen Verpackung 248
8.9 Die Webpräsenz............................ 251
8.10 Abschließende Bemerkung................... 265

Kapitel 8 — DAS PROJEKT

Im Folgenden möchte ich Ihnen ein Crossmedia-Projekt vorstellen, das ich komplett mit der Creative Suite 2 bearbeitet habe.

Ziel des Projekts war es, einen kleinen PC-Hersteller und Elektronikgroßhändler marketingtechnisch neu zu platzieren. Die Geschäftleitung wechselte und die Geschäftsausrichtung änderte sich etwas.

Bisher hatte sich die Firma mit preiswerten PCs im so genannten B-Segment der Branche einen Namen gemacht. Der Vertrieb ging in erster Linie an Behörden, Organisationen, Firmen im mittelständischen Bereich und an Diskounterketten.

Nun sollte die allgemeine Qualität der Ware verbessert, die Auswahl an zu vertreibenden Elektronikwaren vergrößert und die Stellung am Markt ausgebaut werden, vor allem auch als bekannte Marke beim Einzelverbraucher. Ein Imagewechsel stand also an und somit eine neue grafische Darstellung der Firma und ihrer Produkte.

Nach einigen Recherchen in Elektronikmärkten und Diskountern sowie der Auswertung von Marktumfragen erarbeitete ich in Zusammenarbeit mit der neuen Geschäftsführung ein neues Marketingkonzept, wobei ich die grafische Auswertung vornehmen sollte.

In Auftrag gegeben wurden im Einzelnen:

1. Ein neues Logo für die Firma.
2. Neue Markenzeichen für die einzelnen Eigenmarken, angelehnt an das Logo
3. Briefpapier
4. Visitenkarten
5. Einleger für individuell zusammengestellte Produktmappen
6. Anzeigenentwürfe für Eigenwerbung und ganzseitige Zeitschriftenwerbung
7. Ein Entwurf für einen 28-seitigen Prospekt
8. Ein neuer Entwurf für eine Verpackung
9. Eine Website

Ein ziemlich umfangreiches Projekt für einen Einzelunternehmer. Wie Sie jedoch im Folgenden feststellen werden, war er gerade auf Grund des glatten und integrativen Workflows der Creative Suite 2 durchaus meisterbar.

8.1 Exkurs: Vorüberlegungen

Grundbedingungen

Folgende Grundbedingungen wurden bei Absprache des neuen Marketingkonzepts abgeklärt:

1. Das Design orientiert sich am neuen Logo. Das heißt: Farben, Schriften und Grundformen sollten sich in der Gestaltung wiederholen.

2. Produktfotos sollen im Vordergrund stehen.

3. Bereits produzierte Ressourcen – hier eine bereits produzierte und auf Lager liegende Präsentationsmappe – sollen erst aufgebraucht werden, bevor neue geschaffen werden. Das heißt: Das Design der Mappeninhalte muss stimmig mit dem Design der alten Mappe sein.

Ansonsten hatte ich freie Hand.

Nicht, dass man mich an dieser Stelle falsch versteht: Ich habe nichts dagegen, wenn ich mich in meiner Gestaltung an bereits vorhandenen Medien orientieren soll. Allerdings beinhaltet ein solcher Anspruch auch gewisse Risiken:

1. Das ältere Design wurde einmal in Auftrag gegeben und bezahlt. In der Regel bedeutet das, dass bei der Geschäftsführung eine gewisse wirtschaftlich-emotionale Bindung besteht. Das soll heißen: Wir fanden das damals gut und finden es (eigentlich) heute noch gut. Ist dieses Design allerdings – gelinde gesagt – dem neuen Marketingkonzept eher abträglich, müssen die neuen Designs beiden Ansprüchen gerecht werden – und da ist Fingerspitzengefühl gefordert.

2. Ist ein solches Design, wie oben beschrieben, eventuell sogar noch im Hause selbst erzeugt worden (wie bei CompuStar), ist diese wirtschaftlich-emotionale Ebene noch größer und die neue Entwicklungsarbeit gerät zum Drahtseilakt.

3. Ex-Minister Eichel hat es mal gesagt und es hat sich in die Gedanken der Unternehmer eingebrannt: Geiz ist geil! Wer jetzt der Ansicht ist, dass dies nicht heißen muss, dass beinahe alle Unternehmer heutzutage ausschließlich auf billig schielen, der irrt. Die

Attitüde »Machen Sie, was Sie wollen, Hauptsache, es kostet wenig Geld« ist nicht nur verbreitet – sie ist Programm. Wie kontraproduktiv diese Einstellung vor allem marketingtechnisch ist, lässt sich leider erst im Nachhinein feststellen, was leider auch unbezahlte Rechnungen auf der Seite des Gestalters bedeuten kann.

Die im Betrieb vorhandene Mappe sollte verwendet werden, das Logo musste sich stark am Firmennamen orientieren und natürlich musste das Ganze auch in einem überschaubaren, preiswerten Rahmen bleiben.

Gerade durch den Einsatz der Creative Suite 2 habe ich bei der kreativen Arbeit viel Zeit einsparen können, ein Vorteil, der sich für den Kunden im Preis niederschlug.

Konzeptionelles

Logo

Das alte Logo von CompuStar wurde zum damaligen Zeitpunkt ohne Grafiker gestaltet. Dementsprechend wird das Logo den heutigen Ansprüchen nach gestalterischem Niveau und ästhetischem Wiedererkennungswert nicht gerecht.

Abbildung 8.1
Das alte CompuStar-Logo

Ich habe eine komplett neue Gestaltung vorgenommen auf Grund mehrerer Erkenntnisse:

Hinweis

Außerdem sei noch anzumerken, dass schwarze oder volltonfarbige Hintergründe bei Logos einer Weißraumgestaltung entgegenwirken.

1. Bei der Farbgestaltung musste sich etwas ändern: Der schwarze Hintergrund, der im bisherigen Logo auf Grund der hellen Schrift unabdingbar war, musste weichen. Schwarz wird von Verbrauchern nur noch in wenigen Einzelfällen (bei bereits etablierten Marken) als seriös und Vertrauen erweckend empfunden. Das neue Logo sollte auf jeden Fall einen weißen Hintergrund besitzen und in der Farbwahl eine Farbe enthalten, die Vertrauen und Verlässlichkeit vermittelt. Blaue Farbtöne werden farbpsychologisch so wahrgenommen. Da ich eine Farbe benötigte, die ich auch in helleren Abstufungen gut verwenden konnte, entschied ich mich für die Ver-

wendung eines dunklen Blaus. Da die Verwendung von Sonderfarben (wie HKS, Pantone und RAL) die preiswertere Möglichkeit von Zweifarbdrucken gestattet, erschien die HKS-Sonderfarbe HKS 42 K als gute Wahl.

2. Weil die meisten Verbraucher die abgerundete Form eines Monitors am ehesten symbolisch mit einem PC/Computer verbinden, werden im neuen Design abgerundete Rechtecke sowie die Monitorsymbolik im Logo und in den Markenzeichen verwendet.

Abbildung 8.2
Eingängige PC-Symbolik

3. Das Logo und die Markenzeichen sollten sowohl zweifarbig als auch Schwarzweiß verwendbar sein. Schon allein deswegen bot sich eine zweifarbige Gestaltung an.

4. Es sollte eine neue Schrift verwendet werden, die sowohl einen modernen und ästhetischen Eindruck vermittelt als auch von ihrer Erscheinung her technisch wirkt. Als Schrift für das Logo wurde dabei auf die Schrift Arzberg zugegriffen, eine Versalienschrift, die sowohl dem Anspruch gerecht wurde als auch in drei leicht variierenden Schriftschnitten vorliegt. Als Fließtext wurde die Myriad Pro verwendet. Die Myriad zeichnet sich durch ein modernes, zeitgemäßes Design als auch durch vielfältige Schriftschnitte und als Open-Type-Schrift auch durch eine Vielzahl an Symbolen aus.

Hinweis

Schwarzweiß wird vor allem für Stempelvorlagen und Faxe benötigt.

Abbildung 8.3
Die Schriften Arzberg und Myriad Pro

Arzberg Six
ABCDEFGHIJKLMNOPQRSTUVWXYZ
1234567890

Arzberg Seven
ABCDEFGHIJKLMNOPQRSTUVWXYZ
1234567890

Arzberg SixPtFive
ABCDEFGHIJKLMNOPQRSTUVWXYZ
1234567890

Myriad Pro
abcdefghijklmnopqrstuvwxyz
ABCDEFGHIJKLMNOPQRSTUVWXYZ
1234567890

Media-Mix

Wie bei jedem Crossmedia-Projekt wurden auch hier die gewünschten Medien zusammengestellt und die allgemeinen Designmaßgaben festgelegt.

1. Print

   - Offset (geplant): Briefpapier, 28-seitiger Prospekt
   - Digital: Visitenkarten
   - In-House (Epson-Color-Laserdrucker): Produktblätter, Anzeigen als Einleger

2. Non-Print

   - Produktblätter und Anzeigen als versandfertige E-Mail-Beilagen
   - Website

Folgende Grundbedingungen wurden abgesprochen:

1. Es sollte in erster Linie eine Bildsymbolik verwendet werden. Es wurde von Seiten des Auftraggebers gewünscht, dass nur wenig Menschen im Bildmaterial verwendet werden sollen. Dieser Wunsch beruhte hauptsächlich darauf, dass die vorgelegten Stockfotografien nicht den Vorstellungen der Geschäftsführung entsprachen.

2. Aus Gründen der Weißraumgestaltung sowie zum Einhalten von eventuell auftretenden Druckerrändern sollten alle als PDF-Daten vorliegenden Medien einen gleichmäßigen Seitenrand erhalten, der sich in das Design einfügen sollte.

3. Nur der 28-seitige Prospekt und das Briefpapier sollten letztlich im Offsetverfahren gedruckt werden. Alle anderen Medien auf Papier sollten im Digitaldruck produziert werden. Deswegen wurden PDF-Daten erzeugt, die bei Bedarf im Betrieb ausgedruckt und in Mappen an den Kunden versendet werden konnten.

Hinweis

Die PDF-Dateien hatten auch den Vorteil, dass Produktaktualisierungen schneller berücksichtigt werden können.

4. Visitenkarten wie auch Briefpapier sollten einseitig gestaltet werden. Auf dem Briefpapier sollte kein Aufdruck vorgenommen werden, wie Adresse, Kontoverbindung und so weiter. Dies sollte stets vor Ort geschehen. Das hatte vor allen den Vorteil, dass bei einem eventuellen Umzug keine neuen Briefbögen erzeugt werden müssen und auch Außendienstler die Briefbögen – ohne aufgedruckte Personalisierung – verwenden können.

5. Auf Grund der extrem hohen Kosten für Werbeplatz in Fachzeitschriften wurde auf die Verwendung der Anzeigen als Werbung verzichtet und diese nun als Einleger für die Produktmappen verwendet.

Vorgehensweise

Für das Projektmanagement wurden die Aufgaben wie folgt verteilt:

1. Bildbearbeitung, Webdesign und Bildkomposition: Photoshop CS2/ImageReady CS2
2. Printmedien (Layout): InDesign CS2
3. Website (Layout und Durchführung): GoLive CS2
4. Druckvorstufe sowie PDF-Bearbeitung: Acrobat 7 Professional
5. Illustration und Design: Illustrator CS2
6. Datenverwaltung und Bilddatenakquise: Adobe Bridge

Ich möchte Ihnen im Folgenden den Workflow in der Produktionsreihenfolge präsentieren. Ich beschreibe Ihnen die Vorgehensweise im Projekt wie auch im Programm, soweit es sich nicht um triviale oder bereits beschriebene Funktionen handelt, deren Kenntnis ich hier voraussetzen möchte.

Um zu verdeutlichen, wie leicht man innerhalb des Workflows zwischen den einzelnen Programmen wechseln kann, setze ich an den Marginalien kleine Symbole ein, welche die jeweiligen Programme repräsentieren sollen.

Schriftverwaltung mit Suitcase X1

Natürlich bin ich nicht völlig ohne andere Programme ausgekommen, die sich nicht in der Adobe Creative Suite Premium befinden. Für die Schriftverwaltung habe ich Suitcase X1 verwendet. Suitcase liefert ein PlugIn mit, das im Dokument verwendete, aber nicht aktivierte Schriften automatisch beim Öffnen aktiviert.

Darüber hinaus musste ich Microsoft Word und Excel verwenden, um Kundendaten öffnen zu können. und Macromedia Flash, um den Eingangs-Flash-Film zu produzieren.

Außerdem werden Sie noch ein anderes Werkzeug zu sehen bekommen, das aus der Mode zu kommen scheint: den Bleistift.

Er soll symbolisieren, dass Scribbles vorgenommen wurden. Scribbles helfen mir – auch ohne großes künstlerisches Talent –, Ideen beim Kunden zu verdeutlichen und mir einen Eindruck von den Proportionen des Designs zu verschaffen. Die meisten meiner Scribbles entstehen im Übrigen am Whiteboard beim Kundengespräch. So habe ich die Möglichkeit, mit dem Kunden zusammen die Idee zu entwickeln und auszuarbeiten. Zum Abschluss mache ich dann in der Regel ein Digitalfoto vom Scribble, damit ich damit im Büro arbeiten kann.

Für dieses Projekt hat der Kunde von mir ein verbindliches Designkonzept erhalten, in dem ich die Beweggründe und die Aussagen des neuen Designs sowie die Designvorgaben (Farben, verwendete Schriften und Schriftschnitte, Medienmaße und Maßangaben in den Einzeldesigns) dokumentierte.

Ich möchte – einerseits aus Rücksicht auf meinen Kunden, andererseits aus Platzgründen – auf eine Art »Davor-Danach«-Ansicht verzichten, sondern nur das eigentliche Projekt vorstellen.

8.2 Vorbereitungen

Im Vorfeld ist es unbedingt notwendig, die Arbeit etwas zu organisieren.

Neben den üblichen Terminabsprachen mit dem Kunden und dem darauf basierenden Projektmanagement sollte man sich auch auf dem Rechner auf die Arbeit und vor allem auf die Datenannahme vorbereiten.

8.2 Vorbereitungen

Oftmals werden Daten erst in die dafür vorgesehenen Ordner gespeichert, wenn diese Daten auflaufen. Dann ist es für eine disziplinierte Ordnung leider oftmals zu spät und meistens verlieren sich die Daten dann im Festplatten-Datendschungel.

Am einfachsten legen Sie folgende Ordnerstruktur an:

- Projektordner
    - Ordner für eingehende Bilder
        - Vom Kunden gelieferte Daten
        - Stockfotos
    - Ordner für eingehende Grafiken
        - Vom Kunden gelieferte Daten
        - Clip-Arts
    - Ordner für eingehende Office-Daten
        - Excel
        - Word
    - Ordner für Photoshop-Daten (Ihre Bearbeitungen)
        - Ordner für interaktive Photoshop/ImageReady-Dateien (Ihre Bedienelemente für die Website)
    - Ordner für Illustrator-Grafiken
    - Ordner für InDesign-Dokumente
    - Ordner für das GoLive-Webprojekt
    - Ordner für Acrobat-Dateien (PDF-Dateien)
    - Ordner für Dateien, die versendet werden (alle Dateien, die übers Internet versendet werden müssen, zum Beispiel Dateien für die Druckvorstufe, Kundenansichtsexemplare und Ähnliches)

Legen Sie sich diese Struktur am besten gleich in der Adobe Bridge an, damit Sie sich mit dem Programm vertraut machen können. Sehen Sie sich für Bedienungshinweise die Adobe-Bridge-Hilfe an ([F1] oder HILFE|BRIDGE-HILFE) oder schauen Sie in diesem Buch nochmals in Kapitel 1 über die Adobe Bridge.

Anlegen einer Ordnersturktur in der Adobe Bridge

Hinweis

Diese Einteilung muss nicht sein. Teilen Sie das nur so ein, wenn die Datenmenge an Word- und Excel-Dateien gleich groß ist.

Tipp

Hinweis

Wie bereits in der Einleitung erwähnt, sehen Sie hier den Unterschied zu einem Workflow mit einem Programm-Mix aus verschiedenen Programmen, die nicht Daten untereinander austauschen können: Sie benötigen keine Ordner für die Aufbewahrung von Austauschformaten. Weil Sie in den einzelnen Programmen die Daten untereinander austauschen können, werden keine Daten in den Formaten EPS, TIF, GIF oder JPG benötigt.

Nun können Sie erst einmal alle einlaufenden Daten in die dafür vorgesehenen Ordner legen und vor allem Bilder und Grafiken in der Vorschau der Adobe Bridge begutachten.

8.3 Logo-Entwicklung

Beim Logo musste ich darauf achten, dass der Schriftzug *CompuStar* deutlich besser herauskommt als beim letzten Logo, bei dem der Stern in den Schriftzug mit eingearbeitet war und der schwarze Hintergrund eine Weißraumgestaltung extrem erschweren würde.

Außerdem sollten Sie Folgendes bei einer Logo-Entwicklung beachten: Möchte der Kunde das neue Logo urheberrechtlich schützen lassen, so kann er nur einen Entwurf einreichen, ohne Zusatzgebühren zu zahlen. Diese kommen nämlich auf ihn zu, sollte er auch Logo-Variationen (zum Beispiel in Schwarzweiß oder mit anderen Hintergründen) registrieren lassen wollen. Ein Logo mit weißem Hintergrund lässt sich universeller einsetzen und erzeugt dadurch auch weniger den Drang, Variationen für verschiedene Medienhintergründe erzeugen zu müssen.

Ausgehend davon, dass eine große Mehrheit von Verbrauchern die Form eines Monitors mit dem Begriff *PC* verbindet, wollte ich den Stern nun in ein Monitorsymbol einbauen. Darüber hinaus musste der Schriftzug so prominent sein, dass sowohl das Symbol als auch die Schriftmarke für sich allein stehen können.

Zunächst scribbelte ich diverse Formgebungen vor. Als das Symbol feststand – die Abnahme durch den Kunden ging verhältnismäßig schnell vonstatten –, musste ich mir Gedanken über die Ausrichtung des Symbols zum Schriftzug machen. Dafür fotokopierte ich das bereits vom Kunden genehmigte Logo und den Schriftzug und kombinierte sie miteinander in verschiedenen Anordnungen, wie zentriert, linksbündig, rechtsbündig und gemischt. Diese manuellen Kombinationen stimmte ich mit dem Kunden ab und wir einigten uns auf die Kombination Logo links – Schriftzug rechts.

Scribbeln des Logos zur Übersicht und Einschätzung der Proportionen

8.3 Logo-Entwicklung

Das vom Kunden abgesegnete Logo wird dann mittels Photoshop eingescannt und abgespeichert. Um die spätere Platzierung in Illustrator aus Speichergesichtspunkten nicht unnötig zu belasten, wurde der Scan in Graustufen umgewandelt.

Diesen Scan öffnete ich dann in Illustrator und legte ihn als Vorlage an (EBENENPALETTEN|VORLAGE).

Einscannen und Bearbeiten des Scribbles in Photoshop

Wenn Sie ein Logo, ein Signet oder eine Wortmarke gestalten, ist es sinnvoll, dies auf einer recht großen Oberfläche zu tun, damit Sie genug Platz haben, um Details ausarbeiten zu können und um ein recht großes Format bei der Präsentation zu erzielen. Es bietet sich in den meisten Fällen das Format DIN A3 an (hoch oder quer).

Tipp

Nun habe ich nicht den Scribble einfach vektorisiert oder sogar interaktiv abgepaust (siehe Kapitel 4), sondern erst einmal mit Hilfslinien die Proportionen definiert.

Danach habe ich zuerst den Stern gezeichnet, dann den abgerundeten Kasten, in dem sich der Stern befindet.

Zur Einfärbung habe ich die Sonderfarbe HKS 42 K in der Farbpalette angelegt (FARBFELDERPALETTEN|FARBFELDER-BIBLIOTHEK ÖFFNEN|HKS K) und die Farbe per Doppelklick in die Farbpalette gelegt.

Design des Logos in Illustrator

Nun möchte ich auch in Zukunft, um einen Zweifarbdruck (Schwarz + Sonderfarbe) zu begünstigen, mit prozentual eingerichteten Farbabstufungen der Sonderfarbe arbeiten. Um mir jedoch die Arbeit etwas zu erleichtern, habe ich mir eine eigene Aktion angelegt, mit der ich eine beliebige, in der Farbpalette angelegte Farbe in Stufen von 100% bis 1% anlegen kann. So erhalte ich mit einem Klick eine Farbpalette, die ich für die Arbeit am Logo verwenden kann. Die dafür von mir angefertigte Aktion lege ich Ihnen auf der CD zum Buch (mit einer Erläuterung) bei.

Hinweis

Die hier vorgestellte Beispielaktion finden Sie auf der beigelegten CD.

Dann wandelte ich die beiden Formen (den Stern und das darunter liegende abgerundete Rechteck) in eine interaktive Gruppe um, um die Schnittflächen mit INTERAKTIV MALEN (siehe Kapitel 4) gesondert einfärben zu können. Dieser Schritt ist in diesem Produktionsstadium sinnvoller, als Schnittflächen mit dem Pathfinder zu erzeugen und die überstehenden Flächen einfach zu löschen. Der Grund dafür ist, dass sich der Kunde in diesem Produktionsstadium immer noch dafür entscheiden könnte, die Position des Sterns zu verändern. Würde ich mit dem Pathfinder arbeiten und die Schnittflächen einfach herauslöschen (oder weiß einfärben), so müsste ich bei einer Verschiebung der Objekte erst das jeweilige Objekt mühsam wieder zusammensetzen und dann verschieben. Beim INTERAKTIVEN MALEN allerdings (siehe Kapitel 4) bleiben die Formen erhalten, so dass ich sie jederzeit wieder verschieben und neu einfärben kann. So färbe ich die Sternflächen, die über die Kante des Rechtecks ragen, weiß ein und die anderen Flächen mit HKS 42 K und den Stern mit einer helleren Abstufung.

Tipp

Wenn Sie also in einem Design in Illustrator sich überschneidende Flächen haben, die verschieden eingefärbt werden sollen, und Sie sich die Positionierbarkeit der Ursprungsflächen erhalten möchten, so ist die Verwendung von INTERAKTIV MALEN sinnvoller als die Aufteilung der Objekte durch Schnittmengen im Pathfinder. Während im Pathfinder neue, geschlossene Objekte erzeugt werden, bleiben die Ursprungsformen der Objekte beim Umwandeln in eine INTERAKTIV MALEN-Gruppe erhalten. Das erneute Einfärben mit INTERAKTIV MALEN geht letztlich schneller und komfortabler vonstatten als die Wiederzusammenführung von einzelnen, vom Pathfinder getrennten Flächen. Ich empfehle, sich die Hilfedatei von Illustrator sowie die Einführung in die neuen Funktionen zum Thema INTERAKTIV MALEN anzusehen wie auch die Angaben zum INTERAKTIV MALEN in Kapitel 4.

Durch ein weiteres, nun farbloses abgerundetes Rechteck erhalte ich die Monitorsymbolik, die ich für das Logo erzielen wollte.

Abbildung 8.4
Das neue CompuStar-Logo

Nun zum Schriftzug: Die Schrift Arzberg besteht aus drei Schriftschnitten, die allesamt nur aus Versalien bestehen: Six, Seven und SixPointFive.

Für den Hauptschriftzug habe ich SixPointFive verwendet, für »Technologies« Six und für »GmbH« wiederum SixPointFive. Bei Arzberg muss man beachten, dass es sich nur um Versalien handelt, also alle Kleinbuchstaben nicht belegt sind.

In diesem Produktionsstand macht es noch keinen Sinn, die Schriften in Pfade umzuwandeln. Dies ist zwar ein Schritt, der später drucktechnisch durchaus sinnvoll ist, weil dann im Druckvorstufen-PDF weniger Schriften integriert werden müssen (man erreicht unter anderem dadurch kleinere Dateien), allerdings muss dem Kunden hier immer noch ein Modifizierungsrecht eingeräumt werden.

Die Ausrichtung der beiden grafischen Anteile (Symbol und Text) erfolgt hier noch per Augenmaß.

Abbildung 8.5
Das Logo mit dem Schriftzug in Arzberg

Das neue Firmenzeichen wurde zusätzlich als PDF gespeichert, das PDF allerdings in Acrobat noch optimiert, weil PDFs aus Illustrator noch den vollen Bearbeitungsumfang in Illustrator ermöglichen. Diese Funktionalität belegt für ein PDF, das in den E-Mail-Versand soll, zu viel Speicherplatz, womit dann eine Optimierung in Acrobat unumgänglich wird. Siehe dazu Kapitel 7 zum Thema *PDF optimieren*.

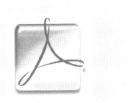

PDF in Acrobat zum E-Mail-Versand optimieren

Abschließend wurde dieses PDF zur Abnahme an den Kunden versendet.

8.4 Markenzeichen entwickeln

CompuStar benötigte für seine Produktreihen »Millennium 3000« (die PC-Produkte), »MediaStar« (Multimedia-PC auf Basis Windows Media Center) sowie »All-in-1-Order« (komplette PC-Systeme mit Monitor und Drucker) jeweils prägnante Markenzeichen.

Kapitel 8 — DAS PROJEKT

Markenzeichen in Illustrator entwickeln.

In Zusammenarbeit mit der Geschäftsführung wurde entschieden, das Firmenlogo mit einer gewissen, der Produktreihe entsprechenden Symbolik zu erweitern.

Dafür verwendete ich Symbole aus Wingdings und Webdings, Schriften, die mit dem Office-Paket von Microsoft installiert werden. Diese Entscheidung ist vor allem deswegen gefallen, weil a) unter den vielen Symbolen in den Bibliotheken und Clip-Art-Sammlungen keine adäquate Symbolik zu finden war und b) die Schriften die simple Ästhetik des Firmenlogos unterstützen.

Um mir einen besseren Überblick über die Möglichkeiten in einer Symbolschrift zu verschaffen, verwende ich die Glyphen-Palette in Illustrator (FENSTER|SCHRIFT|GLYPHEN). Lesen Sie dazu auch Kapitel 4 über die Glyphen-Palette.

Hinweis

Wenn Sie die Funktionalität der Glyphen-Palette auch in anderen Programmen nutzen möchten (beispielsweise in Photoshop, wo es nicht implementiert ist), so möchte ich Ihnen ein Third-Party-Produkt ans Herz legen: *PopChar Pro*. PopChar Pro legt auf dem Desktop ein Popup-Menü an, in dem Sie dann in der aktuell ausgewählten oder einer auszuwählenden Schrift einzelne Typen auswählen können. PopChar Pro ist von ergonis Software und ist als PopChar Pro für den Mac und als PopChar Win für Windows erhältlich. Die Webadresse von ergonis Software entnehmen Sie bitte dem Anhang.

Abbildung 8.6

Das neue Markenzeichen für die PC-Produkte »Millennium 3000«, eine doch schon etwas aus der Mode gekommene Kombination aus einem Modebegriff und einer Tausenderzahl, wurde im Markennamen wie folgt dargestellt: Dem nun neuen Firmenlogo wurde unterhalb des Monitorsymbols eine kleine Tastatur aus Webdings hinzugefügt, um den PC-Charakter nochmals zu verdeutlichen. Der Schriftzug »Millennium 3000« wurde an die Stelle von »Technologies GmbH« gesetzt

Bei »Mediastar« kombinierte ich Symbole einer CD, eines Kopfhörers, eines Filmstreifens und eines Fernsehgerätes aus Wingdings und stellte sie an dieselbe Stelle wie zuvor die Tastatur in »Millennium 3000«. Diese Symbole sollten die Multimediafähigkeiten des Systems unterstreichen.

8.4 Markenzeichen entwickeln

Abbildung 8.7
Das neue Markenzeichen für die Media-Center-PCs

Während der Markenbegriff »All-in-1-Order« den Inhalt, also komplette PC-Systeme, bereits gut beschrieb, fiel mir die Symbolik nicht so leicht. Am Schluss haben wir uns auf einen Entwurf geeinigt, der zumindest von den Ausmaßen etwas aus dem Rahmen fiel. Ich kombinierte Elemente aus Webdings zu einem Kasten, auf den vier im 90°-Winkel geknickte Pfeile deuten. Die vier Pfeile sollten die maximal vier Komponenten eines »All-in-1-Order«-Systems symbolisieren, nämlich PC, Monitor, Drucker und Software.

Abbildung 8.8
Das neue Markenzeichen für Komplett-PC-Systeme

Zur Vorgehensweise: Für jedes Markenzeichen habe ich ein neues Dokument mit dem Format DIN A3 quer angelegt. Dann habe ich jeweils einfach das Firmenlogo als Illustrator-Datei per Drag&Drop von der Bridge ins Dokument gezogen. In diesem Fall ist die Datei noch nicht eingebettet, sondern lediglich verknüpft. Das bedeutet, dass das Objekt nicht bearbeitet oder modifiziert werden kann. Um es modifizieren zu können – und zwar mit denselben Objekten wie im Original –, muss man das Objekt im neuen Dokument einbetten. Danach stellt sich das verknüpfte Objekt normal bearbeitbar dar.

Verwendung des Firmenlogos durch Drag&Drop aus der Adobe Bridge

Tipp

Die Einbettung nimmt man wie folgt vor:

1. Einfügen und Verknüpfen des Objektes per Drag&Drop aus der Adobe Bridge
2. Eventuelles Ausrichten des noch verknüpften Objektes auf dem Medienformat
3. Angewähltes, verknüpftes Objekt durch Klick auf EINBETTEN im Kontextmenü (siehe Abbildung 8.1) einbetten.

Abbildung 8.9
Kontextmenü

Natürlich kann man auch über DATEI|PLATZIEREN und Auswahl der Datei mit der Option Einbetten eine Datei direkt einbetten. Allerdings erweist sich in der Praxis der Drag&Drop-Prozess als zeitsparender.

Jetzt kann man die Datei bearbeiten und als eigene Datei abspeichern.

Nun sind die Hauptgestaltungselemente für die neuen Firmenmedien erzeugt und so können wir zu den Printstandards Briefpapier und Visitenkarten übergehen.

8.5 Gestaltung von Briefpapier und Visitenkarten

Briefpapier

Bisher wurde bei CompuStar kein Briefpapier verwendet. Das Firmenlogo wurde mit der Textverarbeitung bzw. dem Rechnungs- und Fakturierungssystem mit ausgedruckt. So etwas sieht recht billig aus und würde auf Dauer dem Firmenimage schaden. Deswegen wurde Briefpapier in Auftrag gegeben.

Hinweis

Bei Briefpapier ist es wichtig, gewisse Maßgaben bezüglich Grammatur sowie Vorgaben nach DIN zu beachten. Ein Briefpapier sollte auf jeden Fall in jedem Drucker zu verarbeiten sein und gleichzeitig den Eindruck eines Geschäftspapiers behalten. Sparsamkeit ist da nur so lange angesagt, wie eine Grammatur von 90g/qm nicht unterschritten wird. Leichtere Papiere würden sich im Laserdruckverfahren durch die Fixierhitze nur unnötig verformen und auch in der Haptik einen schlechten Eindruck hinterlassen.

Was die Einteilung eines Briefbogens angeht, so gibt es gemäß DIN spezifische Einteilungskriterien, die man beachten sollte, unter anderem auch damit nach dem Eintüten in einen Fensterumschlag das Adressfeld vollständig erkennbar ist.

8.5 Gestaltung von Briefpapier und Visitenkarten

Die Einteilung sieht wie in Abbildung 8.10 aus:

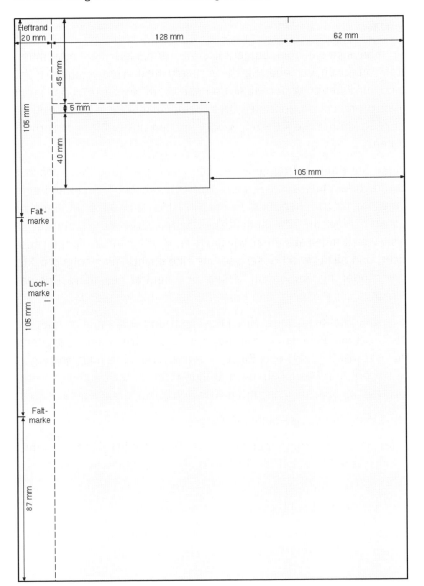

Abbildung 8.10
Die Aufteilung eines DIN-Briefbogens

Man kann einen Briefbogen nun auf zwei Arten innerhalb der Creative Suite anlegen: Einseitige und mit vielen Schmuckelementen versehene Briefbögen können in Illustrator angelegt werden, weil Illustrator mehr gestalterische Mittel zur Verfügung stellt als InDesign. Müssen

Tipp

allerdings zweiseitige Briefbögen angelegt werden (zum Beispiel mit den AGBs auf der Rückseite), so ist eine Gestaltung in InDesign unumgänglich.

Tipp

Legen Sie sich das oben aufgeführte Muster als InDesign- oder Illustrator-Vorlage an. Versehen Sie die Vorlagen mit den notwendigen Hilfslinien zur Einhaltung der Maße und speichern Sie diese Vorlagen an einem prominenten, zentralen Ort mit einer eindeutigen Dateibezeichnung. So können Sie jederzeit wieder auf den DIN-Briefbogen zurückgreifen.

Tipp

Fragen Sie Ihren Auftraggeber – auch wenn die Frage ihm zunächst absurd vorkommen sollte –, ob er vorhat, in absehbarer Zeit mit dem Firmensitz umzuziehen. In diesem Falle ist es sinnvoll, Briefbögen zu gestalten, die keine Adressinhalte beinhalten. Es ist nicht immer zuverlässig vom Kunden absehbar, wie lange ein Kontingent Briefpapier ausreicht, und nichts wirkt unseriöser als eine nachträglich aufgedruckte Adressänderung. Außerdem lassen sich neutral gestaltete Briefpapiere auch als Prospekt- und Präsentationspapier verwenden.

Tipp

Vergessen Sie keinesfalls, einen Beschnittrand von 3 mm anzulegen, damit Schmukkelemente am Rand sowie Falzmarken passgenau gedruckt werden und keine Blitzer erzeugen. Den Beschnittrand legen Sie sowohl in InDesign als auch in Illustrator im Dialogfenster NEUES DOKUMENT an bzw. auch nachträglich in den Dokumenteneinstellungen.

Scribble vom Briefbogen anfertigen

Meine Vorgehensweise beim Briefbogen:

1. Scribbeln des Briefbogenentwurfes. Das Scribble dient dazu, mir einen Überblick über die Proportionen der Gestaltung zu verschaffen.

2. Abnahme des Scribbles durch den Auftraggeber

3. Anlegen des DIN-Schemas mittels Hilfslinien in einem neuen Dokument in InDesign (Beschnittrand nicht vergessen!)

4. Abspeichern des Dokuments als InDesign-Vorlage

5. Anlegen eines neuen InDesign-Dokuments mit der zuvor erzeugten Vorlage-Datei

6. Anlegen von weiteren Hilfslinien, um das Scribble entsprechend umsetzen zu können

7. Anlegen eines maßgerechten Rahmens für das primäre Schmuckelement Firmenlogo an der dafür vorgesehenen Stelle im Dokument

8. Platzieren des Firmenlogos durch Drag&Drop des Illustrator-Dokuments von der Adobe Bridge in den Platzhalterrahmen in InDesign

9. Unter Umständen muss die Größe des eingesetzten und nun verknüpften Logos noch angepasst werden.

10. Anlegen der sekundären Schmuckelemente (hier: die farbigen Rechtecke)

11. Anlegen der notwendigen Markierungen (Falzmarken usw.) passend zur Gestaltung

12. Überprüfung des Dokuments in der Vorschau (Beschnittrand und Hilfslinien ausgeblendet)

13. Export des Dokuments als druckvorstufentaugliches PDF (Datei |Adobe-PDF-Vorgaben|[Druckausgabequalität]). Es ist hier immer sinnvoll, die Vorgaben nochmals zu überprüfen, bei den Ausgabeoptionen darauf zu achten, dass nur Schwarz und HKS 42 K definiert sind, und vor allem alle vom Druckdienstleister gewünschten Druckmarken zu platzieren.

In InDesign Briefbogen als Vorlage und als Dokument anlegen

Abbildung 8.11
Der neue Briefbogen für CompuStar. Der Aufbau der Seite war unter anderem auch durch die mögliche Benutzung in der Mappe bedingt (siehe den Unterpunkt *Gestaltung von ganzseitigen Anzeigen als Einleger für Präsentationsmappen und Zeitschriftenwerbung*).

Ab hier kann man dann die Datei nochmals vom Kunden abnehmen lassen, bevor sie in den Druck geht.

Achtung

Sie sollten auf keinen Fall das PDF in Acrobat optimieren, weil sonst nachträgliche Korrekturen mit Acrobat Professional, Acrobat InProduction oder PitStop vom Druckdienstleister nicht mehr zuverlässig vorgenommen werden können.

Visitenkarten

Auch Visitenkarten haben ein vorgegebenes DIN-Format, auch wenn dies gern ignoriert wird, um aufzufallen. Eine Visitenkarte hat immer das Format 85 x 54 mm (hoch oder quer). Variationen sind in der Regel zwei- oder – als Klappkarte – vierseitig.

Natürlich fallen Visitenkarten exotischen Aufbaus und Formats auf. Allerdings haben diese viele Nachteile. Erstens passen sie nicht in Aufbewahrungsbehältnisse für Visitenkarten wie Kästen, Mappen oder Rolodexe. Zweitens sind sie oftmals so verwirrend gestaltet, dass Ansprechpartner, Funktion, Adresse und so weiter nicht in einer korrekten Lese- und Verständnisreihenfolge erscheinen. Das ist jedoch von enormer Wichtigkeit, weil der Empfänger einer Visitenkarte eigentlich auf einen Blick erfassen muss, mit wem er es zu tun hat und wie er ihn/sie erreichen kann. Auch bei der Wahl der Materialien sollte man umsichtig vorgehen und auf Lesbarkeit und Übersichtlichkeit achten. Transparente Visitenkarten auf Folien fallen auf, allerdings reibt sich der Druck schnell ab und die Karte wird nutzlos. Ebenso sind Karten auf Metallic-Papieren ganz nett anzusehen, allerdings sind sie a) sehr teuer und b) wegen der irisierenden Metallic-Effekte schlecht lesbar. Es ist deswegen sicherlich sinnvoll, auf Standardformate und Standardpapiere zurückzugreifen und die Gestaltung für sich sprechen zu lassen.

Hinweis

Mein Auftraggeber wünschte sich eine einseitige Visitenkarte, die darüber hinaus auch preiswert produzierbar sein sollte.

Dies lässt sich dadurch erreichen, dass man eine Visitenkarte für den Zweifarbdruck gestaltet und je ein PDF für den zweifarbigen Offsetdruck und eine für den vierfarbigen Digitaldruck erzeugt. Je nachdem für welche Alternative sich der Kunde letztlich entscheidet, ist die notwendige Datei bereits vorhanden.

Wie auch beim Briefpapier hat man nun die Wahl zwischen Illustrator und InDesign. Bei mehrseitigen Visitenkarten kann man auf einem größeren Medium diese auch in Illustrator aufbauen. Allerdings bietet sich auch InDesign mit seinen umfangreichen typografischen Funktionen an.

Und wieder ist es bei den Visitenkarten sinnvoll, Vorlagen zu erstellen, allerdings erst nach der Gesamtgestaltung. Auf diese Weise können schnell und unkompliziert weitere Mitarbeiter mit Visitenkarten versorgt werden, ohne dass man mit Cut&Paste umständlich bereits vorhandene Designs duplizieren muss.

Tipp

Kapitel 8 — DAS PROJEKT

Hinweis

Scribbeln der Visitenkarte zur besseren Übersicht

Gestalten des Layouts in InDesign

Übernahme des Logos aus der Adobe Bridge per Drag&Drop

Wichtig ist auch bei der Gestaltung der Visitenkarten, einen Beschnittrand von 3 mm anzulegen. Gerade Visitenkarten haben Schmuckelemente im Anschnitt und Blitzer sehen nicht nur hässlich aus, sie vermitteln auch einen schlechten, schlampigen Eindruck.

Die Vorgehensweise ist nun wieder der beim Briefpapier ähnlich.

1. Scribbeln von Visitenkartenentwürfen zur Vorstellung beim Kunden und zur Orientierung auf dem Medium
2. Abnahme des Scribbles durch den Kunden
3. Öffnen eines neuen Dokuments in InDesign mit den Maßen 82 x 54 mm plus 3 mm Beschnittrand
4. Erzeugen des Hintergrundes und der Schmuckelemente mit InDesign-Werkzeugen
5. Es wird ein Rahmen platziert, in dem das Firmenlogo eingesetzt werden soll.
6. Durch Drag&Drop aus der Adobe Bridge wird die Illustrator-Datei übernommen, die das Firmenlogo enthält. Das Logo wird platziert, die Dateien miteinander verknüpft und in der Größe noch angepasst, so dass es ins Design passt.
7. Durch die Übernahme des Logos werden die Farbwerte aus der Illustrator-Datei automatisch in InDesign übernommen, so dass die Farben für die Einfärbung von Schmuckelementen und Hintergrund verwendet werden können.
8. Die Textrahmen werden positioniert.
9. Der Text wird nach Kundenangaben eingesetzt und die Zeichenformate definiert: Name, Funktion, Adresse, Telefonnummer und E-Mail.
10. Das Design wird im Vorschau-Modus kontrolliert (Beschnitt und Hilfslinien ausgeblendet).
11. Es wird ein Test-PDF in niedriger Auflösung erzeugt (DATEI|ADOBE-PDF-VORGABEN|[KLEINSTE DATEIGRÖSSE]), um diese zur Abstimmung zum Kunden zu senden.

8.5 Gestaltung von Briefpapier und Visitenkarten

12. Nach Abnahme durch den Kunden werden zwei druckreife PDFs erzeugt (DATEI|ADOBE-PDF-VORGABEN|[DRUCKAUSGABEQUALITÄT]): Eine Version beinhaltet nur die Daten für den Zweifarben-Offset-Druck (in der Option Ausgabe|Druckfarben-Manager werden keine Veränderungen vorgenommen, nur kontrolliert, dass sich nur die Farben Schwarz und HKS 42 K in der Aufstellung der Druckfarben befinden). Die zweite Version wird für den Digitaldruck erstellt. Dabei wird in der eben bereits in Klammern erwähnten Option AUSGABE|DRUCKFARBEN-MANAGER die Option ALLE VOLLTONFARBEN IN PROZESSFARBEN UMWANDELN aktiviert. Dadurch werden alle definierten Volltonfarben in CMYK-Separationen umgewandelt. Das Ergebnis ist ein PDF, das für den Vierfarbendruck vorbereitet ist.

13. Abschließend wird von der Mustervisitenkarte eine Vorlage angefertigt zur späteren Verwendung für weitere Mitarbeiter.

Abbildung 8.12
Die neue Visitenkarte

Hinweis

Die Umwandlung von Volltonfarben in CMYK funktioniert im Adobe-Farbmanagement mit außerordentlich guten Ergebnissen. Die Umsetzung ist für den Akzidenzdruck mehr als ausreichend und sehr zu empfehlen. Wichtig ist natürlich dabei, dass alle Ihre Produkte aus der Creative Suite stammen, das heißt somit, mit ein und demselben Farbmanagement umgewandelt wurden. Besonders zu empfehlen ist diese Funktion auch, wenn Sie Bilder aus dem Duplex-Farbraum in CMYK überführen. Da das Adobe-Farbmanagement für die Umwandlung innerhalb der gesamten Suite definiert ist, dürften die Ergebnisse immer in einem gut übereinstimmenden Rahmen sein. Ich habe schon mehrere Projekte auf diese Weise durchgeführt, dass die Brief- und Prospektpapiere im Zweifarb-Offsetdruck erzeugt wurden und die Visitenkarten im Vierfarb-Digitaldruck. Die Farbabweichungen waren in allen Fällen (HKS und Pantone) vernachlässigbar.

8.6 Gestaltung von ganzseitigen Anzeigen als Einleger für Präsentationsmappen und Zeitschriftenwerbung

Werbung ist wichtig fürs Geschäft. Um die Werbung auch vielseitig verwenden zu können, schlug ich ein Konzept vor, das ganzseitige Anzeigen im DIN-A4-Format vorsah. Diese Anzeigen würden – gemäß des Konzepts – sowohl als Zeitschriftenanzeigen als auch als Präsentationsmaterial dienen können.

Es entstand die Grundidee eines zentralen Motivs, das die Qualität von CompuStar-Produkten – vornehmlich die PC-Produktlinie – hervorheben sollte. Anstatt nun einfach Produktfotografien zu verwenden, entschied ich mich, symbolische Fotografien zu verwenden, welche die Einsatzgebiete von CompuStar PCs verdeutlichen sollten.

Adobe Stock Photos zur Fotorecherche in der Adobe Bridge verwenden

Weil ich geeignete Fotos benötigte, um die Entwürfe vorstellen zu können, durchsuchte ich eigene Stock-Photo-Bibliotheken (es sammelt sich im Laufe der Jahre ganz hübsch was an, kann ich Ihnen sagen ...) und benutzte auch den Stock-Photo-Service in der Adobe Bridge. Die Verwendung des Features ist wirklich ganz einfach: Einfach einen Suchbegriff eingeben und die Ergebnisse auswerten. Durch doppeltes Anklicken wird eine niedrig aufgelöste Version des Bildes heruntergeladen, das Komposition genannt wird und für Entwurfszwecke kostenlos ist.

Die Idee für die Anzeigen war ebenso einfach wie wirkungsvoll zugleich. Es bedurfte keiner Scribbles im Vorfeld. Lediglich ein bisschen Textergeschick, um die geeigneten Slogans zu dichten.

Die Anzeigen entstanden alle nach demselben Schema:

1. Recherche der Bilder in der Adobe-Stock-Photo-Bibliothek oder in eigenen Bibliotheken

Sichtung der Bilder und Modifizierung der Metadaten

2. Zusammenstellen des Bildmaterials in der Adobe Bridge; Modifizierung der Metadaten zum leichteren Auffinden (Stichworte hinzufügen)

8.6 Gestaltung von ganzseitigen Anzeigen

3. Bearbeiten der Bilder in Photoshop: Skalieren auf maximale, vertretbare Vergrößerung und Scharfstellung des Bildes. Speichern zunächst im RGB-Farbraum, um eventuelle spätere Bearbeitungen zu begünstigen.

4. Öffnen eines neuen Dokuments in InDesign und Anlegen der Seitenaufteilung mittels Hilfslinien

Modifizierung der Bilder in Photoshop

5. Anlegen eines Rahmens in Hintergrund, gefüllt mit 50% Schwarz, um die Lage des Bildes zu simulieren und als Bildrahmen zu fungieren

6. Anlegen des unteren weißen Balkens, der später durch das untere Drittel des Bildes laufen und einen Firmenslogan sowie das Firmenlogo enthalten soll

7. Anlegen des Bildrahmens für das Logo

8. Verknüpfen des Dokuments mit dem Firmenlogo durch Drag&Drop des Illustrator-Dokuments aus der Adobe Bridge

9. Ausrichten und Skalieren des Firmenlogos im Bildrahmen

10. Platzieren und Schreiben des Firmenslogans

11. Platzieren eines Textrahmens in der linken oberen Ecke des zukünftigen Bildes. Schreiben eines Probe-Slogans und Formatieren des Textes (Font: Myriad Pro). Sichern der Einstellungen als Zeichenformat und Absatzformat.

12. Speichern des Dokuments als InDesign-Vorlage im InDesign-Ordner des Projektes

Design von neuen Entwürfen

13. Aufrufen der Vorlage zur Erstellung eines neuen Dokuments

14. Verknüpfen und Platzieren des Bildes durch Drag&Drop aus der Adobe Bridge heraus in den Bildrahmen (siehe Punkt 5)

15. Ausrichten und Skalieren des eingesetzten Bildes

16. Schreiben des neuen Slogans in den linken oberen Textrahmen. Überprüfen, ob Zeichen- und Absatzformat eingehalten wurden; unter Umständen korrigieren.

Einsetzen der Bilder per Drag&Drop

17. Speichern des Dokuments

18. Export des Dokuments als produktionsfertiges PDF, analog zu den zuvor beschriebenen Exportfunktionen

Abbildung 8.13
Zwei der gestalteten Anzeigenseiten

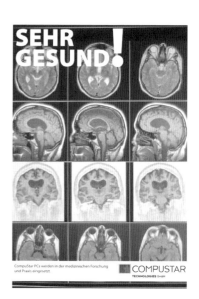

Hinweis

Ich möchte an dieser Stelle nicht verheimlichen, dass es zwei Versionen dieser ganzseitigen Anzeigen gab. Eine Version (eigentlich so etwas wie die »verruchte« Erstversion) beinhaltete weder Motive, welche die Einsatzgebiete der PCs symbolisieren sollten, noch Slogans mit Aussagesätzen. Vielmehr hatte ich mit dem ersten Schwung eine ganz andere Absicht: Provokation. Ich verwendete Fragesätze (die in Klammern ergänzt wurden) und provozierende, eigentlich für sich aussagelose Motive. Wahrscheinlich ist es unnötig zu sagen, dass diese Entwürfe letztlich nicht verwendet wurden, da sie sich einerseits zu sehr an den Endverbraucher richteten (nicht gewünschte Zielgruppe) und andererseits einfach zu provokant waren. Ich möchte sie Ihnen allerdings nicht völlig vorenthalten – Sie können einige von ihnen im Farbteil sehen.

8.6 Gestaltung von ganzseitigen Anzeigen

Abbildung 8.14
Zwei der abgelehnten – frecheren – Entwürfe

Ausgehend von den Erfahrungen in anderen Firmen und basierend auf den zuvor gestalteten Anzeigen wurde beschlossen, Einlagen für Mappen zu produzieren, die dann individuell für den jeweiligen Kunden oder sogar speziell auf seine Anfragen hin zusammengestellt werden sollten.

Grundlage dazu war die firmeninterne Anschaffung von Acrobat 7 Elements. Mit Acrobat Elements sollte jeder Mitarbeiter in die Lage versetzt werden, die einzelnen von mir gestalteten Seiten zu einem personalisierten Dokument für den Kunden zusammenzustellen. Diese Zusammenstellungen wurden dann in Klebemappen zusammengefasst und dem Kunden übergeben.

Diese Klebemappen waren in der Firma noch in großen Stückzahlen vorhanden, wobei es dann einerseits wirtschaftlich keinen Sinn machte, neue zu gestalten und andererseits bedeutete, dass ich das Design der Einleger dem Design der alten Mappen anpassen musste.

Dieser Teilauftrag musste sehr zeitnah abgewickelt werden, weil diverse neue Kunden angesprochen werden sollten und Mappen erzeugt werden mussten.

Ich sah deswegen keinen großen Zweck darin, Vorentwürfe zu scribbeln und diese großartig mit meinem Kunden abzusprechen. Vielmehr nutzte ich das Grunddesign der Mappen und des Briefbogens, um einen einheitlichen Seitenaufbau zu erzielen. Des Weiteren war zu erwarten, dass die Seiten einseitig ausgedruckt werden würden, womit sich eine Kombination aus zentrierten und linkbündigen Anordnungen anbot, damit eine eventuelle Nutzung mit einer Duplexeinheit (also auch rückseitiger Druck) ohne ästhetischen Verlust möglich ist.

Die Anordnung von Abbildungen, Texten und Schmuckelementen wurde von mir vorgescribbelt, um mir wiederum einen Überblick über die Proportionen zu verschaffen.

Der Entwurf, der dieses Mal dem Kunden vorgelegt wurde, war das in InDesign umgesetzte Scribble.

Der Arbeitsablauf teilt sich nun in einzelne Abschnitte auf:

1. Anfertigung eines Scribbles zur einheitlichen Seitengestaltung. Dazu habe ich Schmuckelemente von der bereits firmenintern vorliegenden Mappe genommen und die Maße auf der Mappe umgesetzt.

Scribbeln der Musterseite zur besseren Übersicht

2. Umsetzung des gescribbelten Layouts in InDesign. Umwandlung in ein PDF und Abnahme durch den Kunden.

3. Scannen des zentralen Schmuckelements der Mappe und anschließende Bearbeitung des Scans in Photoshop. Abspeichern der Datei im Photoshop-Ordner des Projekts.

Design der neuen Vorlage

4. Aufbau des Layouts in InDesign. Platzieren der Rahmen für die Schmukkelemente auf eigenen Ebenen sowie maßgerechtes Anlegen der Hilfslinien. Abschließend erfolgte die Anlage der Grundseite als Musterseite.

5. Übernahme der Schmuckelemente – zentrales Hintergrundbild sowie Firmenlogo – aus der Adobe Bridge

Einsetzen der Bilder per Drag&Drop

6. Definieren von Zeichen- und Absatzformaten, wie Überschriften, Fließtexten und so weiter

7. Export des Layouts als PDF und erneute Abnahme durch den Kunden
8. Nach erfolgter Abnahme durch den Kunden wurde das Layout als InDesign-Vorlage im InDesign-Ordner des Projekts gesichert.

Abbildung 8.15
Die Vorlage für die Produktblätter

Umwandlung der Word-Texte in reine Texte (TXT)

Hinweis

Zwischenzeitlich waren die von mir für die Anfertigung der einzelnen Firmenpräsentationen angeforderten Daten eingetroffen: Bilder, Produktfotos, Signets und Logos sowie Produkt- und Firmenbeschreibungen und Datentabellen. Diese Daten wurden von mir erst einmal gesichtet, ausgewertet und umgewandelt, um eine reibungslose Weiterverarbeitung im Workflow zu gewährleisten.

1. Umwandlung der Word-Dateien in reine Textdateien (Dateiendung TXT) in Microsoft Word. Dies erleichtert die Übernahme der Texte in InDesign.

Es ist in jedem Fall sinnvoll, Daten aus Word oder Excel umzuwandeln, weil die Übernahme der Daten mit allen Formatierungen zu Konflikten mit den in der Vorlage definierten Zeichen- und Absatzformaten führt. Integriert man zum Beispiel Word-Dateien 1:1 in InDesign-Dokumenten, kann es zur Übernahme von Zeichen- und Absatzformaten kommen, die zuvor im Word-Dokument angelegt wurden. Besonders störend ist dies bei Aufzählungen und Einzügen, die später im InDesign-Dokument stören oder zu Konflikten mit den definierten Absatzformaten führen können. Das alles hätte bei fehlerhafter Umsetzung durch den Import unter anderem zur Folge, dass die Formate vor der Weiterverarbeitung aus dem InDesign-Dokument gelöscht werden müssten. Die Umwandlung in reine, unformatierte Textdateien bzw. Tabellen ohne besondere Formatierungen (aus Excel) ist weniger zeitaufwändig als Löschaktionen im InDesign-Dokument. Um die Importfunktionen halbwegs zu nutzen, bietet es sich an, als Schrift die im InDesign-Dokument definierte Standardschrift für Fließtext (hier: Myriad Pro Regular) vorzudefinieren. Ein 1:1-Import ist nur sinnvoll und *sauber*, wenn die Formatierungen im Word-Dokument gewissenhaft gesetzt und in allen zu verwendenden Dateien diszipliniert angewendet wurden. Da das, nach meiner Erfahrung, in Zusammenarbeit mit Firmen, die mehrere Abteilungen haben, zu selten vorkommt, rate ich zu hier beschriebener Format-Reduzierung.

2. Analog dazu erfolgt die Umwandlung der Excel-Daten. Hier werden alle Formatierungen entfernt und sowohl Tabellenköpfe als auch alle Einträge in dieselbe Schrift, Größe und Schriftschnitt zurückgesetzt.

3. Die Bilddaten werden in Photoshop für die Verwendung in Printmedien bearbeitet und in Photoshop-Dateien umgewandelt. Dieser

Zurücksetzen der Tabellenformatierungen in Excel

8.6 Gestaltung von ganzseitigen Anzeigen

Arbeitsschritt beinhaltet die detaillierte Bildkorrektur, Bildbearbeitung sowie die Freistellung von Produktfotos.

Wie zuvor bei den Text- und Tabellendaten ist es zeitsparender, die Bilddaten zuvor umzuwandeln. Das hat den großen Vorteil, dass man – wie zuvor beschrieben – Dateien mit mehreren Ebenen anlegen kann, um Alternativen in InDesign schnell verfügbar zu machen bzw. uneingeschränkte Bearbeitungsmöglichkeiten zu bieten. Sicherlich mag das auf den ersten Blick aufwändig erscheinen, allerdings hat die Praxis gezeigt, dass die Bildbearbeitung nach Bedarf (also kurz vor dem Einsatz in InDesign, Illustrator oder GoLive) mehr Zeit beansprucht als die Bearbeitung vorab.

Hinweis

Umwandlung der Bilder in PSD-Dateien

4. Erster Teil der Präsentation war die Firmenbeschreibung. Dafür wurden die Texte aus Word durch Drag&Drop der Word-Dateien aus der Adobe Bridge in die dafür vorgesehenen Textrahmen platziert und mit den Zeichen- und Absatzformaten formatiert. Durch die Verwendung der Musterseite wird die Verknüpfung von Textrahmen begünstigt. Die einzelnen Textrahmen werden miteinander verknüpft, so dass ein Textüberlauf in den nächsten Rahmen fließt.

Einsetzen der Texte per Drag&Drop

5. Nun erfolgt die Platzierung der Abbildungen und Schmuckelemente. Die Schmuckelemente bestehen aus Firmenlogos, Markenzeichen und verkleinerten Stock Photos.

6. Es erfolgt zum Schluss eine abschließende Korrektur und Export in eine PDF-Datei zur Abnahme beim Kunden.

Setzen der neuen Firmenbeschreibungen

7. Nach der Abnahme vom Kunden erfolgt eine PDF-Optimierung in Acrobat. In diesem Fall müssen Dateien erzeugt werden, die der Druckerbeschreibung entsprechen, die in der Firma verwendet wird, und dabei nicht zu viel Speicherplatz belegen. Eine Optimierung ist somit sinnvoll (siehe Kapitel 7 zum Thema *PDF-Optimierung*).

Abbildung 8.16
Die erste Seite der Firmenbeschreibung

Die Firma

Aufbruch im alten Jahrtausend
Im Jahr 1991 wurde in Münster in Westfalen die Firma CompuStar als reiner Komponentenhandel gegründet. Nach einigen Jahren verließ das Unternehmen das Ladenlokal in der Münsteraner Innenstadt und verlagerte seinen Standort an die Stadtgrenze. Das Kundenspektrum entwickelte sich schnell von Endkunden zu Gewerbetreibenden. Behörden und Händler nutzen CompuStar fortan vermehrt als Großhandel für Komponenten, Peripherie, PC-Systeme und Server.

Im Wandel der Zeit
Mitte der neunziger Jahre kam am neuen Standort die Systemintegration hinzu und entwickelte sich schnell zum Kerngeschäft. Mit zunehmendem Erfolg und stetigem Umsatzwachstum wurde CompuStar in der Folge zu einem bundesweit angesehenen Marke für günstige PC-Systeme. Die Resonanz ließ nicht lange auf sich warten. Schnell stieg das Unternehmen in den erlesenen Kreis der wenigen deutschen Microsoft-OEM-Platinum-Partner auf. Noch heute ist Microsoft einer unserer wichtigsten Partner.

Gemeinsam mehr bewegen
Nun, im Jahr 2005, entschied sich die Geschäftsführung, das Unternehmen neu zu positionieren. Um auch für die Zukunft weiteres Wachstum sicherzustellen, wurde zusammen mit neuen Partnern die CompuStar Technologies GmbH gegründet. Damit wurde der Grundstein gelegt für einen weiteren, spürbaren Ausbau der Lager-, Vertriebs- und Produktionskapazitäten.

Zurück zu den Wurzeln
Auch der Handel mit Komponenten, Peripherie und Produkten der Unterhaltungselektronik wird nun weiter ausgebaut. Insbesondere werden so die zahlreichen guten Einkaufsmöglichkeiten, die sich das Unternehmen über die Jahre erarbeitet hat, effizienter genutzt. So können unsere Kunden noch besser von den Möglichkeiten profitieren, die CompuStar zu bieten hat.

Vielseitig und individuell
Wir bieten unseren Kunden PC-Systeme nach Maß, auf Wunsch individuell gefertigt. Darüber hinaus bieten wir im Großhandel Informationstechnologien genauso wie Unterhaltungselektronik, Komponenten wie auch Peripherie, zum Verbauen oder zum Verkaufen – mit einem starken Verbund aus Partnern und Freunden können wir heute die gesamte Produktpalette EDV zu günstigen Konditionen anbieten.

CompuStar Technologies GmbH

Lassen Sie uns gemeinsam **groß** handeln!

8.6 Gestaltung von ganzseitigen Anzeigen

8. Den zweiten Teil der Präsentation stellen die jeweiligen Produktblätter dar. Ein Produktblatt besteht aus einem repräsentativen Produktfoto, eventuellen Produktdetailbildern sowie einer prosaischen Beschreibung und den Produktdaten in Tabellenform. Dafür wird eine neue Musterseite angelegt, die eine zweispaltige Aufteilung beinhaltet: Links werden die Text- und Tabelleninhalte positioniert und rechts die Abbildungen.

Anpassen des Layouts für die Produkttabellen

9. Die Text- und Bildrahmen werden gesetzt und mit den notwendigen Stilelementen versehen. Diese Stilelemente werden dann wiederum als Stilvorlagen gesichert.

10. Die Bilder werden mit Drag&Drop aus der Adobe Bridge in die dafür vorgesehenen Rahmen abgelegt und bei Bedarf skaliert und positioniert.

Einsetzen der Bilder per Drag&Drop

11. Die prosaischen Texte werden in die dafür vorgesehenen Rahmen abgelegt und mit den Absatz- und Zeichenstilformaten bearbeitet.

Einsetzen der Tabellen per Drag&Drop

12. Das Einsetzen der Tabellen sorgt für das Anlegen von neuen Vorlagen, dieses Mal allerdings als Snippets (siehe Kapitel 5 zum Thema Snippets). Durch Drag&Drop aus der Bridge werden die Tabellen (die Excel-Daten) in das InDesign-Dokument platziert. Nach dem Einsetzen erscheinen die Tabellen als InDesign-Tabellen, jedoch noch völlig unformatiert. Die Formatierung erfolgt nun mit den Zeichenformaten sowie mit den umfangreichen Tabellengestaltungsfunktionen in InDesign. Um sich nun in folgenden Produktblättern die Arbeit zu erleichtern, kann man entweder eine gesamte Stilvorlage anlegen oder ein weiteres Snippet aus dem Textrahmen, der die Tabelle enthält, anlegen. Erster Fall ist sinnvoll, wenn sich die Form und der Inhalt der Tabellen oft ändern. Da dies hier nicht der Fall sein sollte, machte es aus Zeitgründen mehr Sinn, Snippets für die einzelnen, überschaubaren Produktgruppen zu erzeugen. Die Tabellen wurden also von mir formatiert und als Snippets im InDesign-Ordner des Projekts abgelegt.

Erzeugen der Tabellen-Snippets

Kapitel 8 — DAS PROJEKT

Optimieren der PDFs in Acrobat

13. Die einzelnen Produktblätter wurden als einzelne Dokumente gespeichert und danach als PDFs exportiert.

14. Die PDFs wurden dem Kunden zur Abnahme geschickt und danach die erforderlichen Korrekturen durchgeführt.

15. Die nun abgeschlossenen Dateien werden einzeln als PDFs exportiert und diese analog zur Firmenpräsentation (siehe Punkt 7) in Acrobat optimiert.

Abbildung 8.17
Ein beispielhaftes Produktblatt

Die so entstandenen Produktblätter konnten nun in der Firma des Kunden auf einem Datenserver gespeichert werden, um sie einerseits zum Versand an den Kunden, als Download für die Webpräsenz oder kombiniert als Mappeninhalte zu verwenden. Zur Kombination sollte Acrobat Elements verwendet werden, das die Zusammenfassung mehrerer PDF-Dateien möglich macht. Dadurch sollte CompuStar nicht nur in die Lage versetzt werden, dem Kunden angepasste Kataloge zu schicken, sondern diese auch noch zu archivieren.

Gerade bei Kunden, die in unregelmäßigen Abständen ihre Produktkataloge aktualisieren und erweitern, macht es Sinn, E-Dokumente wie PDF-Dateien zu verwenden. Ein solcher Schritt ist langfristig flexibler und vor allem ressourcenschonender. Es wird kein Kontingent an mit Offset gedruckten Produktblättern und -katalogen auf Lager gelegt, deren Inhalt sich schnell überholt (wie hier die Konfiguration von PCs) und somit bei Überlagerung vernichtet werden muss. Darüber hinaus können die einzelnen Daten für die Anfrage des Kunden individuell angelegt werden – ein echter Mehrwert für Kunden und Anbieter.

Hinweis

8.7 Gestaltung eines Firmenprospekts

Relativ zeitgleich mit dem Beginn der Arbeiten an der Webpräsenz für CompuStar wurde der Auftrag für einen 26-seitigen Firmenprospekt erteilt.

Ein Prospekt sollte für die Firma die Möglichkeit bieten, sich selbst sowie ihre Produktpalette vorzustellen. Da sich die Hauptproduktgruppen, wie die PC-Konfigurationen, ständig aktualisierten, wurde darauf Wert gelegt, dass sowohl die Vielfalt der Produkte betont wird als auch die große Auswahl an Produkten von Kooperationspartnern. Da nun auch der Hersteller von Luxus-PC-Gehäusen die Riege der Kooperationspartner erweiterte, sollte die Präsentation dieser Produkte in die Mitte des Prospekts gesetzt werden, damit sie leichter vom Kunden gefunden werden kann. Damit der Prospekt mit einem kleinen Umschlag verschickt werden konnte und er in einer Produktverpackung nicht zu viel Platz einnimmt, wurde sich auf das kleine Format DIN A6 geeinigt.

Die Gestaltung eines Prospekts teilt sich wie folgt ein:

1. Design von Titel und Umschlag

Kapitel 8

DAS PROJEKT

2. Design der einzelnen Produktkapitel
3. Thematische Seitenaufteilung (Seitenspiegel)

Hinweis

Es muss an dieser Stelle kurz betont werden, dass es bis zum Zeitpunkt des Verfassens dieses Kapitels weder zum Satz noch zur Produktion des Prospekts gekommen ist. Deswegen beziehen sich alle hier beschriebenen Punkte auf die Vorarbeiten bis zum Layout, jedoch ohne Hinzufügen des Inhalts.

Design von Titel und Umschlag

Für den Titel griff ich auf eine Gestaltung zurück, die ich schon für die ganzseitigen Anzeigen verwendet habe. Ich suchte mir ein prägnantes Bild für den Titel, das die ganze Seite ausfüllen sollte und einen Bezug zum Thema des Prospekts durch einen Slogan erhält. Dieses Konzept wurde vom Kunden grundsätzlich genehmigt.

Ein zentrales Motiv für PCs, das den Begriff »Auswahl« symbolisiert, ist die Maus. Deswegen suchte ich in den Bilddatenbanken ein qualitativ gutes Bild einer PC-Maus, vorzugsweise mit einer bedienenden Hand. Im Gegensatz zu den bisherigen Bildsuchen fand ich das passende Motiv dieses Mal in einer eigenen Bilddatenbank. Es erwies sich nicht nur als passend auf Grund des vordergründigen Motivs (eine Hand an einer PC-Maus), sondern auch auf Grund des schwarzen Hintergrunds, was die Gestaltung des gesamten Umschlags erheblich erleichtern sollte.

Abbildung 8.18
Titelmotiv des neuen Prospekts

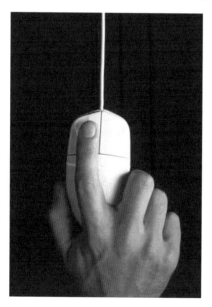

8.7 Gestaltung eines Firmenprospekts

Wie auch in den Anzeigen sollte ein weißer Streifen im unteren Drittel das Motiv unterbrechen und auf dem Titel rechts das Firmenlogo enthalten.

Auf der Rückseite sollte sich der weiße Streifen fortführen und die Firmenadressdaten enthalten.

Das Motiv wurde vom Kunden abgenommen und so konnte ich Titel und Umschlag gestalten.

1. Ablage des Titelmotivs aus der Datenbank in der Adobe Bridge im Ordner für Bilddownloads

Sichern des Titelmotivs

2. Bearbeitung des Titelmotivs in Photoshop: Skalierung, Auflösungsoptimierung und Farbkorrekturen. Abschließendes Sichern des Bildes als Photoshop-Datei im Photoshop-Ordner des Projektes.

3. Öffnen eines neuen Dokuments in InDesign im Format DIN A6

4. Anlegen der Bildrahmen, des weißen Streifens und eines Textrahmens für den Slogan

Bearbeiten des Titelmotivs

5. Übertragen der Bildelemente (Zentralmotiv, Firmenlogo) aus der Adobe Bridge in die dafür vorgesehenen Rahmen in InDesign. Unter Umständen muss Lage und Skalierung der Bilder noch korrigiert werden.

6. Schreiben des Slogans in den dafür vorgesehenen Textrahmen. Formatieren dieses Mal nicht nach Zeichenformaten, sondern nach Augenmaß und Ästhetik.

Layout des Titels und der Rückseite

7. Anlegen einer zweiten Seite mit schwarzem Hintergrund

8. Kopieren des weißen Streifens auf der Titelseite

9. Einfügen des weißen Streifens mit der Funktion BEARBEITEN|AN ORIGINALPOSITION EINFÜGEN. Mit dieser Funktion wird das Objekt in der Zwischenablage an dieselbe Stelle auf der Seite gesetzt wie auf seiner Ursprungsseite.

10. Platzieren eines Textrahmens für die Adressdaten

11. Schreiben der Adressdaten in den dafür vorgesehenen Textrahmen. Formatierung gemäß den bisher verwendeten Formaten (siehe Abschnitt 8.6 Gestaltung von ganzseitigen Anzeigen als Einleger für Präsentationsmappen und Zeitschriftenwerbung).

12. Optische und sachliche Korrektur der Textinhalte
13. Speichern des Dokuments im InDesign-Ordner des Projekts
14. Exportieren des Dokuments als PDF zur Abnahme durch den Kunden

Abbildung 8.19
Das Titelblatt des neuen Prospekts

Gestaltung der einzelnen Produktkapitel

Um die einzelnen Bestandteile des Prospekts besser unterscheidbar zu machen, war es notwendig, den jeweiligen Kapiteln auch spezielle Designmerkmale zu geben.

So sollten alle Abschnitte am Rand einen spezifischen Farbstreifen besitzen, so dass man am Schnittrand sowie beim leichten Auffächern der Seiten die Abschnitte voneinander unterscheiden kann. Zur weiteren Unterscheidung und Spezifizierung wurde ein Schmuckelement in den Innenrändern der Doppelseiten eingeführt, vorzugsweise ein Logo oder Markenzeichen.

Wie auch bei den Produktblättern wurde ein zweispaltiges Layout angelegt, um Abbildungen von Datentabellen voneinander zu trennen. Besonderheit hierbei: Der Spaltensteg wurde kleiner gewählt, damit Text auch spaltenübergreifend gesetzt werden kann, ohne den Gesamteindruck zu sehr zu stören.

8.7 Gestaltung eines Firmenprospekts

In dem gegebenen Stadium des Prospekts war es notwendig, doppelseitige Musterseiten für die Produktkapitel einzurichten.

Dies ging wie folgt vor sich:

1. Vorscribbeln des Seitenaufbaus, um einen Eindruck von Proportionen auf dem vergleichbar kleinen Seitenformat zu bekommen

2. Anlegen eines neuen Dokuments in InDesign

Scribbeln des Seitenaufbaus

3. Im Dokument wurde eine neue Mustervorlage angelegt: SEITENPALETTEN|NEUE MUSTERVORLAGE ERSTELLEN. Es werden hier nun Doppelseiten als Musterseiten angelegt, das heißt, die Option DOPPELSEITE muss aktiv geklickt sein.

4. Es folgt das Anlegen der Hilfslinien und der Bildrahmen für die Schmuckelemente.

Anlegen der Musterseiten

5. Einsetzen der Schmuckelemente aus der Adobe Bridge in die dafür vorgesehenen Bildrahmen

6. Einfärben des farbigen Randes mit der für den Abschnitt spezifischen Farbe

7. Spiegeln des einseitigen Seitenlayouts von der rechten auf die linke Seite: Anwählen aller Schmuckelemente, Gruppieren derselben und kopieren. Einsetzen an Originalposition auf der linken Seite und durch TRANSFORMIEREN|SPIEGELN die Elemente spiegelverkehrt ausrichten.

Ich kann das Spiegeln von Seiten zum leichteren Anlegen von Doppelseiten in diesem speziellen Fall empfehlen. Bitte beachten Sie, dass Schmuckelemente, die Schriftzeichen oder sogar ganze Wörter enthalten, ebenfalls gespiegelt werden. Deswegen ist die Funktion nicht immer sinnvoll einzusetzen, um sich das Erstellen von Doppelseitenlayouts zu erleichtern.

Hinweis

8. Abschließend für jedes Kapitel die Punkte 2–6 unter Verwendung der anderen Schmuckelemente und Farben wiederholen, bis alle Kapitel ihre speziellen Musterseiten haben

9. Das Dokument wird dann im InDesign-Ordner des Projekts gespeichert.

Abbildung 8.20
Drei beispielhafte Musterdoppelseiten

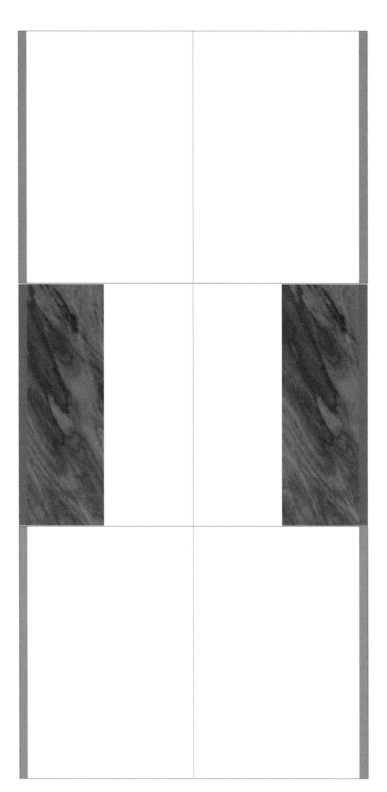

Thematische Seitenaufteilung (Seitenspiegel)

Der abschließende Arbeitsschritt war die grafische Seitenaufteilung für den Kunden.

Abbildung 8.21
Die Seitenaufteilung des Prospekts

Image-Prospekt
Seitenaufteilung

Titel 1/T		PC-Systeme allgemein 2	PC-Systeme „Innere Werte" 3	PC-Systeme „Innere Werte" 4	PC-Systeme „von Außen" 5
Server 6	All in 1 Order 7	Mediastar 8	Peripherie Monitore 9	Peripherie Drucker u.a. 10	Testa Motari TITEL 11
Testa Motari 12	Testa Motari 13	Testa Motari 14	Testa Motari 15	Testa Motari 16	Testa Motari 17
Testa Motari DECKBLATT 18	Daytek allgemein 19	Daytek TFT-Monitore 20	Daytek LCD-TV 21	Daytek Plasma-TV 22	Daytek Player Recorder 23
Firma allgemein 24	Firma Ansprechpartner 25	AGBs & Lieferbedingungen 26	AGBs & Lieferbedingungen 27	Deckblatt Adresse 28/D	

Seitenaufteilung gestalten

Der Seitenspiegel wurde so angefertigt, dass er die Wünsche des Kunden gemäß den Präsentationsschwerpunkten im Prospekt berücksichtigte und das Kapitel für die Luxus-PC-Gehäuse prominent in der Mitte platziert wurde.

Die Seitenaufteilung ist nicht nur ein Hilfsmittel für den Gestalter und ein für das Projektmanagement wichtiges Element, sondern auch eine Orientierungshilfe für den Kunden, damit er die Text- und Datenmenge, die von ihm noch zu liefern ist, bestimmen kann.

Der hier vorliegende Seitenspiegel (Abbildung 8.21) wurde mit Illustrator erstellt, in ein PDF exportiert und dem Kunden zugestellt.

Abschließende Bemerkung

Da der Prospekt die Produktionsreife zum Zeitpunkt des Verfassens dieses Kapitels noch nicht erreicht hat, möchte ich Ihnen nur kurz noch einen Eindruck vom Aufwand der Restproduktion geben.

1. Die für den Prospekt notwendigen Bilder und Grafiken lagen bereits vor, weil sie vor allem für die Webpräsenz benötigt wurden. Deswegen würde die für den Prospekt notwendige Bildbearbeitung ca. einen Tag in Anspruch nehmen, vor allem deswegen, weil die meisten Bilder in den CMYK-Farbraum ungewandelt werden müssten.

2. Es hätten keine Grafiken mehr angefertigt werden müssen.

3. Die bereits in den Produktblättern verwendeten Snippets hätten reibungslos auch in dem Prospekt verwendet werden können. Sie hätten lediglich skaliert werden müssen.

4. Das Konvertieren der Inhalte sowie das Setzen des Prospekts hätten ca. einen Arbeitstag in Anspruch genommen, inklusive Druckvorstufe wie in Kapitel 7 beschrieben.

Fazit: Nach ca. zwei weiteren Tagen gründlichen Arbeitens hätte der Prospekt in Produktion gehen können – Angebote von Druckereien lagen vor.

8.8 Gestaltung einer neuen Verpackung

Entgegen meinen Erwartungen – schließlich hatte ich vorher noch keinen Karton gestaltet – war das Design einer neuen Verpackung für ein PC-Komplettsystem (also PC, TFT-Monitor sowie Maus, Tastatur und Software) recht unkompliziert.

8.8 Gestaltung einer neuen Verpackung

Zunächst forderte ich beim zukünftigen Hersteller eine Stanzform an. Glücklicherweise konnte man mir diese als Illustrator-Datei zur Verfügung stellen.

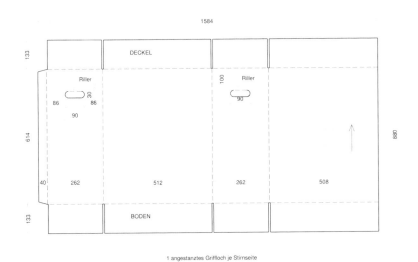

Abbildung 8.22
Die vom Produzenten gelieferte Stanzform

Diese Stanzform war allerdings für eine grafische Gestaltung noch nicht geeignet. Ich musste alle Maße und Bezeichnungen entfernen und eine Vorlage in Illustrator (siehe Kapitel 4) erzeugen.

Diese Vorlage sah dann wie in Abbildung 8.23 aus.

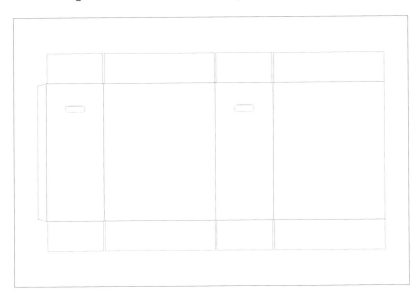

Abbildung 8.23
Die Vorlage mit der Stanzform

Kapitel 8 — DAS PROJEKT

Stanzform als Gestaltungsvorlage einrichten

Mehrfarbige Logos in HKS 42 K/Schwarz-Duplex umwandeln

Entwürfe aus der Vorlage entwickeln

Hinweis

Zu beachten gab es nun lediglich, dass bestimmte Bezeichnungen, Symbole und Freiräume an dafür vorgesehene Plätze kommen mussten. An die schmaleren Seitenflächen gehören die Versandsymbole (zum Beispiel *Aufrecht lagern, Nicht stürzen* und so weiter) sowie genügend Platz für den Produktaufkleber, auf dem sich die Seriennummer, Produktionsdaten, Zusammenstellungen und Produktionszeitpunkt befinden. Die breiten Seiten des Kartons sind frei für die Gestaltung von Logo, Markenzeichen und Abbildungen.

Ich entwickelte – gemäß Auftrag – einen Karton mit farbigem Font in HKS 42 K sowie eine schwarzweiße Version.

Um der einfachen Ästhetik zu entsprechen, die bisher in der Gestaltung verwendet wurde, zeichnete ich einfache Schemata von PC-Gehäuse, Tastatur und Maus, um sie in der Gestaltung als Abbildungen zu verwenden. Produktfotos wären nicht geschickt gewesen, weil CompuStar ab und an die Gehäuseform wechselt bzw. auf Kundenwunsch auch bestimmte Gehäuse verbaut. Es wäre also gut möglich gewesen, dass ein Produktfoto auf dem Karton nicht dem Inhalt entsprochen hätte – Kunden nehmen das in der Regel übel, auch wenn man den Vermerk »Abbildung ähnlich« setzt.

Ich kann es an dieser Stelle abkürzen: Ich habe die Entwicklungen in Illustrator vorgenommen. Zuvor habe ich in Photoshop die für die Gestaltung vorgesehenen Abbildungen in HKS 42 K/Schwarz-Duplex umgewandelt und die Zeichnungen mit HKS 42 K (sowie prozentualen Abstufungen) eingefärbt.

Als ich die Entwürfe fertig gestellt hatte, druckte ich diese auf DIN A3 herunterskaliert auf meinem Farbtintenstrahldrucker aus und baute für den Kunden Dummys. Diese schickte ich dann zur Begutachtung und Abnahme in die Firma des Kunden. Ein Versand von PDF-Dateien erschien mir deswegen nicht sinnvoll, weil die Plastizität der Entwürfe, also der räumliche Eindruck, nicht vermittelt worden wäre.

Wenn Sie Kartons anhand von Stanzformen gestalten, achten Sie bitte darauf, dass Sie einen größeren Beschnitt als nur die üblichen 3 mm anlegen. Kartonagen werden oftmals im Siebdruck bedruckt, wenn es sich nicht um vierfarbige, fotorealistische Bedrucke handelt. Die Stanzung wird meistens computergesteuert vorgenommen und nicht – wie bei normalen Drucksachen – anhand der Schnittmarken. Deswegen ist es immer besser, mehr Platz für den Beschnitt einzuplanen.

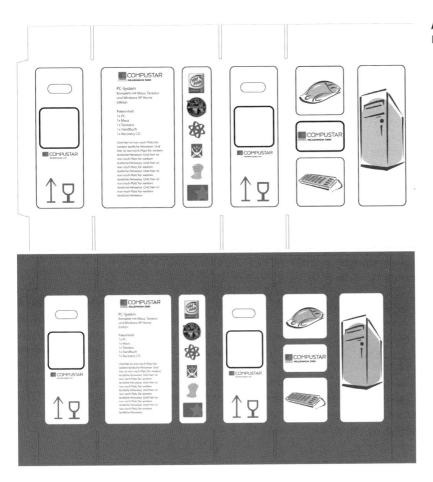

Abbildung 8.24
Die beiden Karton-Entwürfe

8.9 Die Webpräsenz

Die vorhandene Webpräsenz der Firma CompuStar war in die Jahre gekommen und sehr schlecht gewartet worden. Der Inhalt (Content) war schon seit einigen Monaten nicht mehr aktualisiert worden und der für den Webauftritt Verantwortliche stand der Firma nicht mehr zur Verfügung. Von aktivem Content Management war also zu diesem Zeitpunkt keine Rede, als ich mit der Geschäftsführung das neue Webdesign besprach.

Die Grundlagen für das neue Design waren nun durch die bereits angefertigten und im Gebrauch befindlichen Medien gelegt. Eine Verwendung des alten Designs wurde ausgeschlossen, weil es sich nicht mehr in das neue einfügen würde.

Zunächst musste der Aufbau des neuen Designs mit der Geschäftsführung abgesprochen werden.

Grundsätzliches zum Aufbau einer modernen Website

Was Websites angeht, bin ich ein Verfechter eines neuen, nicht herkömmlichen Designs. In den von mir bisher gestalteten Sites habe ich mich stets bemüht, im Grundaufbau neue Wege zu gehen und mit dem üblichen Schema »Banner-oben-Bedienung-links-Content-darunter« zu brechen. Dies ist eine Grundtaktik, um Webseiten interessant zu gestalten und den Kunden davor zu bewahren, in den Verdacht zu kommen, für seinen Webauftritt lediglich eine Vorlage (Template) gekauft zu haben. Solche Templates werden zu Massen verkauft und sind alle an dem oben erwähnten Schema angelehnt. Sicherlich ist dies eine preisgünstige Möglichkeit, an ein Webdesign zu kommen, allerdings schafft man es damit auf keinen Fall, den eigenen Kunden zum Verweilen auf dem langweiligen, meistens sehr konventionell gestalteten Webauftritt einzuladen.

Ein weiterer Faktor ist die Vermeidung von waagerechten oder senkrechten Scrollbalken sowie Pulldown-Menüs in der Bedienung. Statistiken belegen, dass die durchschnittliche Verweildauer eines Benutzers auf einem Webauftritt ca. 3,25 Minuten beträgt. Das ist wirklich kurz und suggeriert, dass der Benutzer schnell an die gewünschten Informationen kommen muss, um auch länger zu verweilen. Darüber hinaus scrollt der Benutzer nicht gern. Scrollbalken werden als störend empfunden – waagerechte mehr als senkrechte. Pulldown-Menüs springen oftmals von selbst auf, wenn man mit dem Zeiger darüber fährt, und verdecken einen Teil des Contents – eine Tatsache, die auch vom Benutzer als störend empfunden wird und die Verweildauer auf der Website extrem verkürzt. Diesen Tatsachen und Erwartungen muss eine moderne Website gerecht werden, damit der Kunde des Kunden auch die Site besuchen wird und der Webauftritt mehr als nur eine Art betriebsmedientechnisches Pflichtprogramm wird.

Im vorliegenden Fall entschied ich mich für ein Design, das für mehrere Faktoren günstig gestaltet sein sollte:

8.9 Die Webpräsenz

1. Eine Bildschirmauflösung von 1024 x 768 sollte begünstigt werden, also wählte ich die Darstellungsgröße 1000 x 500 Pixel. Diese Größe müsste im Browser eine Darstellung ohne Scrollbalken gewährleisten.

2. Anstelle eines Banners verwendete ich eine Kombination aus Banner und Bedienleiste. Das Firmenlogo sollte links stehen und quasi die Bedienleiste ergänzen. Die Bedienleiste würde aus den Hauptthemenbereichen bestehen und kleine, aber bescheidene Rollover-Effekte besitzen. Darüber hinaus sollte an der Bedienleiste ähnlich wie bei einem Karteireiter ersichtlich sein, in welchem der Themenbereiche man sich gerade befindet. Untermenüs würden links im großen Contentbereich zu finden sein.

3. Der Contentbereich musste nach links und rechts frei sein und genügend Platz für Texte, Bilder, Grafiken und weiterführende Links bereitstellen.

4. Den unteren Abschluss bildete ein schmales Banner, das dem Design des oberen Banners angepasst sein sollte, und rechts das Logo »Microsoft Platinum-Partner« enthalten musste. Das ist die Erfüllung einer der Bedingungen des Kooperationspartners Microsoft, der von seinen Partnern verlangt, dass dieses Logo allgemein sichtbar sein muss.

5. Zusätzlich zu diesen Maßgaben meinerseits verzichtete der Kunde auf die Zentrierung der Seiten, weil die Standardbildschirmauflösung 1024 x 768 Pixel damit komplett ausgefüllt sein würde.

Ausgerüstet mit diesen Maßgaben und den für die Website wichtigen Inhalten begann ich die Arbeit an der Site.

Hinweis

Die Seitengröße 1000 x 500 Pixel passte genau in ein Fenster des Internet Explorers für Windows XP – ohne jegliche Zusatzmodule oder Bedienleisten.

Abbildung 8.25
Die Produkt-Seite als Beispiel

Arbeitsplanung

Zunächst machte ich mir eine strenge Projektplanung. Dies ist bei der Gestaltung eines Webauftrittes immer dringend notwendig, weil der Kunde gerade bei einem Webauftritt rasche Resultate – sprich die hochgeladenen Inhalte – sehen möchte.

Die Projektplanung sah folgende Arbeitsschritte vor:

1. Design des kombinierten Bedienungsbanners mit allen Rollover-Effekten
2. Design des Abschlussbanners (unten)
3. Layout und Gestaltung des Contents für ca. 34 Seiten (inklusive Unterseiten)
4. Design und Layout einer Starseite mit zentralem Flash-Film
5. Kontrolle der Links und Funktionalität der Seite
6. Upload der Site

Wichtig ist dabei noch zu bemerken, dass mittels der Verwendung von Smart Objects und durch die exzellenten Content-Management-Funktionen von GoLive CS2 der Aufbau der Website extrem begünstigt wurde.

Design des kombinierten Bedienungsbanners mit allen Rollover-Effekten

Die Bannergestaltung wurde in Photoshop und ImageReady ausgeführt. Photoshop und ImageReady bilden dabei ein Team: Während man die Gestaltung in Photoshop durchführt, werden die interaktiven Elemente, wie hier die Rollover-Effekte, sowie die Weboptimierungen in ImageReady arrangiert bzw. vorgenommen.

Ich möchte hier nicht im Einzelnen darauf eingehen, wie ich das Design angefertigt habe, sondern kurz (wie in Kapitel 2 versprochen) erläutern, wie man Rollover-Effekte schnell und unkompliziert in Photoshop/ImageReady erzeugt.

Wenn man die Designs für Buttons in einem Webdesign oder einer Gestaltung für ein Bedienelement abgeschlossen hat, sollte der Grundaufbau dieses Buttons in Photoshop wie folgt aussehen:

Bannergestaltung

8.9 Die Webpräsenz

1. Sie legen ein Ebenenset an, das den jeweiligen Button enthält. In diesem Ebenenset sind folgende Unterebenen enthalten:
   - Das Design für den Grundzustand des Buttons
   - Das Design für den Zustand, der angezeigt werden soll, wenn der Mauszeiger sich über dem Button befindet. Diese Ebene versehe ich in der Regel in der Bennennung mit dem Zusatz »over«.

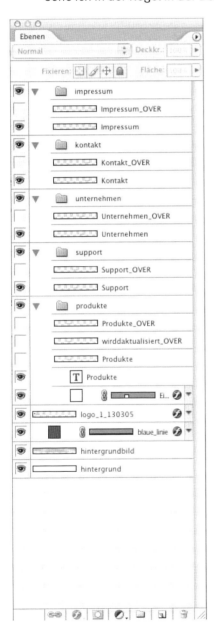

Abbildung 8.26
Die Ebenenpalette bei Gestalten von Rollover-Effekten. Beachten Sie, dass für den Button PRODUKTE noch frei bleibende Status definiert sind. Dies wurde so angelegt, weil zum Zeitpunkt der Fertigstellung des Webprojektanteils die Produktpalette noch nicht aktualisiert war.

Hinweis

In diesem Arbeitsschritt ist es übrigens völlig unerheblich, ob Sie die jeweiligen Ebenenkomponenten zu den zwei Einzelebenen kombinieren oder nicht. Wenn sich beispielsweise beim Rollover nur die Textebene in ihrem Aussehen verändert, so lassen Sie die Textebene ruhig erhalten – schließlich könnte es ja sein, dass der Kunde die Benennung des Buttons noch ändern möchte. An der Hintergrundgrafik des Bildes ändert sich so weit zunächst nichts.

Sollte dem allerdings doch so sein – das gesamte Erscheinungsbild des Buttons ändert sich beim Rollover –, so ist es einfacher, die beiden Ebenen in sich zu vereinigen, also aus den einzelnen Ebenen zwei zu machen: eine für den Standardzustand des Buttons und einen für den Over-Zustand. Dazu müssen Sie in Photoshop CS2 nur noch die einzelnen Ebenen mit den Elementen des jeweiligen Zustandes anwählen und im Ebenen-Palettenmenü die Funktion AUF EINE EBENE REDUZIEREN anwählen.

2. Blenden Sie die Ebene mit dem Over-Status aus.

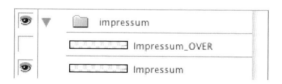

Abbildung 8.27
Over-Status ausgeblendet

3. Wenn Sie die beiden Zustände also isoliert und korrekt benannt vorliegen haben, wechseln Sie zu ImageReady.

Abbildung 8.28
Der Button in Photoshop zum Wechsel zu ImageReady

4. Dort wählen Sie die Ebene mit dem Standardzustand an und wandeln sie in ein ebenenbasiertes Slice um. Slices sind die Einteilungen, die man in einem Bild vornimmt, damit es beim Web-Export in eine Tabelle eingeteilt wird, wobei ein Slice (eine immer rechteckige Einteilung, die Sie frei vornehmen können) einer Tabellenzelle entspricht.

Abbildung 8.29
So stellt sich die Ebene in ImageReady dar.

Die Ebenenslice-Funktion erhalten Sie über die Ebenen-Palette IN EBENEN-BASIERTES SLICE UMWANDELN oder über EBENEN|IN EBENEN-BASIERTES SLICE UMWANDELN.

ImageReady erzeugt dann ein Slice basierend auf der Größe der ausgewählten Ebene. Der Slice erhält denselben Namen wie die Ebene, aus der er entstanden ist, und erscheint in der Webinhalt-Übersicht.

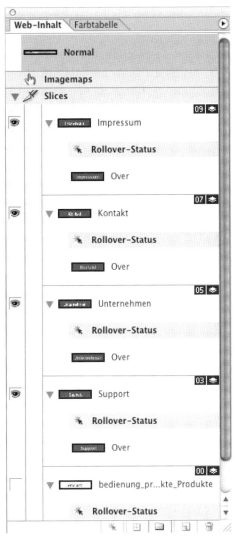

Abbildung 8.30
Die Web-Inhaltpalette in ImageReady. Beachten Sie, dass hier die Over-Zustände bereits definiert wurden.

5. Wenn Sie nun diesen Slice anwählen und die Funktion NEUEN ROLLOVERSTATUS im Slice-Palettenmenü auslösen bzw. SLICES|NEUEN ROLLOVERSTATUS ERZEUGEN verwenden, dann erscheint in der Slice-Palette automatisch versetzt unter dem Slice der neue Status OVER. Noch ist dieser Status die aktuell angewählte Ebene. Der Slice sollte im Übrigen ausgewählt sein.

6. Wählen Sie nun in der Ebenenpalette die Ebene aus, die den Over-Status darstellt, und blenden Sie diese wieder ein. In der Slice-Palette sehen Sie nun, wie die Darstellung auf die Over-Ebene wechselt (siehe auch Abbildung 8.30).

Hinweis Sie können den neuen Rollover-Effekt übrigens in der Vorschau (Reiter OPTIMIERT) testen.

7. Wenn Sie nun diese Photoshop-Datei abspeichern, ist der Rollover-Effekt beim Einsetzen der Datei als Smart Object immer noch vorhanden und wird bei der Weboptimierung übernommen. Das dazugehörige JavaScript wird bei der Weboptimierung geschrieben und in das GoLive-Dokument integriert.

Auf die hier beschriebene Weise habe ich für jeden Themenbereich ein eigenes Bedienbanner gestaltet und als Photoshop-Datei im Photoshop-Ordner des Projektes abgelegt.

Da man Rollover-Effekte nicht komfortabel ausschalten kann, musste ich für jeden Themenbereich eine Bedienungsleiste anlegen. Dies war bei dem engen Zeitrahmen des Projektes sinnvoller, als sich in die Tiefen von Java einzuarbeiten.

Design des Abschlussbanners

Das Design des Abschlussbanners gestaltete sich sehr einfach. Nach dem Grundaufbau musste ich lediglich darauf achten, dass das Microsoft-Logo so skaliert wurde, dass die Schrift noch gut lesbar war – eine kleine Herausforderung, weil die Ursprungsdatei weder eine gute Qualität noch eine Vektorisierbarkeit in Illustrator (durch INTERAKTIV ABPAUSEN) zuließ.

Layout und Gestaltung des Contents

Mit der Geschäftsführung war bereits der Umfang des Contents ermessen und vereinbart worden. Die Site würde – inklusive aller Unterseiten – 34 Seiten umfassen.

Gestaltung des Abschlussbanners

8.9 Die Webpräsenz

1. Im ersten Schritt definierte ich mit dem GoLive-Assistenten eine neue lokal angelegte Website (siehe Abbildung 8.31) und speicherte diese im GoLive-Ordner des Projektes. Dabei konnte ich bereits die mir zur Verfügung gestellten Serverdaten eingeben und für einen späteren Upload vorbereiten.

   Da nun die Erzeugung von Musterseiten in GoLive nicht ganz ohne tieferes Programmwissen funktionieren würde und ich auch für eine weitere Einarbeitung keine Zeit mehr hatte, ging ich den vermeintlich unkomfortablen – jedoch in diesem Fall einfacheren – Weg und erzeugte erst für jeden Themenbereich die jeweilige Grundseite.

Website-Definition sowie Anlegen der ersten Seite als manuell zu verwendendes Muster

Abbildung 8.31
Der Webassistent in GoLive. Hier soll eine neue lokale Site erstellt werden.

Abbildung 8.32
Der Webassistent von GoLive. Hier zu Erstellung einer neuen, leeren HTML-Seite.

Hinweis

Siehe dazu auch nochmals das Kapitel 6 *GoLive*.

2. Dafür zog ich mir auf dem leeren Dokument ein Gestaltungsraster von 1000 x 500 Pixel auf und reduzierte im Inspektor den Rand auf den Wert 0, damit sich in der linken oberen Ecke der Websitedarstellung kein Rand bildete.

3. Dann zog ich aus der Smart-Objects-Werkzeugleiste das Photoshop-Symbol in die linke oberste Ecke und definierte einen Rahmen in der Größe des Bedienungsbanners. Weiß man übrigens nicht mehr die Maße eines Objekts, kann man diese in den Metadaten in der Adobe Bridge nachlesen.

4. Dieser Platzhalter wurde ausgerichtet und dann die Photoshop-Datei mit der jeweiligen Bedienleiste in diesen Rahmen gezogen. Daraufhin erscheint das aus Photoshop und ImageReady bekannte Weboptimierungsdialogfenster (Abbildung 8.33), in dem man nun die Weboptimierung vornehmen kann. Im vorliegenden Fall befinden sich keine Transparenzen in der Gestaltung, so dass wir auf ein GIF oder ein PNG (also die Verwendung eines Datenformats mit integrierbarem Alpha-Kanal) verzichten und in das besser komprimierte JPG-Format überführen können.

5. Danach fragt GoLive nach dem Speicherort des Bildes, um die Java-immanenten Daten wie auch die Einzelbilder abzulegen.

Die Daten müssen im Webprojekt-Ordner stets im Ordner *web content* abgelegt werden. Sie können dort – der Ordnung halber – für Bilder und Bedienelemente getrennte Unterordner anlegen.

Ziehen des zur Seite gehörigen Bedienungsbanners aus der Adobe Bridge nach GoLive per Drag&Drop in das Layoutraster

Abbildung 8.33
Das Weboptimierungsdialogfenster in GoLive

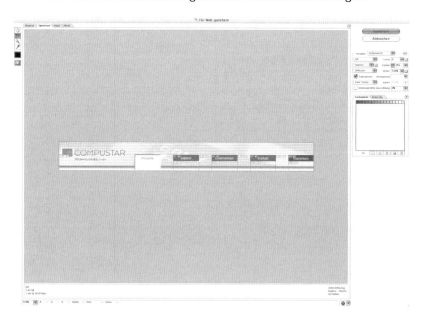

Ich habe einen Unterordner für Bedienelemente dort angelegt und sichere so auch die optimierte Version ebendort.

6. Mein Bedienelement erscheint in meinem Gestaltungsraster. Nun kann ich die Funktionalität entweder mit der Browservorschau oder mit der GoLive-internen Vorschau testen.

7. Ebenso (Punkte 3–6) wurde mit dem Abschlussbalken unten verfahren.

Schon ist die Grundseite eines Themenbereichs fertig.

Diese Schritte wiederholte ich nun für jeden Themenbereich (hier: Unternehmen, Produkte, Support, Kontakt und Impressum).

8. Als die Grundseiten fertig gestellt wurden, setze ich mittels des Reiters LINK im Inspektor für jeden Rollover-Slice den korrekten Link, indem ich im Auswahl-Dialogfenster das entsprechende HTML-Dokument auswählte.

9. Nach der Fertigstellung der Grundseiten duplizierte ich in der Siteverwaltung von GoLive bzw. in dem Ordner auf dem Desktop die jeweilige Grundseite so oft, wie ich im Themenbereich Unterseiten benötige. Ich benannte die so erzeugten HTML-Dateien um, so dass diese eindeutig dem jeweiligen Content zugeordnet werden können.

Schon hatte ich die Anzahl der gewünschten Seiten in der Site erreicht.

Ich bin nun wie folgt fortgefahren:

1. Auf den Hauptseiten habe ich mittels zuvor in Photoshop/ImageReady erzeugten Bildern Verlinkungen zu den Unterseiten angelegt. Diese Bilder habe ich – wie oben beschrieben – als Smart Objects aus der Bridge per Drag&Drop bezogen. Wichtig war allerdings dabei immer, zuvor die Maße des Objektes vor dem Platzieren zu definieren. Damit umgeht man die Skalierung des Bildes im OPTIMIEREN-Dialogfenster, weil GoLive direkt auf die Größe des Platzhalters skaliert. Ich konnte auf diese – nicht gerade speichersparende Methode – zurückgreifen, weil die Bilder sowieso bereits speichermäßig klein gehalten wurden.

2. Diese Bedienelemente wurden danach im Inspektor verlinkt.

Abbildung 8.34
Definieren von Links im Inspektor in GoLive. Das Ziel BLANK definiert, dass eine neue Seite im Internetbrowser geöffnet werden soll, wenn der Link betätigt wird.

Smart Illustrator-Bild

3. Danach setzte ich den Content in die jeweiligen Seiten. Für die Tabellen machte ich es mir ein bisschen einfacher, indem ich die InDesign-Dokumente für GoLive verpackte (siehe Kapitel 5) und so die Tabellen nur aus den entstandenen XML-Dateien rausziehen und auf der neuen Seite ins passende Format bringen musste. Auch die Texte entnahm ich den XML-Dateien.

Verpacken der Betriebsvorstellung und der Produktpräsentationen für GoLive

4. Abschließend wurden die Seiten untereinander verlinkt und diese Links sowohl in GoLive als auch im Browser getestet.

5. War die Funktionalität somit hergestellt, ging ich zum nächsten Themenbereich über und begann wieder bei Punkt 1.

Hinweis

Es ließ sich bei den Seiten für die Produkte leider auf Grund der Größe der Tabellen nicht vermeiden, dass senkrechte Scrollbalken entstanden. Da die Webseitenbreite aber immer noch gut auf die Breite eines DIN-A4-Blattes ausgedruckt werden konnten und der zu scrollende Bereich sich in vertretbaren Grenzen hielt, war der Kunde mit dieser Einschränkung einverstanden.

Design und Layout einer Startseite mit zentralem Flash-Film

Für die Startseite (in der Regel die Seite *index.html*) erzeugte ich ein eigenes Bedienfeld, in dem noch keine Reiter auftauchten, weil ja auf der ersten Seite (der so genannten *Homepage*) noch kein Themenbereich ausgewählt sein soll. Somit waren alle Rollover-Effekt-Buttons im Standard-Modus.

Gestalten eines Start-Flash-Films in Flash MX

Anstelle eines Contents pflegte ich auf dieser Seite einen Flash-Film ein, der quasi eine bewegte Diashow der von mir zuvor gestalteten ganzseitigen Anzeigen war. Der Flash-Film wurde so groß gestaltet, dass er den mittigen Content-Bereich fast ausfüllte.

1. Um einen Flash-Film einzusetzen, zieht man aus der Werkzeugleiste das Symbol SWF  auf den mittigen Content-Bereich und definiert im Kontextmenü oben die Größe des Platzhalters.
2. Dann zieht man wieder mit Drag&Drop den fertigen Flash-Film (SWF) aus der Adobe Bridge heraus in den Platzhalter.
3. Fertig!

Es bietet sich an, nach der Fertigstellung der Verlinkungen die Seite zu testen.

Integrieren des Flash-Films in die Homepage in GoLive

Sollte der Flash-Film zu langsam ablaufen, sollte man in Flash nochmals die Komprimierungseinstellungen überprüfen. Immer beachten: Auch Flash-Filme müssen heruntergeladen werden und Ladezeit ist für den Benutzer wertvolle Zeit!

Achtung

Abbildung 8.35
Die Homepage. Keine Sorge: Und sie bewegt sich doch!

Kontrolle der Links und Funktionalität der Seite

Abschließend sollte man die gesamte Funktionalität der Seite nochmals überprüfen.

Dazu lädt man die Indexseite (*index.html*) in einem Browser und geht die gesamte Site Seite für Seite durch.

Achtung

Setzen Sie auf jeden Fall den Cache Ihrer Browser zurück, damit Sie ausschließen können, dass Sie eine alte Version testen.

Jeder Verlinkungsfehler muss notiert werden, damit er in GoLive ausgemerzt werden kann.

Hinweis

Nehmen Sie den Ordner *web content*, erzeugen Sie ein ZIP-Archiv und senden Sie diesen Ordner zu vertrauenswürdigen Kollegen, um die Site auf anderen Rechnern überprüfen zu lassen. Achten Sie vor allem darauf, dass Sie die Site nicht nur mit verschiedenen Browsern, sondern sowohl auf Windows als auch auf dem Mac testen. Gerade die plattformabhängige Prüfung ist für einen späteren Erfolg der Site enorm wichtig. Mit der ZIP-Datei können Sie übrigens auch sehen, wie groß das Datenvolumen Ihrer neuen Website ist.

Ist die gesamte Funktionalität der Site überprüft, so können Sie die Site auf den Server hochladen.

Upload der Site

Wenn Sie den Upload-Assistenten von GoLive verwenden, können Sie Ihre Website komfortabel mit GoLive verwalten.

Achtung

Vor dem ersten Upload der Site kontrollieren Sie, ob der Serverbereich auch leer ist. Gegebenenfalls sollten Sie alte Daten vor dem Upload löschen.

Neben dem kontrolliertem Upload der Daten (Sie können in der Siteverwaltung von GoLive erkennen, wann eine Datei an welchen Ort gespeichert wurde), können Sie auch die Webinhalte lokal und auf dem Server synchronisieren.

Sollten Sie nur die kleinste Veränderung an der Site vorgenommen haben, können Sie sogar die Änderungen zeitnah von GoLive vornehmen lassen.

Upload und Verwaltung der Site in GoLive

Die neue Site von CompuStar ging übrigens innerhalb von drei Arbeitstagen voll funktionsfähig online.

Dazu abschließend noch ein kleiner Tipp zur Verfahrensweise mit dem Kunden: Wenn Sie sich nicht sicher sind, welcher Art der von Kunden gebuchte Serverbereich ist, dann behalten Sie für eigene Präsentationszwecke immer eine Offline-Version der Website. Manchmal kommt es bei Kunden durch Unwissenheit und falsch verstandene Sparsamkeit vor, dass gesponserte Serverbereiche gebucht werden. Ich versichere Ihnen: Nichts ist peinlicher, als bei einer Online-Präsentation die Popup-Werbefenster erklären zu müssen. Akquisekandidaten interessieren sich in der Regel nicht dafür, dass eben nicht Sie den Serverbereich oder den Provider ausgesucht haben, sondern der damalige Kunde. Deswegen: Stellen Sie Websites neuen Kunden lieber offline vor und versuchen Sie Ihre Kunden davon zu überzeugen, dass Popup-Werbeeinblendungen auch seinem Image schaden können.

Tipp

Sollte Ihnen das jetzt zu kurz vorgekommen sein, lassen Sie mich bitte Folgendes erklären: Die meisten Websites sind nichts anderes als interaktiv untereinander verlinkte Präsentationen. Nicht mehr und nicht weniger war auch von meinem Kunden hier gewünscht worden. Das hatte vor allem den Grund, dass es geplant war, die von mir zuvor als GoLive-Projekt gestaltete Site in ein Content Management zu integrieren – ein Prozess, an dem ich nur marginal beteiligt gewesen wäre. Das Content Management sollte den Kunden in die Lage versetzen, Inhalte auch selbst pflegen zu können, nämlich ohne das Design stören zu können. Das von meinem Kooperationspartner und mir bevorzugte System ist das Open Source Content Management *TYPO3*. TYPO3 erfordert zwar erhebliche Programmierkenntnisse, ist jedoch kostenlos und sehr flexibel einsetzbar. Leider erfolgte bis heue noch keine Umsetzung in TYPO3.

Hinweis

8.10 Abschließende Bemerkung

Das gesamte hier vorgestellte Projekt hat insgesamt eine Arbeitszeit von ca. zweieinhalb Wochen in Anspruch genommen – ausgenommen Vor-Ort-Terminen und Telefonaten mit dem Kunden oder Dienstleistern.

Es ist für mich gerade nach Absolvierung dieses Projekts offensichtlich, dass eine so kurze Produktionszeit mit einem gemischten Workflow (siehe Einleitung) nicht möglich gewesen wäre.

Daraus entstand für mich und für den Kunden ein enormer Vorteil, der sich in schnellerer Verfügbarkeit der Medien, komfortablerem Arbeiten, zentralem Datenbestand und -verwaltung und Spaß an der Arbeit niederschlug. Darüber hinaus konnte ich auch schneller auf Anfragen reagieren. So entwickelte ich innerhalb der Projektbearbeitungszeit mehrere Produktblätter auf Anfrage. Durch die komfortable Verwaltung der Medien durch die Adobe Bridge und die vielfältigen Funktionen zur Automatisierung und Vorlagenerstellung konnte ich meistens innerhalb von zwei bis vier Stunden auf solche Anfragen reagieren und sie absolvieren.

Diese Vorteile resultierten auch in einer deutlich geringeren Arbeitszeit. Die eingesparte Zeit konnte ich einerseits in Rabatte für den Kunden und Freizeit investieren wie auch in das Verfassen dieses Buches.

Anhang A

Anhang

A.1 Version Cue CS2 268
A.2 Die wichtigsten Portierungs- und Automatisierungsfunktionen innerhalb der Creative Suite 2 Premium 270
A.3 Wichtige Webadressen 273

A.1 Version Cue CS2

Seit der Einführung der Creative Suite 1 legt Adobe ein Programm bei, das Arbeitsgruppen helfen soll, den Workflow zu überwachen. Dieses Programm heißt Version Cue und wird als Betriebssystem-Zugabe installiert.

Version Cue soll speziell definierte Speicherbereiche, so genannte Version-Cue-Projekte, beobachten und verwalten helfen.

Das funktioniert nach folgendem Prinzip:

1. Der Benutzer legt auf einem speziell definierten Speicherbereich (z.B. auf einem zentralen Datenserver) ein Verzeichnis für das Projekt an. Diesen Schritt kann man vorzugsweise in der Adobe Bridge durchführen.
2. Die einzelnen am Projekt beteiligten Benutzer richten sich in dem auf dem Server abgelegten Projekt als am Projekt Beteiligte ein.
3. Die Daten, die für das Projekt erzeugt werden, werden sowohl lokal als auch als Version-Cue-Versionen auf dem Master-Bereich (auf dem Server) abgelegt.

Auf diese Weise kann man zentral über die einzelnen Arbeitsschritte der im Projekt zur Verfügung stehenden Assets die Kontrolle behalten. Zusätzlich zu diesen Möglichkeiten der Workflow-Kontrolle im Team kann man in Photoshop, Illustrator und InDesign Versionen (Alternativen) von Dateien erstellen und diese im von Version Cue überwachten Verzeichnis als solche ablegen. Alternativen können einfach durch Bedienung in der Bridge in die Dokumente gezogen oder – wie im Fall von InDesign – auch bereits mit Objektrahmen verknüpft werden.

Dies ist sicherlich eine sehr vereinfachte Darstellung von Version Cue und seiner Einrichtung. Ich möchte allerdings – anlehnend an die in der Einleitung gemachten Anmerkungen zu Version Cue – nochmals zu bedenken geben, dass es sich für mich als Einzelnutzer, auch wenn es möglich ist, Version Cue für Einzelbenutzer einzurichten, keinen großen Sinn macht, meine Arbeit in einen Workflow pressen zu lassen, der von Version Cue bestimmt wird.

Was hier erst einmal ein bisschen brutal klingt, soll Folgendes heißen: Wenn Sie in einem Team arbeiten und Version Cue als Überwachungsprogramm verwenden wollen, müssen Sie folgende Voraussetzungen erfüllen:

1. Das Team sollte mehr als vier Mitglieder haben. Darunter macht die Einrichtung des Serverbereichs, die Einrichtung der Benutzerkonten und die Administration arbeitstechnisch und vom Zeitaufwand her keinen Sinn.
2. Sie müssen Ihre Teamarbeit Version Cue anpassen. Die Daten müssen diszipliniert an einem Ort abgelegt werden, Version Cue muss immer auf den lokalen Rechnern aktiviert sein und keiner der Beteiligten kann mehr bei der Erstellung von projektrelevanten Daten sein eigenes Süppchen kochen. Wenn Sie Zweifel haben, dass dies in Ihrem Team durchsetzbar ist, dann verzichten Sie lieber auf den Aufwand mit Version Cue und veranstalten Sie lieber ein Meeting mehr pro Woche.
3. Sie bekommen vom Kunden eine überschaubare Menge an Daten für die Bewältigung eines Projektes. Wenn dem nicht so ist, bedenken Sie bitte, dass die Daten auch mit Version Cue verwaltet werden müssen.
4. Sie benötigen Serverplatz. Je größer die für das Projekt aufkommenden Daten, desto mehr. Außerdem muss jemand im Team sich darum kümmern, dass der Server auch immer funktionsbereit ist und das Master-Verzeichnis immer zugänglich.
5. Sie benötigen zwei Personen im Team, die arbeitszeitlich in der Lage sind, als Administrator und Vertreter zu fungieren.

Ich möchte keinesfalls die Nützlichkeit von Version Cue in Frage stellen, allerdings ist die Anzahl der Firmen, in denen ich In-House-Schulungen gegeben habe und bei denen die Verwendung von Version Cue sinnvoll wäre, gering.

Adobe hat Version Cue außerordentlich gut dokumentiert. Ich möchte deswegen auf die Handbuchdateien bezüglich Version Cue verweisen (ebenso auf die Spezialkapitel in den Handbüchern für Photoshop, InDesign, Illustrator, GoLive und Acrobat). Wenn Sie die Notwendigkeit sehen, Version Cue in Ihrem Betrieb einzusetzen, die Zeit zur Einarbeitung aller Beteiligten, die Ressourcen bezüglich der Hardware und vor allem eine durchgängig gute Disziplin des Teams im Umgang mit Projekten vorweisen können, möchte ich Ihnen von Version Cue keinesfalls abraten.

Für Einzelbenutzer – wie mir – macht der Einsatz keinen Sinn und belegt nur Speicherplatz auf der Festplatte und notwendige Ressourcen im Betriebssystem.

A.2 Die wichtigsten Portierungs- und Automatisierungsfunktionen innerhalb der Creative Suite 2 Premium

Im Folgenden möchte ich nochmals kurz die verschiedenen Portierungsfunktionen der Programme untereinander dokumentieren.

Die Adobe Bridge

Zentraler Ausgangspunkt für die Portierung von Dokumenten in andere Dokumente ist die Adobe Bridge. Mit diesem Programm lassen sich alle Assets komfortabel verwalten und in andere Dokumente überführen. Die Bridge kann Adobe-Formate sowie einschlägige Bild- und Grafikformate als Thumbnails darstellen. Die Portierung von Dokumenten in andere aus der Adobe Bridge heraus erfolgt mittels Drag&Drop.

Des Weiteren bietet die Adobe Bridge diverse Automatisierungsfunktionen, die zum größten Teil aus anderen Programmanteilen (vor allem Photoshop, Illustrator und InDesign) übernommen wurden. Diese finden sich unter dem Menüpunkt WERKZEUGE.

Photoshop CS2

Photoshop kann per Drag&Drop folgende Dokumente aufnehmen: Illustrator-Grafiken und PDF-Dateien. In begrenztem Maße auch Word- und Excel-Dateien.

Über DATEI|PLATZIEREN kann man auch andere Photoshop-Dateien oder Bilder einsetzen.

A.2 Die wichtigsten Portierungs- und Automatisierungsfunktionen

Es ist in Photoshop möglich, Arbeitsprozesse als Aktionen zusammenzufassen. Diese Aktionen können dann auf Malobjekte, Ebenen, Dokumenteinstellungen oder sogar ganze Dokumente angewendet werden.

Illustrator CS2

Illustrator kann per Drag&Drop folgende Dokumente aufnehmen: Photoshop-Daten, Illustrator-Grafiken und jedes einschlägige Bild- oder Grafikformat. In begrenztem Maße funktioniert dies auch mit Word- oder Excel-Daten.

Eigentlich wird der DATEI|PLATZIEREN-Befehl dadurch obsolet. Jedoch ist dieser immer noch sinnvoll dann einzusetzen, wenn Sie sich nicht sicher sein sollten, ob Illustrator ein spezifisches Datenformat überhaupt platzieren kann. Dieses lässt sich durch die Datenformatauswahl im PLATZIEREN-Befehl herausfinden. Darüber hinaus benötigt man das PLATZIEREN-Dialogfenster, um zu entscheiden, ob ein importiertes Dokument nur verbunden oder auch eingebettet werden soll.

Illustrator-Grafiken sowie Grafiken im EPS-Format werden zunächst als Instanzen eingesetzt (siehe dazu auch Kapitel 4). Um an einzelne Bestandteile der jeweiligen Grafik zu kommen, müssen diese zunächst von ihrer Quelldatei entkoppelt werden (Instanz auswählen, Kontextmenü-Befehl EINBETTEN verwenden), damit man sie dann entgruppieren kann.

Auch in Illustrator kann man Arbeitsprozesse in Aktionen automatisieren. Diese Aktionen bieten vor allem die Möglichkeit, Dokumente übersichtlich zu gestalten und die einzelnen Definitionen wie Pinselauswahl, Farbpaletten usw. zu verwalten.

Typografische Einstellungen lassen sich in Illustrator in Absatz- und Zeichenformatvorlagen definieren.

Zur Vereinfachung der Erstellung von konsistenten Dokumenten lassen sich in Illustrator Dokumentvorlagen erzeugen.

Oft verwendete grafische Elemente lassen sich in Symbol-Bibliotheken zusammenfassen.

InDesign CS2

InDesign CS2 kann folgende Dokumentformate per Drag&Drop aufnehmen: Photoshop-Daten, Illustrator-Daten, alle einschlägigen Bild- und Grafikformate sowie Word- und Excel-Dateiinhalte.

Wie bei Illustrator wird der PLATZIEREN-Befehl dadurch beinahe überflüssig. Allerdings sollte man auch hier die PLATZIEREN-Funktion bedienen, wenn man sich nicht sicher ist, ob das einzubettende Dokument kompatibel zu InDesign ist.

Oftmals verwendete Gestaltungselemente lassen sich entweder in Bibliotheken verwalten oder als Snippets (Datenschnipsel) extern speichern.

Typografische Einstellungen lassen sich in InDesign in Absatz- und Zeichenformatvorlagen definieren. Ebenso kann man auch die gestalterischen Einstellungen von Gestaltungselementen als Stilformate definieren.

Zur Vereinfachung der Erstellung von konsistenten Dokumenten lassen sich in InDesign Dokumentvorlagen erzeugen und Musterseiten mit verschiedenen Designs anlegen.

Es können InDesign-Dokumente nicht nur für die Printausgabe verpackt werden, sondern auch für die Benutzung in GoLive. Dabei werden die InDesign-Dokumente als XML-Pakete formatiert, die dann in GoLive einsetzbar sind.

GoLive CS2

GoLive CS2 kann folgende Dokumentformate per Drag&Drop aufnehmen: Photoshop-Daten, Illustrator-Daten, alle einschlägigen Bild- und Grafikformate sowie Word- und Excel-Dateiinhalte. Diese Inhalte werden beim Platzieren in webfähige Bilder umgewandelt.

A.2 Die wichtigsten Portierungs- und Automatisierungsfunktionen

Man kann in GoLive CS2 Musterseiten anlegen und häufig benutze Objekte in Bibliotheken verwalten.

In GoLive CS2 werden Layoutraster automatisch in HTML-Tabellen umgewandelt.

GoLive kann von InDesign verpackte XML-Pakete als Web-Assets aufnehmen und verarbeiten.

Acrobat 7 Professional

Acrobat 7 Professional bietet vielfältige Möglichkeiten, PDF-Dateien zu bearbeiten, zu optimieren und zu kontrollieren.

Bearbeiten: Druckmarken setzen, Kommentare einfügen, Texte und Bildmaterial bearbeiten und Beschneiden sind nur einige wenige Features, die Acrobat zur Bearbeitung von PDF-Dateien bietet.

Optimierung: Acrobat optimiert PDF-Dateien nach benutzerdefinierten Vorgaben, so dass diese den zukünftigen Bearbeitungs- und Nutzungsansprüchen genügen.

Kontrolle: Durch einen ausgeklügelten Preflight kann man PDF-Dateien für den Druck nicht nur optimieren, sondern auch auf die Ausgabequalitäten und Druckvorstufenvorgaben überprüfen.

A.3 Wichtige Webadressen

Im Folgenden möchte ich Ihnen ein paar Plätze im Internet ans Herz legen, die Ihnen sicherlich beim Arbeiten mit der Creative Suite behilflich sein können.

Hersteller von Drittanbieter-Software

1. www.ergonis.com

   Dort finden Sie das sehr hilfreiche Tool PopChar Pro/Win (siehe Kapitel 4).

2. www.lemkesoft.de

   Die Website des Entwicklers des GrafikKonverters.

Supportwebsites und Foren

1. http://www.hilfdirselbst.ch/

   Ein sehr gutes Forum, um schnell Hilfe zur Selbsthilfe zu finden.

2. http://www.photoshoptutorials.de/

   Profi-Forum für Photoshop.

3. http://designorati.com/dtp/indesign-4/

   Die spezielle InDesign-Site der Designorati-Site. Englisch.

4. http://quarkvsindesign.com

   Eine spezielle Site (Englisch) für all diejenigen unter Ihnen, die gern einmal wissen möchten, wie der »Wettkampf« InDesign vs. QuarkXPress steht. Trotz des provokanten Namens sehr informativ.

5. www.adobeevangelists.com

   Drei Profis aus dem Publishingbereich (Daniel Brown, Julianne Kost und Tim Cole) geben Insiderwissen über die verschiedenen Adobe-Programme weiter (Englisch).

6. www.layersmagazine.com

   Ein exzellentes Magazin und Forum »for everything Adobe«. Insiderwissen (Englisch) über alle Adobe- und Macromedia-Programme. Mit umfangreichen – und vor allem abgeschlossenen – Workshops und Profitipps.

A.4 Die DVD

Diesem Buch liegt eine DVD mit den Demo-Versionen der hier beschriebenen Programme bei. Diese Versionen können Sie 30 Tage lang kostenlos testen.

Außerdem lege ich Ihnen zwei Beispiel-Aktionen bei, die Sie gern auch selbst verwenden dürfen:

1. Die Photoshop-Aktion »In RGB-Duplex umwandeln« fertigt aus einem beliebigen Bild in Photoshop CS2 ein Duplexbild an, das abschließend ins RGB-Format überführt wird. Ich habe diese Aktion dafür verwendet, Schmuckbilder für die Website zu erstellen.

2. Die Illustrator-Aktion »Farbe prozentual abstufen« stellt aus einer beliebigen, zuvor angewählten Farbe prozentuale Abstufungen und legt diese in der Farbtabelle ab. Diese Aktion hat sich vor allem als sehr nützlich erwiesen, wenn mit wenigen Volltonfarben in einem Dokument gearbeitet wird.

Des Weiteren finden Sie auf der DVD interaktive PDF-Dokumente, auf denen ich einige Schritt-für-Schritt-Anleitungen für im Buch beschriebene Prozesse darstellen möchte:

1. Freistellen mit Pfaden
2. Anlegen einer Aktion in Photoshop
3. Anlegen einer Aktion in Illustrator
4. Erzeugen einer Webgalerie aus der Bridge heraus (mittels der Photoshop-Werkzeuge).

Für das Öffnen dieser PDF-Dateien benötigen Sie einen AdobeReader der Version 6.

Ich hoffe, dass Ihnen diese Beilagen bei der Lektüre sowie beim Arbeiten helfen.

Index

Numerisch

123 Graphic Converter 21
128-Bit-Verschlüsselung 176
32-Bit 47
3D-Funktion 95

A

Abpausen 99
Absatz- und Zeichenformat-Palette 106
Absatzformate 108, 111, 114, 147, 153, 231, 234, 239
Absatzformatierung 114
Absatzformatoption 111
Absatzformatvorlage 106, 271
Abstände 111
abwärtskompatibel 183
Acrobat 27, 54, 195, 226, 269
Acrobat 7
    Acrobat Elements 176
    Acrobat-Standard 176
    Adobe Designer 176
    Aussertextliches Element erstellen 181
    Bearbeiten 273
    Druckermarken hinzufügen 190
    Druckfarbenverwaltung 192
    Farben konvertieren 188
    Kennwortschutz 205, 206
    Kommentare 199, 200, 201, 202
    Kommentieren 199
    Kommentieren-Werkzeuge 200
    Kontrolle 273
    Notiz-Werkzeug 200
    Optimierung 273
    PDF-Optimierung 178, 181, 219, 237
    Preflight 178, 187, 196
    Preflight-Droplet erstellen 199
    Professional 176
    Report (Preflight) 199
    Seiten beschneiden 191
    Sicherheitseigenschaften 205
    Sicherheitseinstellungen vornehmen 205
    Sicherheitssystem 205
    TouchUp-Leserichtungswerkzeug 181
    TouchUp-Objektwerkzeug 179, 180
    TouchUp-Textwerkzeug 180
    TouchUp-Werkzeuge 178, 179
    Transparenz-Reduzierung 193, 194
    Überfüllungsvorgaben 195
Acrobat 7 Elements 233
Acrobat 7 Professional 183, 189, 190, 213
Acrobat Distiller 176
Acrobat Elements 176, 181, 241
Acrobat InProduction 199, 226
Acrobat Professional 226
Acrobat-Dateien 215
Acrobat-Standard 176
ActionScript 46
Administrator 269
Adobe 88, 158, 196, 268
    Farbmanagement 229
Adobe Acrobat Standard 200
Adobe Bridge 17, 25, 27, 28, 33, 36, 46, 50, 66, 67, 167, 213, 215, 221, 228, 230, 234, 237, 239, 243, 245, 263, 266, 268, 270
    Adobe Stock Photos 33
    Alias-Bereich (Favorisierte Objekte) 34
    Allgemeine Voreinstellungen 37
    Als Kollektion speichern 33
    Automatisierung 40
    Bildpaket 42

INDEX

Bildprozessor 42, 43
Bridge Center 31, 32
Cachedatei 51
Computer 32
Dateibrowserbedienung 30
Datenbrowser 30
Einstellungen Adobe-Stock-
  Photo 40
Etikettierung 36
Favoriten 31
Fenster-Voreinstellungen 36
Fotomontage 45
HDR 47
In Flash exportieren 48
Interaktiv abpausen 48
Kollektionen 33
Leuchttisch 30, 50
Metadaten 35, 36, 260
Oberfläche 29
PDF-Präsentation 44
Photomerge 44, 47
Speicherauslastung 39
Stapel-Umbenennung 40, 41
Stapelverarbeitung 45
Stichwörter 36
Voreinstellungen 36, 39
Voreinstellungen für die Metadaten 38
Voreinstellungen für Etikettierungen 38
Vorschau 34, 51
Web-Fotogalerie 46
Werkzeuge 40
Adobe Creative Suite 14, 17, 19
Adobe Creative Suite Premium 214
Adobe Designer 176
Adobe Dimensions 95
Adobe Distiller 175, 182
Adobe Reader 176, 181
Adobe Stock Photo 33, 34, 37
Adobe Streamline 95
Adobe-Daten 30
Adobe-Stock-Photo-Bibliothek 230

Agentur 19
Aktionen 72, 73, 74, 75, 78, 79, 81, 99, 102, 104, 106, 271
  in Illustrator 100
Aktionen-Palette 75, 77, 101
Aktionen-Palettenmenü 81
Aktionsaufzeichnung 77
Aktionsset 75, 79, 81
aktuelle Farbeinstellung 61
Akzidenzdruck 23, 183, 199, 229
Alien Skin 88
Alle-Zeilen-Setzer 113
Alpha-Kanal 170, 260
Alternativen 268
Änderungsdatum 35
Ankerpunkt 91
Anschnitt 175, 192
Ansicht 100
Anzeigen 106, 212, 230
Anzeigenentwurf 208
Anzeige-Optionen 186
Apple Macintosh 20, 94
Arbeitsbereich 54, 61
Arbeitspfad 91, 92, 104
  aus Auswahl erstellen 92
Art Box 175
Arzberg 211, 212, 219
Assets 149, 152, 161, 268
Auflösung 35, 196
Auflösungsoptimierung 243
Aufzeichnung 79
Ausgabeprofile 185
Ausgabevorschau 183, 184
Ausrichten-Palette 65
Ausrichtung 65, 114
Ausschneiden 180
Austauschformate 216
Auswahl 100
  umkehren 91
Auswahlwerkzeug 97, 98
Auto FX Software 88
Automatisierung 40, 41, 47, 49, 266, 270

INDEX

B
Banner 253
Bearbeitungspfad 90
Bedienelement 170, 254
Bedienleiste 253
Bedienungsbanner 254
Bedienungsleiste 167
Belichtungsbüro 196, 199
Belichtungsstudio 183, 193
Beschneiden 273
Beschneidungswerkzeug 191, 192
Beschnitt 192, 250
Beschnittbereich 175, 191
Beschnittrand 192, 224, 228
Beschnittvorschau 192
Bewegen 180
Bézier-Kurve 92, 94
Bibliothek 220, 272
Bild-Assets 151
Bildbearbeitung 26, 213, 237
Bildbereich 63
Bilddatei 40
Bilddaten 30
Bilddatenakquise 213
Bilddatenbank 242
Bildelement 62
Bilder 58, 61, 146, 161, 180, 193, 236, 253
Bilder fürs Web 168
Bildformate 272
Bildgalerie 46
Bildkomposition 213
Bildkorrektur 237
Bildmaterial 174
Bildrahmen 239, 245
Bildschirmauflösung 253
Bildsymbolik 212
Bittiefe 35
Bleed Box 175
Blitzer 194, 224, 228
Boxen 192
Boxes 174
Bridge 30, 47, 51, 148, 221, 261
Briefbogen 106, 233
Briefbogenentwurf 224
Briefpapier 208, 213, 222, 224, 227
Browser 159, 161, 170, 253, 264
Brüche 110
Buntstift 100
Buttons 254, 255, 256

C
Cache 264
Cachedatei 28, 51
Cachespeicherplatz 28
CAD-Programm 94
Cascading Stylesheets (CSS) 147
Clip-Arts 215
Clip-Art-Sammlungen 220
CMYK 72, 104, 186, 187, 189, 193, 229, 248
CMYK-Farbraum 16
Content 170, 251, 252, 254, 258, 262, 263
Content Management 251, 265
Content-Management-Funktion 254
Corel 90, 95
Corel Draw 56, 94, 95, 175
Creative Suite 22, 50, 57, 164, 223, 229
Creative Suite 1 95, 268
Creative Suite 2 27, 70, 210
Creative Suite 2 Premium 270
Crop Box 175
Crossmedia 159, 208, 212
Crossmediaprojekt 15
CSS 159
CSS-Definition 149
Cut&Paste 227
CyberStudio 158

D
DAM 17
Darstellungsrendering 28
Dateibrowser 27
Dateiformat 35
Dateigröße 35
Dateiname 35
Dateivorschau 28

Datenbank 58
Datenbrowser 30
Datenhandling 54
Datenpakete 174
Datenschutz 176
Datenserver 268
Datentabellen 236, 244
Datenverwaltung 213
Design 209, 213
Designer 176
Designkonzept 214
Device-CMYK 186
Digital 212
Digital Asset Management (DAM) 15
Digitaldruck 183, 192, 227, 229
digitale Unterschrift 176
Digitalisierung 26, 95
DIN 222, 224
DIN-Briefbogen 223, 224
DIN-Format 227
Direktauswahl-Werkzeug 97, 98
Display 70
Dokument 146
Dokumentart 35
Dokumenteinstellungen 271
Dokumentenansicht 61
Download 33
Drag&Drop 28, 34, 50, 67, 81, 145, 146, 167, 168, 199, 221, 222, 225, 228, 231, 237, 261, 263, 270, 272
Drag&Drop-Funktion 28
Dreamweaver 14, 158, 159
Drehen 64
Droplets 73, 74, 78, 81, 83, 199
    erstellen 82, 84
Druckdaten 183
Druckdienstleister 183, 192, 196, 199, 226
Druckerei 193
Druckermarken 190, 191
Druckfarben 183, 192
Druckfarbenverwaltung 192
Druckmarken 225, 273
Druckvorstufe 174, 176, 183, 192, 196, 213, 215, 248

Druckvorstufenkontrolle 176
Druckvorstufen-PDF 219
DTP-Programm 22, 57, 193
Dummy 250
Duplex 250
Duplex-Bilder 81
Duplex-Farbraum 229
Dynamic Range Increase 47

E

Ebenen 28, 55, 74, 89, 182, 257, 271
ebenenbasiertes Slice 256
Ebeneneffekte 73, 88, 90
Ebenengruppen 55
Ebenenpalette 255, 258
Ebenen-Palettenmenü 256
Ebenenset 255
Ebenenstil 89
    einsetzen 89
    kopieren 89
Ebenenstil-Dialogfenster 88
Eckpunkt 91
E-Dokumente 241
Effekte 56, 73, 87, 88, 100
Eigenmarken 208
Einbettung 58
Einzeilen-Setzer 113
Einzüge 111, 113
E-Mail 202, 203, 204, 219
Endformat 192
Entwurf 14, 33
EPS 16, 153, 216, 271
Erstellungsassistent 161, 171
Erstellungsdatum 35
Excel 214, 215, 236, 270
Excel-Datei 27, 236, 239, 272
Excel-Tabellen 152
Extensis Portfolio 15

F

Falzmarken 190, 224
Farbabstufungen 217
Farbauszug 197
Farbeinstellung 61
Farben 209
    konvertieren 188

Farbfeld 104, 105
  aufräumen 100
Farbgebung 62
Farbintensitätseinstellungen 86
Farbkorrekturen 243
Farbmanagement 174, 183, 189
Farbmodus 35
Farbpalette 217
Farbprofile 83
Farbprofil-Warnungen unterdrücken 83
Farbraum-Konvertierung 189
Farbtabelle 104, 105
Farbverhältnisse 85
Farbwarnungen 187
Farbwerte 60, 228
Filter 73, 87, 88
Filtergalerie 87
Filterpalette 73
Fireworks 14, 16, 54, 159
Firmenbeschreibungen 236
Firmenimage 222
Firmenlogo 220, 225, 228, 234, 237, 243, 253
Firmenprospekt 241
Flachbettscanner 70
Flächenfüllung 97, 98
Flash 46, 49, 158, 159, 263
Flash-Film 161, 263
Flash-Format 48
Flash-Seiten 46
Flexodruck 192
Fließtext 234
Form 56
Formebenen 60
Formen 60, 217
Formenwerkzeug 60, 98
Formulare 176
FrameMaker 57, 65, 67
FreeHand 14, 16, 22, 56, 63, 64, 67, 94, 95, 96, 97
freistellen 73, 74, 90, 91, 237
Füllfarbe 61
Füll-Werkzeug 100
fürs Web speichern 61

G

Genuine Fractals 55
Gestaltungsraster 260, 261
GIF 16, 170, 216, 260
GIMP 54
Gitter 100
gleiche Farbe 73, 85, 86, 87
Glyphen 99
Glyphen-Palette 220
GoLive 17, 27, 46, 70, 106, 146, 147, 149, 152, 158, 160, 170, 177, 260, 261, 269
  Assistent 259
  Content-Management-Funktion 254
  Erstellungsassistent 161, 171
  Gestaltungsraster 260
  Inspektor 261, 262
  Inspektor-Palette 166, 170
  Layoutraster 162, 166, 167
  Musterseiten 171, 259
  Ordner 259
  Smart Object 163, 164
  Smart-Objects-Werkzeugleiste 260
  Smart-Object-Werkzeugpalette 167
  Smart Photoshop 167
  Smart-Photoshop-Objekt 167, 170
  speichern fürs Web 169
  Webassistent 259
  Webcontent-Ordner 170
  Webprojekt-Ordner 260
  Werkzeugleiste 162, 163
GoLive CS2 254, 272
GoLive-Assistent 259
GoLive-Dokument 258
GoLive-Ordner 259
GoLive-Paket 146
GoLive-Webprojekt 215
Grafikdatei 40
Grafikdaten 30
Grafikdesigner 26
Grafiken 58, 61, 146, 193, 253
Grafiker 176
Grafikformate 168, 272

Grafik-Konverter 21
Grafiktablett 56
Grammatur 222
Graphics Converter Pro 21
Grundformen 209
Gruppieren 97
Gruppierung auflösen 97

H
Haarlinien 184, 190
   korrigieren 189
Hand und Lupe 61
Handwerkzeug 98
hängende Interpunktion 113
Haptik 222
HDR 47
HDR-Bilddaten 47
HDR-Format 47
Header 35
Header-Daten 28
Helligkeitsintensitätseinstellungen 86
High Dynamic Range-Bilder 47
Hilfslinien 97, 98, 225, 245
Hintergrundfarbe 61
Hinweis 181
HKS 211, 218, 229, 250
HTML 159, 161, 259, 261
HTML-Code 158
HTML-Seiten 152, 158
HTML-Tabelle 61

I
Illustration 213
Illustrator 17, 22, 27, 47, 57, 58, 60, 61, 64, 70, 94, 95, 96, 97, 98, 99, 100, 104, 114, 115, 164, 168, 175, 177, 181, 182, 195, 217, 223, 224, 227, 248, 249, 250, 258, 268, 269
   Abpausen 99
   Absatz- und Zeichenformate 99
   Absatz- und Zeichenformatvorlagen 106
   Absatzformatvorlage 271
   Aktionen 100, 102, 106, 271
   Aktionen in Illustrator CS2 99
   Aktionen-Palette 101
   Farbfeld aufräumen 100
   Glyphen 99
   Glyphen-Palette 220
   Interaktiv 99
   interaktiv abpausen 258
   interaktiv Malen 218
   interaktive Gruppe 217
   Markenzeichen entwickeln 219
   Pathfinder 217
   PDF optimieren 219
   Symbol-Bibliothek 271
   Symbole 99
   Vorlage 99, 217, 224, 249, 271
   Zeichenformatvorlage 271
Illustrator CS2 54, 56, 213
Illustrator-Datei 57, 228, 249
Illustrator-Dokument 225, 231
Illustrator-Grafiken 215, 270
ImagePro 70
ImageReady 27, 55, 83, 100, 159, 167, 168, 199, 215, 254, 257, 260
   Droplet erstellen 84
   Stapelverarbeitungsoptionen 84
ImageReady-Datei 167
InDesign 17, 22, 27, 49, 58, 60, 61, 64, 70, 96, 97, 98, 146, 152, 175, 177, 181, 182, 189, 193, 195, 223, 224, 227, 228, 231, 234, 243, 268, 274
   Absatz- und Zeichenformate festlegen 153
   Absatzformatvorlage 272
   Bibliothek 272
   für GoLive verpacken 147
   Konturenführung-Palette 154
   Musterseiten 153, 234
   Ordner 239
   Platzieren 145
   Snippet 239, 272
   Textumfluss 153
   verpacken für GoLive 146

Vorlage *224*, *231*
Werkzeuge *228*
Zeichenformatvorlage *272*
InDesign CS2 *54*, *57*, *213*
InDesign-Dokument *154*, *215*, *225*, *262*
InDesign-Ordner *231*
InDesign-Snipplet *27*
InDesign-Tabellen *239*
InDesign-Vorlage *235*
Infobereich *175*, *191*
Inhalte *146*
In-House *212*
Inspektor *261*, *262*
Inspektor-Palette *166*
Instanzen *271*
Interaktiv *99*
interaktiv abpausen *48*, *217*
interaktive Elemente *167*
Interaktivität *55*, *160*
Internet *174*
Internet Explorer *253*
Internetbrowser *58*
Internet-Provider *158*
ISDN-Leitung *174*
iView *15*

J
Java *159*
Java-Code *159*, *161*
JavaScript *46*, *258*
JPG *16*, *42*, *170*, *216*, *260*

K
Karteireiter *253*
Karton *248*, *250*
Kartonentwurf *200*
Kataloge *241*
Kennwort *206*
Kennwortschutz *176*
KnockOut *90*
Knoll, John *70*
Knoll, Thomas *70*
Kommentare *273*
Komprimierungsgrad *175*
Kontaktabzug *43*, *49*, *50*
Kontaktabzugserstellung *49*

Kontextmenü *62*, *63*, *64*, *67*, *145*, *221*
Kontextmenüführung *63*
Kontextsensitive Menüs *63*
Kontrolle *273*
Konturenführung-Palette *154*, *155*
Konturenstärke *62*
Konturenüberfüllung *193*
Konturfarbe *97*
Konturfüllung *98*
Konturstärke *97*
kopieren *180*
Korrektur *55*
Kundengespräch *214*
Kundenzufriedenheit *19*
Kurvenanfasser *91*
Kurvenpfade *91*

L
Laserdruckverfahren *222*
Lasso *74*, *90*
Lasso-Werkzeug *73*, *90*
Layout *58*, *254*
Layoutraster *158*, *162*, *164*, *165*, *166*, *167*
Layouts *193*
Lemke Software *21*
Leserichtung *180*, *181*
Ligaturen *110*
Links *253*, *254*, *261*, *264*
Linotype FonXPlorer *21*
Logo *26*, *208*, *209*, *210*, *211*, *217*, *218*, *231*, *236*, *244*, *250*, *253*
Logo-Entwicklung *216*
Löschen *180*
Luminanz *86*

M
Mac *158*, *220*, *264*
Macintosh *94*
Macromedia *29*
Macromedia Flash *214*
Malobjekte *271*
Malprogramm *94*
Malwerkzeuge *74*, *80*
Manipulation *55*

Mappen 213, 233, 234
Markenzeichen 26, 208, 211, 219, 221, 237, 244, 250
Marketingkonzept 208, 209
Maske 90, 192
Maskenrahmen 175
Media Box 175
Media-Mix 212
Mediengestalter 26
Medienverwaltungsprogramm 15
Medienwerkstatt 19
Menübefehl 80
   einfügen 81
Metadaten 36, 230, 260
Microsoft 29, 220, 253
Microsoft Word 64, 214, 236
modale Steuerelemente 75, 76, 77, 78, 103, 105
modales Werkzeug 77
Monitorsymbolik 211, 218
Montage 55
Movies 161
Musterseiten 153, 171, 234, 245, 259
Mustervorlage 245
Myriad Pro 211, 212, 231, 236

N

Navigationseigenschaft 63
neigen 64
NetObjects Fusion 158, 159
Non-Print 212

O

Objekt-/Bewegungs-Zeiger 59
Objekte 63, 97, 99, 115, 167, 180, 192, 221
Objekteigenschaften 63
Objekteinstellungen 97
Objektrahmen 175
OEM-Software 158
Office 220
Office-Bereich 175
Office-Daten 215
Offset 183, 192, 212
Offsetdruck 227
Open Source 54, 70
OpenType 110

OpenType-Schriften 110, 211
Optimierung 219, 273
Ordnerstruktur 14, 215
Outputintent 189
Over-Zustand 256

P

PageMaker 57, 65, 67
Pakete 148
Palette 62
Palette Aktionen 74
Palettenmenü 83
Panorama 47
Pantone 211, 229
Passerungenauigkeiten 194
Passkreuze 190
Pathfinder 217
PDF 44, 49, 149, 174, 176, 177, 179, 180, 181, 188, 189, 190, 193, 199, 205, 206, 213, 219, 226, 227, 229, 231, 237, 240, 241, 248, 250
   optimieren 178, 181, 182, 192, 219, 237
PDF-Erzeugung 176
PDF-Export 175
PDFX 183, 189
PDFX-1 183
PDFX-3 183
PDFX-kompatibl 183
Pfad 91, 92
   in Auswahl umwandeln 91
Pfadauswahl-Werkzeug 59
Pfade 56, 60, 194
Pfadfreistellung 91
Pfadgruppe 97
Pfadpalette 91
Photomerge 47
PhotoPaint 54
Photoshop 14, 17, 22, 27, 28, 33, 41, 46, 47, 49, 55, 56, 58, 60, 64, 70, 71, 72, 74, 79, 88, 90, 91, 96, 97, 98, 100, 104, 159, 164, 168, 177, 182, 199, 213, 217, 220, 231, 234, 243, 250, 254, 258, 268, 269, 274
   Aktionen 69
   Droplets 69

ebenenbasiertes Slice 256
Ebenenpalette 255, 258
Ebenen-Palettenmenü 256
Effekte 69
Filter 69
Rolloverstatus 257
Web-Inhaltpalette 257
Werkzeuge 270
Photoshop CS2 34, 54, 64, 256
Photoshop-Dateien 154, 236, 243, 260, 270
Photoshop-Daten 215
Photoshop-Kontaktabzug 49
Photoshop-PDF 181
Photoshop-Services 41
Photoshop-Werkzeugpalette 58
Pinsel 100
Pinselform 104
Pipette 60, 98, 100
PitStop 199, 226
Pixel 174
Pixelbilder 55, 57, 60
Pixelobjekt 63
Platzieren 146
PNG 16, 170, 260
PopChar Pro 220, 273
PopChar Win 273
Popup-Werbefenster 265
Portable Document Format 174
Positionieren 64
PostScript-Datei 174
PostScript-Daten 193
PostScript-Druckertreiber 175
PostScript-Muster 189, 190
PostScript-Schriften 190
Präsentationsmappe 209, 230
Präsentationspapier 224
Preflight 176, 178, 187, 196, 197
    Prozedur 196, 198
Preflight-Profile 198
Print 159, 212
Printausgabe 272
Printmedien 104, 159, 213, 236
PrinttoPDF 175
Produktaufkleber 250
Produktblätter 212, 239, 241, 244, 248

Produktfoto 209, 230, 236
Produktion 14
Produktionsdaten 250
Produktkapitel 242
Produktmappen 208, 213
Professional 176
Profile 189
Programm-Mix 216
Projekt 268
    Abschlussbanner 258
    Anzeigen, Präsentationsmappen und Zeitschriftenwerbung 230
    Anzeigenentwurf 208
    Arbeitsplanung 254
    Bildbearbeitung 213
    Bilddatenakquise 213
    Bildkomposition 213
    Briefpapier 208
    Datenverwaltung 213
    Design 213
    Designkonzept 214
    Druckvorstufe 213
    Eigenmarken 208
    Firmenprospekt 241
    Flash-Film 263
    Gestaltung von Briefpapier und Visitenkarten 222
    GoLive-Projekt 265
    Homepage 263
    Illustration 213
    InDesign CS2 213
    InDesign-Ordner 231, 244
    Kontrolle der Links und Funktionalität der Seite 264
    Kundengespräch 214
    Logo 208
    Markenzeichen 208
    Musterseite 245
    Ordner für Bilddownload 243
    Photoshop-Ordner 243, 258
    Printmedien 213
    Produktmappe 208
    Projektmanagement 214, 248
    Projektordner 215
    Projektplanung 254
    Prospekt 208, 244

Seitenaufteilung *248*
Startseite *263*
thematische Seitenaufteilung *247*
Upload der Site *264*
Upload-Assistent *264*
Verpackung *208, 248*
Visitenkarten *208, 227*
Vorbereitungen *214*
web content *264*
Webdesign *213*
Webpräsenz *251*
Website *208, 213*
Projektmanagement *15, 174, 213, 214, 248*
Projektordner *215*
Projektplanung *254*
proprietär *176, 205*
Prospekt *208, 212, 213, 244, 245*
Prospektpapier *224*
PSD-Datei *17, 42*
Pulldown-Menü *252*
pxl-SmartScale *55*

Q

Quark *57*
QuarkXPress *14, 16, 22, 57, 63, 64, 65, 67, 175, 193, 274*
Quellbild *86*
Quelldatei *58, 271*
Quelldaten *146*
Quick-Palette für Farben *61*

R

Rahmen *58, 145, 146, 148, 182*
RAL *211*
RAM-Speicher *51*
Rastereinstellungen *196*
Raster-Image-Prozessor (RIP) *193*
Remote *27*
RGB *87*
RIP *194, 196*
Rollover *27, 256*
Rollover-Effekt-Buttons *263*
Rollover-Effekte *167, 253, 254, 258*
Rolloverstatus *257*

S

Satz *112*
Scan *217, 234*
Schalter *79*
Schalter-Modus *76, 77, 80*
Schere-Werkzeuge *100*
Schmuckelemente *225, 228*
Schnittmarken *190, 250*
Schriftart *62*
Schrifteinstellung *97*
Schriften *58, 146, 174, 180, 189, 190, 194, 209, 211, 214*
Schriftgröße *62*
Schriftschnitte *174*
Schriftverwaltung *214*
Schriftverwaltungsprogramm *21*
Schriftwerkzeug *98*
Schriftzug *219*
Scribble *217, 224, 225, 228, 230, 234*
Scrollbalken *252, 262*
Sehbehinderte *181*
Seiten *191*
Seiten beschneiden *191*
Seitenaufteilung *242, 248*
Seitenbereiche *191*
Seitenspiegel *242, 247, 248*
Server *264*
Sets *75, 79*
Sicherheitseinstellungen *205, 206*
Sicherheitszertifikate *176*
Siebdruck *250*
Signet *217, 236*
Silbentrennung *113*
Site *258*
Skalierbarkeit *55, 56*
Skalierung *64, 169*
Slice *61, 168, 170, 256, 257*
erstellen *61*
Smart Object *17, 163, 164, 254, 258*

Smart Photoshop 167
Smart-Objects-Werkzeugleiste 260
Smart-Photoshop-Objekte 170
Snippet 239, 248, 272
Sonderfarben 183, 186, 187, 193, 217
Sonderfarbe-zu-CMYK 183
Sounds 161
Spationierung 113
Speicher 51
speichern fürs Web 169
Speichern-Dialogfelder 77
Speicherplatz 17
Stanzform 249, 250
Stapeleinstellungen 85
Stapelverarbeitung 45, 79
Stapelverarbeitungsoptionen 84
Stempelwerkzeug 74
Stichworte 33, 36
Stock Photo 215, 237
Stockfotografien 212
Stock-Photo-Archiv 33
Stock-Photografie 33
Stock-Photo-Service 230
Stock-Photo-Shop 28
Suitcase 21
Suitcase X1 214
Support-Website 58
SWF 48, 49, 263
Symbol-Bibliothek 271
Symbole 99, 104, 250
Symbolik 220

T

Tabellen 58, 145, 146, 158, 239
Tabulatoren 112
Text-Assets 150
Textdokumente 174
Texte 58, 145, 146, 253
Textrahmen 154, 228, 239
Textverlauf-Thread 180
Text-Werkzeug 59
Threads 181
Thumbnail 28, 46, 88
Tiefdruck 192

TIF 42, 153, 216
TIFF 16
Tipp 51, 61, 62, 78, 79, 80, 92, 104, 153, 206, 224
Titel 242
TouchUp-Objektwerkzeug 179
TouchUp-Werkzeuge 178, 179
transformieren 62
   in Photoshop 63
Transparenzen 183, 193
Transparenz-Reduzierung 193, 194
Trim Box 175
TXT 236
TYPO3 265
Typografie 64

U

Überfüllen 195
Überfüllungsangaben 194
Überfüllungseinstellungen 196
Überfüllungsvorgaben 194, 195
Umschlag 242
Unterbrechung 80, 103
Upload 264
Upload-Assistent 264
Ursprungsbild 180

V

Vektor 56
Vektordaten 56
Vektorformen 58
Vektorgrafikbereiche 193
Vektorisierung 26, 95, 217
Vektorobjekte 55, 63
Verknüpfung 57, 58, 147
Verlauf 100
Verpackung 208, 248
Versalien 219
Versandsymbole 250
Version Cue 18, 20, 33, 41, 269
Version Cue CS2 268
Version-Cue-Projekt 268
Version-Cue-Versionen 268
Verweildauer 252
verweisen 269

Vierfarbdruck (CMYK) 105
Visitenkarten 106, 208, 212, 213, 227
Volltonfarben 104, 193, 229
Vordergrundfarbe 61
Vorlagen 97, 99, 217, 225, 227
Vorschau 51, 57, 58, 88
Vorschaudarstellung 61

W

Webanwendung 100
Web-Assets 170
Webassistent 259
Webcoding 160
Webcontent 161, 260, 264
Webcontent-Ordner 149, 170
Webdesign 16, 146, 159, 213, 252, 254
Webdings 221
Webeditor 22
webfähige Bilder 61
Web-Fotogalerie 46
Web-Inhaltpalette 257
Weboptimierung 258
Weboptimierungsdialogfenster 260
Webpräsenz 241, 251
Webseiten 100, 158, 159, 160
Website 23, 46, 51, 158, 159, 160, 167, 170, 171, 208, 212, 213, 252, 253, 259, 265
Webtool 159
weiche Auswahlkante 91
Weißraumgestaltung 210, 213
Werbeplatz in Fachzeitschriften 213
Werkzeuge 58, 74, 98, 100, 115, 179, 270
Werkzeugleiste 58, 59, 62, 162, 163
Werkzeugpalette 61, 67

Wiedererkennungswert 210
Windows 20, 70, 85, 94, 220, 264
Windows XP 253
Wingdings 220
Word 27, 215, 236, 237, 270
Word-Dateien 236, 237
Word-Format 26
Workflow 14, 19, 35, 42, 50, 54, 58, 70, 79, 159, 160, 178, 208, 213, 214, 216, 268
    immanente Funktionen 19
Wortmarke 217
WYSIWYG 159
WYSIWYG-Webeditor 158

X

XHTML 159
XML 49, 146, 262
XML-Kenntnisse 176
XML-Pakete 272
Xnview 21

Z

Zauberstab 60, 90
Zeichenfeder 60, 98
Zeichenfeder-Werkzeug 90, 91
Zeichenformate 108, 114, 147, 153, 231, 234
Zeichenformatierung 114
Zeichenformatoption 109, 110
Zeichenformatvorlage 106, 272
Zeichenstift 100
Zeichenstilformate 239
Zeitschriftenanzeigen 230
Zeitschriftenwerbung 230
ZIP 264
Zoom 98
Zweifarbdruck 217, 227
Zweifarben-Offset-Druck 229